Michael Ranft

Die merkwürdige Lebensgeschichte des unglücklichen russischen Kaysers

Peters des Dritten

Sammt vielen Anekdoten des russischen Hofs und derer Personen, die seit einiger Zeit an

solchem geherrschet, oder sonst viel gegolten haben

Michael Ranft

Die merkwürdige Lebensgeschichte des unglücklichen russischen Kaysers Peters des Dritten
Sammt vielen Anekdoten des russischen Hofs und derer Personen, die seit einiger Zeit an solchem geherrschet, oder sonst viel gegolten haben

ISBN/EAN: 9783743404076

Hergestellt in Europa, USA, Kanada, Australien, Japan

Cover: Foto ©ninafisch / pixelio.de

Manufactured and distributed by brebook publishing software (www.brebook.com)

Michael Ranft

Die merkwürdige Lebensgeschichte des unglücklichen russischen Kaysers

Peters des Dritten

Die
merkwürdige Lebensgeschichte
des unglücklichen
Rußischen Kaysers
Peters des Dritten,

sammt vielen Anecdoten

des

Rußischen Hofs

und derer Personen,

die seit einiger Zeit an solchem geherrschet,
oder sonst viel gegolten haben:

aus

zuverläßigen Nachrichten

ans Licht gestellt

von

einem Freunde der Wahrheit.

Leipzig,
bey Herrmann Heinrich Holle, 1773.

Vorrede.

Peter III. ist in der Rußischen Historie eine so merkwürdige Person, daß die Nachkommenschaft mit Vergnügen dessen Geschichte lesen wird. Er hat zwar weder lange gelebt, noch lange regiert, aber doch so vieles von sich zu reden und zu schreiben Anlaß

gegeben,

gegeben, daß sein Leben gar wohl verdient, von einer unpartheyischen Feder
eines Schriftstellers, der zu dessen Zeiten gelebt und die zuverläßigsten Nachrichten in den Händen gehabt, beschrie-
ben zu werden. Die anjetzt glorwür-
digst regierende Rußische Kayserin
wird dadurch gegen alle diejenigen ge-
rechtfertiget, die die Entthronung dieses Fürstens für einen so gewaltthäti-
gen Schritt ausgeben, der auf keiner-
ley Weise zu entschuldigen sey. Es
hat mich dieses bewogen, eine vollstän-

dige

Vorrede.

dige Lebensbeschreibung von diesem unglücklichen Monarchen abzufassen, wobey ich alle glaubwürdigen Nachrichten und Urkunden, die seine Person und Regierung anbetreffen, zum Grunde gelegt. Ich habe aber für gut befunden, zugleich von seinen Eltern und Vorfahren dasjenige, was ihr Leben und Regierung merkwürdig gemacht, kurz zu erzehlen; da ich denn Gelegenheit gefunden, viele Anecdoten von ihnen der Welt mitzutheilen. Man wird daher in diesem Werkgen nicht nur von

Peter

Vorrede.

Peter dem Großen, der Kayserin Catharina I. Petern II. und Ivan III. ingleichen von den Kayserinnen Anna und Elisabeth, sondern auch von ihren Lieblingen und Ministern, auch andern am Rußischen Hofe viel gegoltenen Personen, besonders von denen Fürsten von Menschikow und Dolgoruki, dem Czaarowitz Alexius, dem Herzoge Biron von Curland, der Großfürstin Anna und ihrem Gemahl, dem Prinzen von Braunschweig, dem Prinzen George

Vorrede.

George von Holstein, denen Grafen von Oftermann, Münnich, Beftuchew, Rafumowski, Lestock, Woronzow und Orlow, dem Marquis von Chetardie, der Fräulein Juliana von Mengden und der Comtesse Elisabeth von Woronzow, auch vielen andern merkwürdigen Perfonen befondere und theils geheime Nachrichten, fammt ihren Charactern finden, auch die jetztregierende Kayferin nach ihren vortrefflichen Eigenschaften genau kennen lernen. Es find zugleich

die

Vorrede.

die an diesem Hofe vielfältig gespielten
Succeßions = Intriguen und geschehe=
nen Staats = Revolutiones nach ihrer
wahren Beschaffenheit umständlich be=
schrieben, und alles in einer so fließen=
den Schreibart abgefaßt worden, daß
man nicht zweifelt, es werde dieses
Werkgen von allen, die auf den jetzt
so berühmten Rußisch = Kayserlichen
Hof ihre Augen richten, nicht oh=
ne Vergnügen und Beyfall gelesen
werden.

=====

Peter III.

Peter III. war ein gebohrner deutscher Reichsfürst. Er stammte väterlicher Seits aus dem alten Gräflichen Geschlechte von Oldenburg her, welches auf den Königl. Dänischen Thron erhoben worden und zu dem Besitz der Herzogthümer Schleßwig und Holstein gelanget ist. In den Söhnen Königs Friedrichs I. theilte sich dieses hohe Hauß in zwey Hauptlinien, die die Königliche und Herzogliche genennet wurden, davon jedwede einen Theil von den beyden Herzogthümern empfienge. Da nun das Königliche Hauß, als das ältere, dem Herzoglichen die Souverainität oder unumschränkte

A   Herr-

Herrschaft über das Herzogthum Schleßwig
streitig machte, dieses aber solche durchaus zu
behaupten suchte, hat es zwischen beyden Häusern zu beständigen Irrungen, die auch in öffentliche Kriege ausgebrochen, Anlaß gegeben, welche ohngeachtet der vielfältig getroffenen Vergleiche und Friedensschlüsse stets eine heimliche
Verbitterung hinterlassen, die niemals völlig
hat getilgt werden können. Wegen dieser Ursache haben sich die Herzoge von Schleßwig-
Holstein stark an die Kron Schweden gehangen,
welches sonderlich Friedrich IV. gethan, der
sich auch mit der Schwedischen Prinzeßin Hed-
wig Sophia vermählte und von seinem Schwä-
ger Carl dem XII. der 1697 den Königl. Thron
bestiegen, zum Generalissimo aller seiner deutschen Trouppen ernennet wurde.

Dieser Herzog war Peters des III. väterlicher Großvater. Er wurde im März 1700 von
dem Könige Friedrich IV. von Dännemark mit
Krieg überzogen, der aber durch die Schwedische Landung auf Seeland genöthiget wurde,
nach etlichen Monathen zu Traventhal wieder
Friede zu machen und dem Herzoge die Souverainität zuzugestehen. Seine Gemahlinn hielte
sich

sich zu dieser Zeit zu Stockholm auf, wo sie den
19. April 1700 den Prinzen Carl Friedrich zur
Welt brachte. Der Herzog folgte 1701 dem
Könige nach Curland und Pohlen, um den Feld=
zügen desselben beyzuwohnen, hatte aber das
Unglück, daß er den 19. Jul. 1702 in der
Schlacht bey Clißow todt geschossen wurde.

Der hinterlassene Prinz war damals nicht
viel über zwey Jahr alt, daher seines Vaters
Bruder, Herzog Christian August, Bischoff
zu Lübeck, die Vormundschaft und Landesadmi=
nistration über sich nahm, seinen Aufenthalt
aber meistens zu Hamburg hatte. Der junge
Herzog wurde zu Stockholm erzogen, wohin sich
seine Mutter mit ihm nach des Vaters Todte ge=
wendet hatte, die auch den 10. Dec. 1708 daselbst
starb. Mitlerweile wurde der Krieg in Pohlen,
Liefland und Pommern scharf fortgesetzt, nach=
dem Dännemark und Preußen sich auch in den=
selben gemengt hatten.

Das 1713te Jahr war für das Herzoglich=
Holsteinische Hauß sehr unglücklich. Denn weil
es in dem damaligen nordischen Kriege die
Schwedische Parthey hielte, ließ es zu seinem

Unglücke

Unglücke geschehen, daß da der Schwedische
General, Graf Steenbock, nach erhaltenem
Siege bey Gadebusch mit seiner Armee in die
Holsteinischen Lande einrückte, er durch die ihm
auf dem Fuße nachfolgenden Russen, Sachsen
und Dähnen genöthiget wurde, sich unter die
Stücke der Vestung Tönningen zu ziehen, da
denn der dasige Commendant, General Wulff,
ihn zu Folge einer in Händen habenden Ordre
den 14. Febr. mit seiner ganzen Armee einnahm.
Hierdurch wurden die Herzoglichen Lande nicht
nur zu einem jämmerlichen Schauplatze des
Kriegs gemacht, sondern solche dem Herzoge
ganz und gar entrissen. Denn weil der gehoffte
Succurs außenblieb, mußte sich die Schwedi=
sche Armee den 16. May an den König in Dän=
nemark zu Kriegsgefangenen ergeben. Das
ganze Land fiel darauf in dähnische Hände. Alle
Vestungswercke wurden geschleift und das schö=
ne Residenzschloß Gottorp aller seiner Zierlich=
keiten beraubet, Tönningen selbst aber gieng 1714
nach einer langwierigen Bloquade an die Däh=
nen über. Der junge Herzog hatte nunmehro
keinen Fuß breit Land mehr inne und mußte froh
seyn, daß er unter der Auffsicht seiner Aelter=

Mutter,

Mutter, der verwitweten Königin von Schweben, zu Stockholm erzogen werden konnte. Im
Jahr 1717 ließ er sich von dem Kayser für
mündig und regierungsfähig erklären, hatte
aber kein Land zu beherrschen, weil es in Dähnischen Händen war. Sein Oncle, König Carl XII.
setzte deßhalben den Krieg wider Dännemark
mit großem Eyfer fort und that 1718 den zweyten Einfall in das Königreich Norwegen, wohin ihn der junge Herzog begleitete. Er hatte
aber das Unglück, daß er vor der Vestung Frie-
drichshall den 11 Dec, erschossen wurde.

Der Herzog, der sich damals mit im Schwe-
bischen Lager befand, glaubte nunmehro der
nächste Erbe der Kron Schweden zu seyn, weil der
König unvermählt aus der Welt gegangen. Er
war der einzige Sohn der ältesten Schwester
desselben. Allein die noch lebende jüngere
Schwester, Ulrica Eleonora, die den Erbprinzen von Hessen-Cassel zum Gemahl hatte,
wollte als die noch lebende Schwester ein näher
Recht zum Throne haben. Es würde ihr aber
schwer worden seyn, denselben zu besteigen, wenn
nicht der Herzog sich von Steckholm abwesend
befunden, seine getreuesten Anhänger aber durch

A 3   die

die Inhaftirung des Barons von Görtz und des
Grafens von der Nath schüchtern gemacht worden, auch die Prinzeßinn selbst nicht gleich anfangs sich gegen die versammleten Reichsräthe
aller Souverainität begeben hätte. Hierdurch
brachte sie es dahin, daß sie zur Königinn erwählt und der Herzog von Holstein hindange-
setzt wurde.

Es bewog solches diesen Prinzen, Schweden
im May 1719 zu verlassen und sich anderwärts
Mühe zu geben, wieder zu dem Besitz seiner ver-
lohrnen Erblande zu gelangen. Er that in dieser Absicht über Hamburg eine Reise nach Herrn-
hausen, wo damals der König von Engelland
sich befand, dem er seine Sache empfahl. Er
reisete auch über Berlin und Dreßden nach Wien
und von dar den 9. Sept. 1720 nach Breslau,
wo er sich bis ins folgende Jahr aufhielte, mitlerweile aber an dem Kayserlichen Hofe an der
Wiedererlangung seiner väterlichen Lande stark
arbeiten ließ. Nichtsbestoweniger wurde im
Jun. 1720 zwischen Dännemark und Schweben ein Friede geschlossen, ohne daß dabey etwas zum Besten des Herzogs erwähnet wurde.
Der dähnische Hof wollte nicht nur den herzog-

lichen

lichen Theil von Schleßwig nicht wieder abtreten, sondern auch das Herzogliche Holstein
völlig behalten. Allein da das letztere zum
Deutschen Reiche gehörte, nahm sich der Kayser des Herzogs mit solchem Nachdruck an, daß
der König genöthiget wurde, die Herzoglich-
Holsteinischen Lande endlich wieder zurücke zu
geben. Jedoch der Herzog wollte zugleich auch
das Herzogliche Schleßwig gerne wieder haben,
weßhalben er an dem Großbritannischen Hofe
sowohl, als an dem Rußischen und Schwedischen durch seine Gesandten viele Mühe anwendete, aber nichts ausrichten konnte, ob er gleich
gute Versprechungen erhielte. Es hieß dähnischer Seits, er habe nicht nur das Verhalten
seines Vetters, des Administratoris, gebilliget,
sondern ihm auch bey seiner Rückkunft aus
Schweden ein ansehnliches Geschenke gegeben,
hierdurch aber das Verhalten des Administratoris völlig gebilliget.

Im Jan. 1721 wurde ihm sein Antheil an
den Holsteinischen Landen wirklich eingeräumet,
worauf er das Schloß zu Kiel zu seiner zukünftigen Residenz zurichten ließ, auch den 8. Febr.
allda seine Kanzley und Regierung eröffnete

A 4   Er

Er selbst aber wendete sich an den Rußischen
Hof, wohin er schon vorher den Herrn von
Stambke als Gesandten abgeschickt hatte, und
suchte bey dem Czaar Protection und Hülfe. Es
verursachte dieses am Schwedischen Hofe ein
großes Aufsehen, weil man noch mit Rußland
in Krieg verwickelt war. Man sahe den Herzog nunmehro mehr für einen Feind als Freund
dieser Krone an, der sich aber daran nicht kehrte. Er nahm seinen Weg durch Pohlen und
Curland nach Riga, wo er noch vor Ausgang
des Märzes anlangte. Kurz darauf fand sich
der Czaar, Peter der Große, von Petersburg
daselbst ein, bey welchem der Herzog den ersten
April seine Aufwartung machte und von ihm
sehr gnädig empfangen wurde. Den dritten
langte auch die Czaarin zu Riga an, welcher
der Herzog in Gesellschaft der verwitweten Herzogin von Curland, nachmaligen Kayserin Anna, zwey Meilen weit, der Czaar selbst aber eine
halbe Meile weit entgegen fuhr. Als die Czaarin
vor dem Pallaste abstieg, faßte sie der Herzog
bey der Hand und führte sie in ihr Zimmer. Er
selbst bekam eine Ehrenwache von vierzig Grenadiers mit fliegender Fahne vor sein Quartier
und

und wurde mit ganz besonderer Distinction tractirt, auch ihm das Prädicat Königl. Hoheit gegeben. Die Czaarin, die ihn besonders gerne um sich hatte, machte ihm ein Geschenke von 20000 Ducaten und gab dadurch Anlaß, schon damals zu urtheilen, daß die Vermählung des Herzogs mit der ältesten czaarischen Prinzeßin Anna Petrowna schon so gut als geschlossen sey.

Allein diese Vermählung war noch nicht so nahe, als man dachte, weil die Prinzeßin allererst dreyzehn Jahr alt war; jedoch konnte man aus allen Umständen schließen, daß es darauf abgesehen sey. Der Czaar, der seine Tochter zärtlich liebte, war weniger geneigt, ihre Vermählung zu beschleunigen, als seine Gemahlin, die auf den Herzog eine besondere Zuneigung warf und bey ihrem Gemahl alles anwendete, dessen Bestes zu befördern.

Als der Czaar mit seiner Gemahlin den 4. Jun. von Riga wieder nach Petersburg abreisete, hatte er Erlaubniß ihnen nachzufolgen. Er langte nach etlichen Wochen daselbst an, als eben der Gedächtnißtag von dem herrlichen Siege bey Pultawa begangen wurde. Seine An-

kunft

kunft geschahe unter Lösung der Kanonen und
erweckte an dem ganzen Hofe große Freude.
Er blieb über sechs Jahr an demselben und hatte an allen Ergötzlichkeiten, die an demselben
vorfielen, Antheil, konnte aber nicht verhindern, daß nicht im Sept. 1721 zu Nystädt mit
Schweden ein Friede geschlossen wurde, darinnen man nichts zu seinem Vortheil bestimmt
hatte. Er mußte seinen Verdruß, den er darüber schöpfte, verbeißen, und sich dadurch zufrieden stellen lassen, daß der König in Schweden und die Reichsstände von der Wahlacte
nicht abgehen könnten, woferne sie nicht einen
allgemeinen Aufstand in dem Königreiche veran-
lassen wollten, weil das gemeine Volk den Herzog für den Anstifter der geschehenen Rußischen
Verwüstungen in Schweden hielte.

Der Czaar soll nach geschlossenem Frieden
zu dem Grafen von Münnich diese Worte ge-
sprochen haben: „Er hätte einen solchen Frie-
„den erhalten, daß wenn die Schweden ihm ei-
„ne Carte blanche zugeschickt und es ihm über-
„lassen hätten, die Bedingungen zu bestimmen,
„der Friede für Schweden weit vortheilhafti-
„ger ausgefallen seyn würde; da es aber auf
„das

„das Negotiiren angekommen ſey, hätte er die
„Sache den Kunſtgriffen ſeiner Miniſter über=
„laſſen.„

Den 21. Dec. 1721 begleitete der Herzog
den Czaar nach Moſcau und wohnte den 24.
Jan. 1722 dem öffentlichen Einzuge deſſelben,
den 8. Febr. aber dem allda gefeyerten Frie=
densfeſte bey. Er blieb mit der Czaariſchen
Familie in dieſer Stadt zurücke, als der Czaar,
der ſich nunmehro den Kayſertitel beygelegt hat=
te, eine Reiſe nach Aſtracan that und wider
Perſien zu Felde gienge. Er kam zu Ende des
Jahrs ſieghaft nach Moſcau zurücke und hielte
allda den 22. Dec. ſeinen triumphirenden Ein=
zug, worauf er wieder nach Petersburg abrei=
ſete, wohin ihm der Herzog, der eine Zulage
ſeiner bisherigen Penſion empfieng und am
Hofe immer zu größern Anſehen gelangte,
folgte.

Er ließ immittelſt durch ſeinen vornehmſten
Miniſter, den Herrn von Baſſewitz, am Schwe=
diſchen Hofe ſtark daran arbeiten, daß ihm die
künftige Succeßion verſichert und eine anſehnli=
che Penſion gereicht würde. Er brachte es auch
wirklich ſo weit, daß ihm der Titel König... o=
...ſt

heit beygelegt und eine jährliche Pension von 48000 Thalern Silbermünze bewilliget, auch die Versicherung gegeben wurde, daß er bey einer neuen Königswahl nach dem Absterben der jetztregierenden beyden Majestäten in Betrachtung gezogen werden sollte. Als auch den 22. Febr. 1724 zwischen Rußland und Schweden eine Defensiv-Allianz geschlossen wurde, verbanden sich beyde hohe Mächte dahin, daß sie diesem, ihnen beyderseits so nahe angehörigen, Herrn per bona officia aufs kräftigste wieder zu seinen Landen verhelfen wollten.

Den 18. May st. n. 1724 ließ der Czaar seine geliebteste Gemahlin Catharina zu Moscau zu einer Rußischen Kayserin krönen. Es war diese große Frau von sehr dunkler Herkunft. Die Nachrichten davon sind sehr verschiedentlich. Viele machen sie zu einem unehelichen Kinde oder Findling. Insgemein heißet es, sie wäre in einem Dorfe in Esthland, das Ringen geheißen und einem Hauptmann, Nahmens Rose, gehört habe, den 16. April st. n. 1689 gebohren worden. Andere geben sie vor eine gebohrne Schwedin aus, die in dem Kirchspiele Wara in Elfsborgs-Lehn das Licht der Welt erblickt

erblickt habe. Der Vater soll Johann Rabe
geheißen haben. Einige machen denselben zu
einem Bauersmann und andere zu einem Quar-
tiermeister des Elfsborgischen Regiments, die
Mutter aber zu einer Tochter eines Rigischen
Stadtsecretairs, die nach des Mannes frühzei-
tigen Absterben sich mit dem Kinde nach Riga
zu ihren Anverwandten gewendet habe, wo sie
aber bald gestorben sey, worauf der Probst,
Ernst Glück, zu Marienburg, einer kleinen
Stadt in Liesland an der Peipußsee, die kleine
Tochter als eine arme Wayse an Kindesstatt
angenommen.

Andere, die sie für ein Esthländisches Bauer-
mädgen ausgeben, behaupten, daß sie erstlich
bey dem Küster des Orts, der bey ihrer Taufe
Pathenstelle vertreten, erzogen und darauf erst
zu dem gedachten Probst ins Haus genommen
worden, als er sie ohngefehr bey einer Reise
nach Dörpt zu sehen gekriegt. Hier wurde sie
mit den Kindern dieses Evangelischen Probsts
bis ins vierzehende Jahr erzogen, wobey sie allerhand Hausarbeit thun mußte, jedoch besser
als eine Magd gehalten wurde. Ein Schwedischer Unterofficier, der in der Stadt im Quartiere

dierè lag, verliebte sich in ihre blühende Schönheit und ließ sich mit ihr trauen, mußte sie aber
wenig Tage hernach, da man ihn auf Kund-
schaft commandirt, verlassen. Indessen rückten
die Russen unter dem Feldmarschall Czeremetow
im Aug. 1702 vor Marienburg, die die Stadt
aufforderten und im Fall der Widerspenstigkeit
sie mit einer gänzlichen Zerstörung bedroheten.
Der in der Stadt commandirende Major hat,
te etwan 100 Mann zu Fuß sammt etlichen
Dragonern bey sich, mit welchen er sich gut-
willig ergeben wollte. Als aber der Feind Bre-
sche schoß, faßte ein Artilleriste den Entschluß,
das Pulvermagazin bey dem Einmarsch der Russen anzuzünden, da er sich denn mit allen, die
in dem Hause waren, in die Luft sprengte. Dieses zu rächen, wurde die ganze Stadt in die
Asche gelegt und alle Einwohner beyderley Geschlechts gefangen nach Rußland geführt.

Unter diesen Gefangenen befand sich nun
auch der Probst Ernst Glück mit seiner Familie
und der jungen Catharina. Als man sie vor
den Feldmarschall Czeremetow brachte und er
wahrnahm, daß die letztere ein schönes frisches
Mädgen wäre, schickte er sie, um nicht in un-

rechte

rechte Hände zu kommen, zu der Gemahlin des
Obriften Balk, einer Liefländerin, wo sie so
lange verblieb, bis sie der Fürft Menschikow
von ohngefehr zu sehen kriegte, der sie sogleich
zu sich nahm und zu seiner Gemahlin nach
Moscau schickte, wo sie unter ihr Frauenzimmer aufgenommen wurde. Sie machte sich wegen ihres artigen und liebkosenden Wesens gar
bald bey der Fürftin und ihrem Gemahl sehr
beliebt. Es konnte daher nicht fehlen, daß, da
der Czaar faft täglich sich in dem Palais seines
damaligen großen Lieblings, des Fürftens Menschikow, befand, er auch die schöne Catharina
zu sehen kriegte, die er sogleich lieb gewann und
zu sich in seinen Palaft nahm, auch ihr den Titel Offudira, d. i. gnädige Frau, beylegte, und
mit anftändiger Bedienung und Kleidung versehen ließ. Sie war damals ohngefehr 17 Jahr
alt, und wufte sich sehr wohl in ihren neuen
Stand zu schicken. Sie lernte gar bald die Ruf-
sische Sprache fertig reden und trat zur Griechischen Kirche, dabey sie den Beynahmen
Alexiewa kriegte, weil der damalige Czaaro-
wiß und Kronprinz Alexius bey ihrer Reli-

gions

gionsveränderung nach Rußischer Art Pathenstelle vertrat.

Sie war bey ihrer guten Bildung zugleich
von guter Gemüthsart, obwohl nicht von so
erhabenem Geiste und witzigen Einfällen, als
von einigen vorgegeben wird. Die größte Ursache, warum sie der Czaar so sehr liebte, war
ihre ungemeine Sanftmuth. Man sahe sie zu
keiner Zeit unfreundlich und übel aufgeräumt.
Sie war gegen jedermann höflich und verbindlich, vergaß auch niemals aus Hochmuth ihren
vorigen Stand. Sie gieng dem Czaar selten
aus den Augen, und richtete ihre Aufführung
so klug und vorsichtig ein, daß sie mit ihm das
Band der Liebe und Gegenliebe immer fester
verknüpfte, zumal da sie ihn jährlich durch ihre
Fruchtbarkeit erfreute und so viele Kinder zur
Welt brachte, daß wo alle am Leben geblieben
wären, Peter der Erste eine zahlreiche Poste-
rität hinterlassen hätte. Sie war nicht eyfersüchtig bey seinen Liebeshändeln, die gemeiniglich von keiner Dauer waren, weil es bloße
Ausschweifungen seines verliebten Naturells
waren, ohne daß das Herze viel Antheil daran
hatte.

Sie

Sie machte sich durch dieses kluge und groß-
müthige Betragen das Herze dieses Monarchens endlich so eigen, daß er sich dieselbe den
1. März 1712 wirklich antrauen ließ, nachdem
sie bereits die beyden Prinzeßinnen Anna und
Elisabeth zur Welt gebohren hatte. Ihr größtes Verdienst erlangte sie durch den, am Pruth-
flusse mit den Türken geschlossenen Frieden.
Sie hatte den Czaar ihrer Gewohnheit nach in
diesem Feldzuge begleitet. Da nun derselbe mit
der ganzen Armee in der Moldau von den Türken so eingeschlossen ward, daß er mit derselben
aus Mangel des Proviants entweder für Hun-
ger verschmachten, oder sich gefangen geben,
oder sich durchschlagen mußte, fiel Catharina
Alexiewna auf den Anschlag, den Großvezier
durch ein Geschenke von mehr denn 200000 Rubeln zu Schließung eines Friedens zu bewegen.
Sie ließ daher alles Geschmeide und Juwelen
im ganzen Lager zusammen bringen, und schickte
damit den Vicecanzler Schaphirow ins Türki-
sche Lager, um dadurch den Frieden zu erkau-
fen, welches ihr auch bey diesem geldhungeri-
gen Feldherrn dergestalt gelunge, daß der Friede den 21. Jul. 1711 wirklich geschlossen und

B der

der Czaar dadurch mit seiner Armee von dem Untergange errettet wurde. Da man nun die Ehre davon lediglich dieser vielgeltenden Frau zuschriebe, gewonne sie dadurch die Herzen der ganzen Armee und des gesammten Volks. Der Czaar selbst war außerordentlich vergnügt darüber, weil er nicht geglaubt hatte, daß der Großvezier den Vorschlag annehmen würde, daher er sich auch solchen nicht ohne Schwierigkeit hatte gefallen lassen.

Er säumte nach seinem Rückzuge aus der Türkey nicht, sich diese kluge und hochverdiente Dame als eine ordentliche Gemahlin beyzulegen. Er gewann sie von nun an desto lieber, und sie durfte nicht viel weder bey Tage, noch Nacht von seiner Seite kommen. Er nahm sie auf allen seinen Reisen mit, wobey sie sich in das wunderliche und ungestüme Gemüthe desselben sowohl zu schicken wußte, daß sie fast alles, was sie verlangte, von ihm erhalten konnte, wenn sie die Zeit und Gelegenheit recht in Acht nahm. Dieses kam sonderlich dem Herzoge von Holstein sehr zu statten, dessen Bestes, und besonders dessen Vermählung mit ihrer ältesten

Prinzes=

Prinzeßin, sie auf alle Art und Weise zu beför=
dern suchte.

Des Czaars größtes Zeichen der Liebe und
Hochachtung gegen sie war endlich ihre Krö=
nung; wozu schon 1723 die herrlichsten Vorbe=
reitungen gemacht wurden. Die neuverfertig=
te goldene Krone war fünftehalb Pfund schwer.
Als diese prächtige Ceremonie zu Moscau vor
sich gehen sollte, ward der Czaar zu Petersburg
krank, daher er dieselbe bis zu seiner Genesung
aufschieben mußte. Endlich gieng solche den 18.
May st. n. 1724 mit einer solchen Pracht vor
sich, als wenn sie die Tochter des größten Mon=
archens auf Erden gewesen wäre. Der Her=
zog von Holstein hatte die Ehre, ihr bey dieser
feyerlichen Handlung auf ihr Ersuchen die
Hand zu geben. Der Czaar, der nunmehro der
Kayser hieß, war selbst mit seiner ganzen Fa=
milie und allen Großen des Hofs zugegen.

Nachdem man nach Petersburg zurücke ge=
kommen, erfolgte endlich den 6. Dec. die solen=
ne Verlobung des Herzogs mit der Prinzeßin
Anna, da eben der Kayserin hoher Nahmens=
tag gefeyert wurde. Der Kayser wechselte hier=
bey die Ringe, und gab beyden hohen Verlobten

B 2   einen

einen Kuß mit Anwünschung alles Wohlerge-
hens. Der Herzog richtete den folgenden Tag
ein herrliches Fest aus und vermehrte seine
Hofstatt, die wirkliche Vermählung aber wurde bis ins folgende Jahr verschoben, doch hatte
der Kayser nicht das Vergnügen, dieselbe zu
erleben.

Seine Gesundheit war schon einige Zeit her
höchst baufällig gewesen. Er hatte solche nicht
nur durch seine vielen beschwerlichen Reisen und
Feldzüge, sondern auch durch seine Ausschweifungen in der Liebe und im Trunke sehr ge-
schwächt. Den medicinischen Rathschlägen gab
er wenig Gehör, und hielte sich schlecht in der
Diät, wußte auch seine Affecten nicht zu zäh-
men. Er kriegte im Jan. 1725 ein Geschwür
an der Blase, welches den Harngang verstopf-
te und ihm große Schmerzen verursachte Man
versuchte zwar ihm Luft zu machen, aber der
Versuch war vergebens. Nachdem er 12 Tage
schmerzhaft darnieder gelegen, gab er den 8.
Febr. frühe im 53sten Jahre seines Alters seinen Geist auf. Er behielte bis ans Ende seines
Lebens mit abwechselnden Convulsionen seinen
Verstand, unterredete sich auf seinem Krankenbette

kette fleißig mit seiner Gemahlin und einigen Ministern von den Angelegenheiten seines Reichs, und empfahl zuletzt der Kayserin das Beste des Herzogs von Holstein, worauf er, wie gedacht, in Gegenwart der Kayserin, die vor seinem Bette auf den Knieen lag und betete, die Welt verließ.

Er war ein Herr von besondern Eigenschaften. So schlecht seine Erziehung gewesen, und so ausschweifend seine Lebensart war, so hatte er doch mit Recht den Nahmen Peters des Großen verdient. Er war auf alles, was sein Reich blühend machen konnte, höchst aufmerksam. Einige Ausländer, die er gleich anfangs an seinen Hof zog, gaben ihm den ersten Anlaß, auf eine Veränderung und Verbesserung seines Reichs und seiner Nation zu denken, darzu er durch seine Reisen in fremde Lande den Grund legte. Er hatte eine ansehnliche Länge, einen stolzen Gang und ein lebhaftes Ansehen. Seine Mine aber zeigte etwas herbes an, und ein gewisses Zucken verstellte öfters die Züge seines Gesichts. Er redete mit Nachdruck, ohne sich lange auf die Worte zu besinnen, und war in allem seinem Thun geschwinde. Er war mehr

B 3

zur

zur Sparsamkeit, als Freygebigkeit geneigt,
liebte die freyen Künste und hatte in allen Dingen eine starke Einsicht. Er kleidete sich ohne
Pracht, hatte kein Silbergeschirre im Gebrau-
che, und hielte nichts von Cammerjunkern, Pa-
gen und Cammerdienern. Einige junge Edel-
leute und Grenadiers von der Garde machten
seine ganze Hofstatt aus. Er war täglich im
Senate und zwar öfters bis in die späte Nacht,
ließ auch kein ander Collegium unbesucht. Fielen in seiner Gegenwart Streitigkeiten für, ent-
schied er sie in der Geschwindigkeit, und schrieb
seine Meynung mit wenig Worten auf ein Blät-
gen. An der Seefahrt hatte er sein größtes
Vergnügen, und er ist das einzige Exempel eines Monarchens, der eine Zeitlang seinen
Thron verlassen, um unter fremden Völkern
wie ein gemeiner Mann auf den Werften, in den
Manufacturen und in den Werkstäten zu arbeiten, und auf diese Weise die Künste und Wissenschaften selbst zu lernen, um sie hernach in
seinen Staaten einzuführen. Man kann ihm
den glorreichen Titel eines Verbesseres seines
Reichs, eines Lehrmeisters seines Volks, eines
Vaters der Künste und Wissenschaften, und
eines

eines Sittenlehrers seiner Unterthanen bey-
legen.

Bey allem dem, was wir zu seinem Ruhm
angeführt, war er doch in Verbesserung der
Fehler seines eigenen Naturells nicht glücklich.
Der Zorn, die Rachgier und die Leibesergötzun-
gen überwältigten ihn sehr ofte. Er hatte in
seiner Jugend unter den jungen Wüstlingen,
worzu ihn seine Schwester, die Prinzeßin Sophia, verleitet hatte, eine unmäßige Neigung
zum Wein und starken Getränke bekommen.
Diese Unmäßigkeit verderbte sein Temperament,
und brachte ein gewisses Feuer in sein Blut,
das ihn bisweilen zu einer Wuth trieb, in welcher er sich selbst nicht mehr kannte. Es durfte
kein Vertrauter es wagen, ihm deswegen Vorstellung und Einhalt zu thun. Selbst seine geliebte Gemahlin Catharina mußte große Klugheit und Behutsamkeit gebrauchen, wenn sie
seine Gemüthsruhe wieder herstellen, und ihn
zu den Empfindungen der Menschlichkeit und
dem Gefühl der Tugend zurücke rufen, auch
gleichsam wieder zu sich selbst bringen wollte.

Er hinterließ zwar kein Testament, hatte
aber bereits durch ein Manifest unter dem 5.

Febr.

Febr. st. v. 1722 die Nachfolge auf seinem Throne regulirt, auch es von allen Ständen des Reichs beschwören lassen, daß sie diejenige Person vor ihr rechtmäßiges Oberhaupt erkennen und annehmen wollten, die der regierende Souverain vor seinem Ende darzu ernennen würde. Da er nun auf seinem Krankenbette vermerkte, daß sein Ende herbey nahe, ließ er einige Tage vor demselben den Senat, die geheimen Räthe und andere Große seines Reichs zu sich rufen, vor denen er die Kayserin Catharina zu seiner Nachfolgerin in der Regierung erklärte.

Es war etwas erstaunliches nicht nur für Rußland, sondern auch für die ganze Welt, daß eine Weibsperson, die vormals sich in sehr geringen Umständen befunden, auf den Rußischen Kayserthron gesetzt wurde. Jedoch wenn man die große Liebe und Achtung, die der Kayser jederzeit für sie gehabt; sein Vertrauen, das er auf ihre Klugheit gesetzt, und die vielen wichtigen Dienste, die sie ihm geleistet, erwog, so war es der klügste Schritt, den er thun konnte. Denn hätte er die Regierung seinem Enkel, dem Prinzen Peter Alexiewitz, der nachgehends der

Kayse-

Kayſerin auf dem Throne gefolget, überlaſſen,
würde ſie ſammt ihren Prinzeßinnen unfehlbar
nach Siberien oder an einen noch ſchlechtern
Ort verbannet worden ſeyn, ein fremder Prinz
aber würde nicht nur von den Grundſätzen, dar=
auf der alte Czaar ſeine Regierung gebauet, ab=
gewichen ſeyn, ſondern auch die Krone von dem
alten Czaariſchen Hauſe weg und auf ſein eigen
Haus gebracht haben. Er konnte auch unter
allen auswärtigen Prinzen keinen füglicher als
den Herzog von Holſtein erwehlen, der aber
zur Regierung eines großen Reichs nicht hinläng=
liche Fähigkeit hatte.

Es ſetzte aber gar keine Schwierigkeit, die
Kayſerin Catharina auf den Thron zu erheben,
da ſie die Herzen aller Unterthanen durch Wohl=
thun, Vorbitten und Leutſeligkeit ſchon an ſich
gezogen, auch die Garderegimenter völlig auf
ihre Seite gebracht hatte, zu geſchweigen, daß
man hoffte, unter dieſem weiblichen Regimente
einer mehrern Ruhe und gelindern Regierung,
als bisher, zu genießen. Ganz Rußland war
demnach mit der Thronsbeſteigung der Kayſe=
rin vollkommen zufrieden. Sie führte auch die
Regierung mit vieler Klugheit und Anſtändig-

B 5   keit,

keit, und folgte den Grundsätzen ihres verstor=
benen Gemahls, die die Verbesserung des Lan=
des zum Endzweck hatten. Es war noch eben
der Geist vorhanden, der die Regierungsge=
schäffte besorgte, und für die Ehre des Reichs
wachte; nur geschahe alles mit mehrer Magni=
ficenz und Gelindigkeit.

Außer dem Herzoge von Holstein hatte Nie=
mand mehr Ursache, sich über die neue Regie=
rung zu erfreuen, als der Fürst Menschikow,
der bey dem verstorbenen Kayser in die höchste
Ungnade gefallen, aber auf dessen Todbette von
der Kayserin durch ihre bewegliche Vorbitte
wieder begnadiget worden war. Sie hielte sich
verbunden, dieses Fürstens Glücke zu befördern,
weil ihr Glücksstern in dessen Hause zuerst auf=
gegangen war. Als sie dieses Haus mit dem
Czaarischen Palaste verwechselte, versprach sie
dem Fürsten und dessen Gemahlin, daß sie le=
benslang ihre Freundin seyn, und der empfan=
genen Wohlthaten niemals vergessen wollte,
welches Versprechen sie auch unverbrüchlich ge=
halten; wiewohl der Fürst ihr hinwiederum vie=
le Gefälligkeiten erwiesen, welches sonderlich
zu der Zeit geschahe, als der Czaar noch nicht
entschlos=

entschlossen war, sie in sein Ehebette aufzunehmen. Er hatte seine Augen auf die schöne Tochter eines vornehmen deutschen Herrn in Moscau
geworfen, mit der er sich vermählen wollte.
Solches aber wurde durch die Bemühungen
des Fürstens Menschikow und das standhafte
Widerstreben der bereits mit einem gewissen
Gesandten verlobten Dame hintertrieben, und
dadurch die liebenswürdige Catharina in dem
alleinigen Besitz der Czaarischen Liebe erhalten.
Man durfte sich daher nicht wundern, daß nach
dem Ableben des Kaysers der Fürst Menschikow
wieder in großes Ansehen kam und von neuen
anfieng, seinen unerträglichen Stolz jedermann,
der am Hofe etwas zu suchen hatte, zu zeigen,
wodurch er sich so verhaßt machte, daß da er
viele Dinge ohne Vorwissen und Einstimmung
des Senats eigenmächtig unternahm, das all=
gemeine Vergnügen, so man bey dem Antritt
der neuen Regierung hatte spüren lassen, mäßig=
te, obwohl in der Regierungsart selbst nichts
veränderliches vorgieng.

Der Herzog von Holstein sahe das viel-
geltende Ansehen dieses Fürstens und Kayserl.
Mignons mit sehr mißgünstigen Augen an,
durfte

durfte sich aber solches nicht öffentlich merken
lassen; vielmehr bestrebte er sich mit demselben
in guter Freundschaft zu leben, ohne sich in einige Regierungsgeschäffte zu mischen. Der
Fürst Menschikow selbst, der wohl sahe, daß
dieser Prinz ihm in seiner erlangten Auctorität
keinen Eintrag thun würde, war ihm in keiner
Sache zuwider; vielmehr suchte er durch ihn,
als der Kayserin Schwiegersohn, sein Glück und
Ansehen desto mehr zu befestigen; und da er
merkte, wie die Kayserin geneigt sey, diesem
Prinzen alle möglichen Vortheile zu verschaffen,
unterstützte er sie in ihrem Vorhaben.

Der Tod des Kaysers hatte seiner Vermählung Aufschub gegeben, die aber nunmehro vollzogen werden sollte. Die Kayserin ließ die
prächtigsten Anstalten darzu vorkehren, und
trug dem Fürsten Menschikow die Besorgung
derselben auf. Sie hatte den herrlichen Palast
des Admirals Apraxin mit allem Hausgeräthe
gekauft, den sie dem hohen Brautpaar schenkte. Die Mitgabe bestund in 150000 Ducaten
ohne den kostbaren Juwelen, wobey dem Herzoge, so lange er mit seiner Gemahlin in Rußland bleiben würde, eine ansehnliche Summa
Geld

Geld verſprochen, und zu deren Einkommen
die Inſel Oeſel angewieſen wurde. Die Prinzeßin befand ſich in einem Alter von 17 Jahren. Sie prangte mit allen Annehmlichkeiten
ihres Geſchlechts, und hatte ſowohl eine ſchöne
Leibesgeſtalt, als ein edles Gemüthe und gutes Herze. Die Kayſerin, welche ſie zärtlich
liebte, legte ihr eine anſehnliche Hofſtatt bey,
und hub vor die Tage, die zu den Vermäh-
lungs - Solennitäten beſtimmt waren, die tie-
fe Trauer auf. Den 12. Jun. n. n. 1725 wurde
das Beylager höchſt vergnügt vollzogen, und
drey Tage lang mit allerhand Luſtbarkeiten begangen. Es war eine vergnügte Ehe, die dieſe hohen Perſonen führten, und es war nur zu
beklagen, daß ihr Ehebündniß ſobald getren-
net wurde.

Der Herzog konnte ſich nunmehro von ſeinem zukünftigen Glücke lauter hohe Dinge ver-
ſprechen, da er an der Kayſerin eine ſo mächtige
Schwiegermutter bekommen. Sie ſuchte ihn
nicht nur an ihrem Hofe, ſondern auch in ganz
Europa groß zu machen. An ihrem Hofe ertheilte ſie ihm nicht nur den 25. April 1726
die wichtige Stelle eines Obriſt-Lieutnants bey
der

der Preobrazinskiſchen Leibgarde, ſondern ließ
ihn auch kurz hernach in das neuerrichtete ge=
heime Cabinets=Collegium einführen; in ganz
Europa aber war ſie bemühet, ſein Intereſſe
mit ſolchem Nachdruck und Eyfer zu befördern,
daß ſie darüber faſt ihr eigenes zu vergeſſen
ſchiene. Sie ſchlug ihn den churländiſchen
Ständen zum zukünftigen Herzoge vor. Sie
ſchloß ihn mit in den Allianztractat ein, den ſie
um dieſe Zeit mit dem römiſchen Kayſer errichte=
te. Sie brachte es dahin, daß er von allen
Höfen den Titel Königl. Hoheit erhielte. Sie
ließ am ſchwediſchen Höfe den Reichsſtänden die
nachdrücklichſten Vorſtellungen thun, um wegen
der Succeßion etwas Gewiſſes für ihn zu be=
ſtimmen; ja, ſie rüſtete eine Flotte aus und gab
das Anſehen von ſich, als ob ſie den König in
Dännemark mit Gewalt zwingen wollte, dem
Herzoge das abgenommene Schleßwig wieder
zu geben. Es befand ſich ſogar in dem mit dem
römiſchen Kayſer geſchloſſenem Tractate ein ge=
heimer Artikel, der eben dieſes zum Zwecke hat=
te; und wer weiß, was die Ruſſiſche Flotte, die
zu Reval vor Anker lag, unternommen hätte,
wenn nicht im Sommer 1726 eine Großbrittan=
niſche

nische Flotte, die sich mit der Dähnischen ver=
einigte, zu rechter Zeit in der Ostsee angelangt
wäre und die Rußische Flotte verhindert hätte,
auszulaufen und etwas zum Besten des Herzogs
zu unternehmen?

Der Herzog befand sich mitlerweile mit sei=
ner Gemahlin an dem Hofe zu Petersburg und
genoß daselbst alle, seinem hohen Range zu=
kommende Ehre und Herrlichkeit. Sein In=
teresse war mit dem Rußisch Kayserlichen so ge=
nau verknüpft, daß man beyde Höfe nur für ei=
nen halten kunnte. Er wich von seinen Ansprü=
chen, die er an die Nordischen Höfe machte, im
geringsten nicht ab. Der König in Dännemark
bot ihm eine ansehnliche Summe Geld an, wenn
er auf Schleßwig Verzicht thun wollte; aber
er schlug sie großmüthig aus. Es mochte auch
der Schwedische Hof sein Mißfallen über seine
Ansprüche, die er machte, zu erkennen geben,
wie er wollte, so hörte er doch nicht auf, durch
seine Gesandten ein Memorial nach dem andern
zu übergeben.

Bey dem allen war gleichwohl der Fürst
Menschikow der vornehmste Minister, nach

dessen

deſſen deſpotiſchen Willen alle Affairen am Ruſ=
ſiſchen Hofe giengen; jedoch ohne daß hierbey
dem Herzoge von Holſtein etwas zum Nachtheil
geſchahe, der auch ſich für zu ſchwach hielte, die=
ſem vielgeltenden Miniſter im geringſten entge=
gen zu ſeyn. Ob nun wohl die Kayſerin ſowohl
die Flotte als Armee im guten Stande erhielte,
auch die Maasregeln, die ihr verſtorbener Ge=
mahl zum Beſten des Reichs bey ſeiner Regie=
rung getroffen, nicht gänzlich aus den Augen
ſetzte, ſo gab es doch viele mißvergnügte Gemüther,
die über die große Auctorität des Fürſten Men=
ſchikow murreten und daher nichts mehr wünſch=
ten, als daß nur der junge Großfürſt Peter
Alexewitſch, des unglücklichen Czaarowitzens
einziger hinterlaſſener Sohn, bald den Thron
beſteigen möchte, den der größte Theil der Na=
tion die Stütze ihrer Hoffnung nennte, und ihn,
ſo ofte das Volk ihn anſichtig wurde, faſt anbe=
tete. Es bewog dieſes die Kayſerin, um die
Gemüther gegen die gegenwärtige Regierung de=
ſto geneigter zu machen, die Liebe und Achtung
für dieſen Prinzen zu verdoppeln und ſonderlich
für deſſen gute Erziehung unter der Aufſicht ſei=
nes ihm gegebenen Oberhofmeiſters, Barons
von

von Oſtermann, alle mögliche Sorge zu tragen.

Weil von der geringen Herkunft der Kayſerin viele ungebührliche Urtheile gefällt und dadurch der Ehrfurcht, die man einer ſo großen Fürſtin ſchuldig war, zu nahe getreten wurde, ward nicht nur durch einen ſcharfen Befehl verbothen, bey Lebensſtrafe ſich zu unterſtehen, von der Kayſerl. Familie ungebührliche Reden zu führen, ſondern es wurden auch zu Unterdrückung der bisherigen Nachrichten ganz andere von der Herkunft der Kayſerin Catharina I. bekannt gemacht, nach welchen ſie aus Litthauen herſtammen und von gutem Adel ſeyn ſollte. Ihr Vater habe Samuel Skawronski geheißen, ihre Schweſtern aber, Chriſtina und Anna, wären mit Simon Hendrikow und Michael Jeſſmowski vermählt geweſen. So viel iſt gewiß, daß nachgehends die Kinder ſowohl ihres vermeinten Bruders, Carl Skawronski, als der beyden Schweſtern an dem Rußiſchen Hofe zu den Zeiten der Kayſerin Eliſabeth zu großen Ehren und Bedienungen gelanget ſind.

Es lebte aber dieſe Monarchin, nachdem ſie die unumſchränkte Beherrſcherin des Rußiſchen

C   Reichs

Reichs worden, bis zum 17. May st. n. 1727.
Dieser Todesfall gab den Sachen des Herzogs
ein ganz anderes Ansehen, weil der Rußische
Hof nunmehro eine ganz andere Gestalt kriegte.
Die Kayserin hatte vor ihrem Ende ein Testa=
ment gemacht und darinnen den jungen Groß=
fürsten, Petern Alexewitz, zum Nachfolger im
Reiche erklärt, jedoch dabey ihre zwey Prin=
zeßinnen nebst dem Herzoge von Holstein so
wohl bedacht, daß sie nicht Ursache hatten, über
ihre Verordnung mißvergnügt zu seyn. Denn
es sollte nicht nur der junge Kayser bis ins sech=
zehnte Jahr unter der Vormundschaft und Ad=
ministration der beyden Prinzeßinnen und des
Herzogs mit Zuziehung des hohen Consilii ste=
hen, sondern es sollte auch derselbe gehalten seyn
1) jeder Prinzeßin außer dem ordentlichen Braut=
schatze von 300000 Rubeln eine Million Rubeln
zu geben, weil sie demselben ihr Erbrecht an der
Crone überlassen; 2) sollten eben diese Prinzeßin=
nen, so lange sie im Reiche bleiben würden,
über das obige annoch jede jährlich 100000 Ru=
beln bekommen; 3) alle Juwelen, Gold, Sil=
ber, Equipage und Mobilien, so der Crone
nicht gehörten, sollten unter beyde Prinzeßin=
nen

nen getheilt werden; 4) sollte dem Herzoge von
dem, was er bisher im Reiche genossen, nichts
angerechnet, noch ein Anspruch darauf gemacht
werden; 5) alle Engagements, so die Vorfahren
im Reiche in Ansehung des Herzogs wegen Re-
stitution des Herzogthums Schleßwig getroffen,
sollten in allen Stücken gültig bleiben; und
6) das Herzogl. Holsteinische Hauß in allen geschützt, auch wenn der Herzog zu der Schwedischen Krone gelangte, die Harmonie und Freundschaft mit demselben beständig unterhalten werden. Ueber dieses war verordnet, daß, wenn
der junge Kayser ohne Erben sterben würde, die
Prinzeßin Anna Petrowna, vermählte Herzogin von Holstein, und nach ihr ihre Erben
regieren sollten.

Die Kayserin Catharina I. genoß demnach
die Herrlichkeit einer regierenden Monarchin gar
kurze Zeit. Sie brachte ihr Alter nicht viel
über 38 Jahr. Sie stellte eine ansehnliche Person mit schwarzen Haaren, die aber gefärbt
waren, für, und konte die Liebe ihres Gemahls
für ihr größtes Verdienst halten. Es war aber
Zeit, daß sie auß der Welt gienge, wollte sie
anders den Thron in eben dem Friede verlassen,

C 2 als

als sie ihn bestiegen hatte. Denn es formirten
sich allerhand Cabalen vor ihrem Todte zum
Besten des Prinzens, der von der Stunde seiner Geburt an die Liebe der Nation besaß und
der einzige männliche Erbe des Kayserl. Hauses war.

Es hieß solcher Peter Alexiewitz, und war
ein Sohn des unglücklichen Czaarowitzens Alexii
Petrowitz, den sein Vater, Peter der Große,
mit seiner ersten Gemahlin Eudoxia gezeuget.
Es war solche eine gebohrne Rußin aus dem
Hauße Lapuchin, die in den vaterländischen Sitten so eifrig erzogen worden, daß sie die vielen
Neuerungen ihres Gemahls mit scheelen Augen
ansahe und auf Anrathen einiger Großen sich
nicht scheuete, ihm seine Aufführung öfters zu
verweisen, woraus aber ein Haß entstanden,
der hernach dem Czaar den Verdacht eingeflöset,
als ob sie an der Empörung der Prinzeßin Sophia Theil gehabt, weßhalben er sie 1698 verstoßen und in das Kloster zu Susdal gesteckt.
Der Prinz Alexius, den er mit ihr gezeugt, war
damals ohngefehr acht Jahr alt. Der Vater
ließ ihn, ohne einige Sorge für seine Erziehung
zu tragen, in die Höhe wachsen. Er brachte die
besten

beſten Jahre ſeiner erſten Jugend in dem Um=
gange mit einigen unverſtändigen Ruſſen und
verſchiedenen unartigen Pfaffen zu, die ihn zu
allerley ungeräumten Dingen anführten und in
einem beſtändigen Haß gegen ſeinen Vater und
alle von ihm geſchehenen Veränderungen unter=
hielten. Als er zu mehreren Jahren kam, ſetz=
te ihm der Czaar den bekannten Menſchikow,
ſeinen Liebling, der ſelbſt weder leſen noch ſchrei=
ben konnte, zum Hofmeiſter, und den gelehrten
Herrn von Huyſen zum Lehrmeiſter, welcher letz=
tere zwar keinen Fleiß ſparte. dem Prinzen was
nützliches beyzubringen, und beſonders ihm die
deutſche Sprache zu lernen. Allein, da der
Prinz durch die Strenge ſeines Vaters und
das unfreundliche Bezeugen ſeines Hofmeiſters,
wie auch durch den Umgang mit den rußiſchen
Pfaffen ſo ſchüchtern gemacht worden, daß er
ſich aller ſtandesmäßigen Geſellſchaft bey Feſten
und anderer Gelegenheit entzog und lieber in ei=
nem geiſtlichen Buche las, als den nützlichen Un=
terredungen von Kriegs= See= und Staats=Sa=
chen beywohnete, ſo war ſeine Bemühung an
ihm vergebens. Menſchikow, dem ſelbſt wenig
daran gelegen war, daß der Prinz gar zu klug

C 3   und

und gelehrt würde, entfernte endlich den Herrn
von Huyßen eine geraume Zeit von seiner Person, indem er ihn in Czaarischen Angelegenheiten nach Wien schickte, wo er ihm die Reichs-
gräfliche Würde verschafte. Mitlerweile wurde
der Prinz zu nichts angehalten und ihm so harte
begegnet, daß er alle Lust etwas zu lernen verlohr und zum Guten immer träger wurde. Es
fiel daher dem übelgesinnten Menschikow nicht
schwer, das Herz des Czaars von dem Sohne
immer mehr abwendig zu machen, um dadurch
dessen schon einige Jahre her im Sinn gehabte
Vermählung mit der nachherigen Kayserin Catharina desto eher zu befördern, womit sich$
aber noch verschiedene Jahre verzog.

Die Erhöhung seiner künftigen Stiefmutter
sahe der Prinz nicht mit gleichgültigen Augen
an, ob sie ihm wohl mit aller Leutseligkeit begegnete. Er konnte leicht begreifen, daß ihre
Fruchtbarkeit mit der Zeit seinem Rechte zur
Thronfolge nachtheilig seyn würde, und da sein
Vater ihn je länger je mehr haßte, war er bedacht, sich bey den mißvergnügten Russen beliebt zu machen, unter welchen sich einige befanden, die durch ihre unsinnigen Rathschläge ihn
ganz

ganz verblendeten. Ihnen waren alle Unternehmungen des Czaars ein Greuel. Er konnte
sie daher nicht besser auf seine Seite kriegen, als
wenn er seinen Widerwillen gegen des Vaters
Neuerungen bezeigte und durch die Geistlichen
dem ganzen Reiche heimlich zu erkennen geben
ließ, daß er gesonnen wäre, in die Fußtapfen
seiner Groß= und Aelter=Väter zu treten und
nach des Vaters Todte die Residenz wieder nach
Moscau zu verlegen.

Als der Czaar von seinem Feldzuge wider
die Türken 1711 zurücke kam und von seiner
zweyten Gemahlin noch keinen männlichen Erben am Leben hatte, nachdem die ersten Prinzen
gestorben waren, beschloß er, den Czaarowitz
nach Deutschland zu schicken, um ihn von seinem verdächtigen Umgange mit den Russen abzu-
ziehen und mit einer tugendhaften deutschen Prinzeßin zu vermählen, welches denn auch erfolgte,
da ihm die unvergleichliche Prinzeßin von
Wolffenbüttel, Charlotte Christina Sophia,
den 25. Oct. 1711 zu Torgau beygelegt wurde.
Er zeugte mit ihr nicht nur die Prinzeßin Natalia, sondern auch den Prinzen Peter, der nach
der Kayserin Catharina I. Todte, zur Regie-

C 4   rung

rung kam, deſſen Geburt aber der Mutter das
Leben koſtete, weil ſie neun Tage nach ihrer
Niederkunft das Zeitliche verließ, nachdem ſie
einen ſehr mißvergnügten Eheſtand geführt und
bis an ihr Ende von ihrem unartigen Gemahl
viele Drangſal ausgeſtanden hatte.

Nicht lange darauf kam die Czaariſche Gemahlin Catharina ſelbſt mit dem Prinzen Peter
Petrowitz nieder. Der Czaar drunge nunmehro bey ſeinem älteſten Sohne auf eine categori-
ſche Antwort, ob er entweder ſich beſſern oder
ins Kloſter gehen wollte. Er erwählte das letzte,
ohne den Vater zu überzeugen, daß er es im Ernſte
meine. Er kriegte Friſt zur Ueberlegung, und
da er keinen andern Entſchluß von ſich gab,
traf der Czaar ſolche Einrichtungen, daß er ſich
in Anſehung deſſelben nichts widriges beſorgen
durfte, als er mit ſeinen Trouppen 1716 nach
Dännemark gieng. Hier kriegte er Nachricht,
daß der Prinz Alexius zu Petersburg mit allerhand verdächtigen Leuten umgienge, welches
den Czaar bewog, ihn zu ſich nach Copenhagen
zu beruffen. Allein der Prinz ergriff auf Anrathen ſeiner Vertrauten heimlich mit ſeiner Mai-
treſſe Euphroſine die Flucht. Man wußte lange
Zeit

Zeit nicht, wo er hingekommen, biß endlich der
Czaar, der überall Kundschafter aussendete, erfuhr, daß er sich in Geheim zu Neapolis auf
dem Castell St. Elmo befände, wohin ihn der
Kayser Carl VI. sein Schwager, bey dem er sich
in cognito zu Wien eingefunden und Schutz gesucht hatte, aus dem Schloße in Tyrol, wo er
sich anfangs aufgehalten, zu seiner mehrern Sicherheit hatte bringen laßen.

Sobald der Czaar von seines Sohnes Aufenthalt Nachricht bekommen, drunge er auf die
Auslieferung desselben; die ihm um so viel weniger verweigert werden konnte, da ihm die
theuersten Versicherungen geschahen, daß er
Pardon erlangen und nicht gestraft werden sollte.
Die Abgeordneten brachten ihn den 13. Febr.
st. n. 1718 nach Moscau, wo der Czaar sich
eben damals befand. Der Prinz warf sich dem
Vater zu den Füßen, gestund seine Fehler, erklärte sich zur Thronfolge für unwürdig und bat
um sein Leben. Die Antwort war, daß er von
seiner Flucht nichts verhehlen sollte, wenn er
nicht seinen Kopf in Gefahr setzen wollte. Hierauf wurde in öffentlicher Versammlung aller
Großen des Reichs geistlichen und weltlichen

Stan-

Standes eine Schrift abgelesen, darinnen der
Prinz Alexius der Thronfolge entsetzt und der
junge Prinz Peter von der zweyten Gemahlin
an dessen statt zum rechtmäßigen Erben und
Thronfolger erklärt wurde, welches alle Anwe-
sende mit einem Eyde bekräftigen mußten. Um
die Mitschuldigen zu entdecken, wurde eine große
Inquisition angestellt und da der unglückliche
Prinz gar leichte etwas verschweigen konnte, das
nachgehends entdeckt wurde, ward es für zulänglich gehalten, ihn zum Todte zu verurthei-
len, worüber er sich so entsetzte, daß er zwey
Tage hernach, nämlich den 7. Jul. 1718 starb,
welchem zu des Czaars größten Leidwesen der
junge Czaarowitz den 6. May 1719 im Todte
nachfolgte.

Nun war der einzige Sohn des unglücklichen
Czaarowitzens, Peter Alexiewitz, noch übrig,
auf den die ganze Rußische Nation ihre Augen
richtete. Und dieser war es, den die Kayserin
Catharina I. in ihrem Testamente zum Nachfolger ernennte. Er bestieg den Thron unter dem
Namen Petri II. und ließ in dem ersten Jahre
seiner Regierung eine große Lebhaftigkeit und
viele andere schöne Gemüthsgaben spühren. Er
war

war wohlgebildet und übertraf an äußerlicher
Schönheit noch seine Schwester Natalia. Seine erste Auferziehung hatte er einer deutschen Dame, die ihm seine Mutter zur Hofmeisterin bestellt, zu danken. Nachgehends erhielte er von
der Kayserin Catharina gute Lehr = und Hofmei-
ster, worunter der Baron von Ostermann der
vornehmste war, der ihn besonders nach Antritt seiner unmündigen Regierung nach einer besondern Vorschrift aufs Beste unterweisen ließ.
Er fieng seine Regierung mit lauter Gnadenbe-
zeugungen an, wobey der Fürst Menschikow
am wenigsten vergessen wurde.

Dieser war nunmehr das Factotum am ganzen Hofe. Er ließ ein Manifest ausgehen, darinnen die Strafe der Minister, die während er
Krankheit der verstorbenen Kayserin sein großes
Ansehen zu schwächen, und die bestimmte Heyrath des neuen Kaysers mit seiner Tochter
zu hintertreiben gesucht, bestätiget wurde.
Den 5. Jun. 1727 und fast zu eben der Zeit, da
jetztgedachtes Manifest unterschrieben worden,
geschahe die öffentliche Verlobung des jungen
Kaysers mit seiner Prinzeßin Maria, wodurch
das Glücke dieses Hauses aufs höchste stieg. Al-

les

les gieng nunmehro durch des Fürstens Menschikow Hände. Der Kayser erklärte ihn zum
Generalißimo aller seiner Armeen. Seine
Hauptfeinde lagen zu Boden und er erhub sich
über alle Menschen. Alles mußte sich vor ihm
schmiegen und biegen. Die Verlobung seiner
Tochter mit dem jungen Kayser ließ er dem Rö-
misch-Kayserl. Hofe, mit dem der junge Kayser in genauer Verwandschaft stunde, bekannt
machen, worauf er von dem Kayser mit einem
allergnädigsten Antwortschreiben beehrt und ihm
die Herrschaft Cosel in Schlesien geschenkt wurde.

Sein Hochmuth stieg nunmehr aufs höchste
und niemand war ihm forthin verhaßter, als
der Herzog von Holstein, in Ansehung dessen
er auch die von der verstorbenen Kayserin errichtete geheime Cabinets-Canzeley, worinnen der
Herzog den Vorsitz hatte, aufhub, und folglich
ihn und die Kayserlichen Prinzeßinnen von der
Vormundschaft und Administration des Reichs
ausschloß, auch die Summen, die der Gemahlin des Herzogs ausgesetzt worden, schlecht aus-
zahlte. Der Herzog sahe nunmehro wohl, daß
er am Rußischen Hofe ungerne gesehen würde,
daher er sich entschloß, solchen zu verlassen und
sich

ſich nach ſeinen Erblanden zu erheben. Es gieng
zwar ſeiner Gemahlin ſehr nahe, ihr Vaterland
zu verlaſſen, doch nahm ſie zu ihrem Troſte eine
allgemeine Hochachtung und zugleich unter ihrem Herzen denjenigen Prinzen mit, der nach
der Zeit der Welt unter dem Namen Peter III.
bekannt worden und deſſen Leben ich hier eigentlich beſchreibe. Der Aufbruch zu Petersburg
geſchahe den 5. Aug. 1727 unter Bedeckung einer Flotte von 10. Kriegsſchiffen, die der Groß-
Admiral Apraxin commandirte. Die Ankunft
zu Kiel, wo der Herzog künftig reſidiren wollte,
geſchahe den 24. Aug., doch hielte er allererſt
den 26ten ſeinen öffentlichen Einzug daſelbſt.

Er war nicht lange zu Kiel geweſen, ſo erhielte er von dem jungen Kayſer aus Petersburg,
ein Schreiben, darinnen er ihm meldete, daß
der Fürſt von Menſchikow ſein Anſehen zum
Nachtheil der kayſerlichen Familie dergeſtalt gemißbraucht habe, daß er vor gut erkannt, ihn
den 17. Sept. ſeiner Freyheit, Ehre und Würden zu entſetzen, ſeine Schätze und Güther zu
confiſciren und ihn nach Siberien ins Elend zu
ſchicken. Die Vermählung des Kayſers mit ſeiner Tochter gieng nunmehro zurücke und ſie
mußte

mußte mit dem Vater ins Exilium gehen, wor=
innen sie auch gestorben ist, nachdem der Vater
ihr den 2. Nov. 1729. im Tode vorgegangen.

Man hält dafür, daß der Baron von Oster=
mann viel zu dem Fall des Menschikows bey=
getragen habe. Das war das klägliche Ende
eines Mannes, der aus dem geringsten Staube
eines armen Gassenjungens, sich zu den höchsten
Ehren und Würden empor geschwungen, und ver=
schiedene Jahre das ganze Rußische Reich auf
eine fast unumschränkte Weise regiert hatte.

Jedoch Ostermann war es nicht alleine, der
diesen stolzen Fürsten zu Falle brachte. Der
Fürst Alexius Dolgoruki, der bey der Prin=
zeßin Natalia, des Kaysers Schwester, zum
Oberhofmeister bestellt worden, wußte sich bey
der jungen Prinzeßin, die von ihrem Bruder
aufs zärtlichste geliebt wurde, in solche Gunst
und Hochachtung zu setzen, daß es ihm nicht
schwer zu seyn dünkte, diesen hochmüthigen
Mann durch dieselbe zu stürzen. Er steckte sich
hinter den Sekretair Kalkow, der stets um den
Kayser war. Dieser mußte den Fürsten bey
demselben auf alle mögliche Art verhaßt zu ma=

chen

chen suchen, welches ihm desto leichter gelunge,
weil Menschikew viel zu sicher in seinem Glücks-
stande war, als daß er die gehörige Klugheit
und Vorsichtigkeit gebrauchen sollen, seinen
Feinden die Gelegenheit zu benehmen, ihn an-
zuschwärzen. Hierzu kam der Haß, den die
Kayserliche Prinzeßin schon längst auf ihn geworfen hatte. Da er nun das Geschenke von
etlichen tausend Ducaten, das der Kayser seiner
Schwester überschickt, untergeschlagen, konnte
dieses leichte Gelegenheit zu seinem Fall geben,
da schon viel Widriges von ihm dem Kayser in
den Kopf gesetzt, die Prinzeßin aber, die ihm
ohnediß niemals günstig gewesen, beleidiget
worden.

Da sich nun der Fürst Alexius Dolgoruki
bey der Prinzeßin eingeschmeichelt hatte, fiel es
ihm nicht schwer, auch die Gunst des Kaysers zu
erlangen, zumal da sein Sohn, Fürst Ivan
Dolgoruki, bereits ein Liebling desselben worden war. Es kriegte hierdurch das ganze Fürstliche Hauß Dolgoruki einen nahen Zutritt bey
dem jungen Monarchen und wurde zu den ansehnlichsten Bedienungen erhöben. Alexius
wurde wirklicher geheimer Rath und Ivan
Ober-

48

Obercammerherr, beyde aber empfiengen den ho=
hen St. Andreas=Orden. Der letzte hatte die
Ehre ihn im Jan. 1728 nach Moscau zu beglei=
ten und allda seiner Krönung beyzuwohnen, da
er denn als dessen Obercammerherr ihm sowohl
bey dem Einzuge, als bey der Krönung selbst stets
an der Seite war. Er unterstützte ihn in seinen
Ergötzlichkeiten und da der Käyser ein großer
Freund der Jagd war, beförderte er diese Lust
auf alle Art und Weise, welches aber bey der
vielfältigen rauhen Witterung der Gesundheit
des Kaysers öfters sehr nachtheilig war. Er
verleitete ihn auch zu vielen Spatzierritten an
entlegene Oerter, dadurch er ihn aber an der
Fortsetzung seiner Studien und Uebung in den
Regierungsgeschäften nicht wenig hinderte. Er
beredete ihn auch, seinen beständigen Aufenthalt
in der Stadt Moscau zu nehmen, weil das Cli=
ma daselbst gelinder und gesünder als zu Peters=
burg wäre.

Der Herzog von Holstein hatte indessen zu
Kiel den 11. Febr. 1728 das außerordentliche
Vergnügen, von seiner Gemahlin mit einem
Erbprinzen erfreut zu werden. Er wurde den
29ten auf Evangelischlutherisch getauft und
Carl

Carl Peter Ulrich genennet. Und dieses ist eben
der Prinz, dessen Lebensgeschichte ich hier ei=
gentlich beschreibe. Die Durchl. Kindbetterin
hielte den 6. April ihren gesunden Kirchgang.
Jederman war darüber erfreut und frohlockte
über das gesegnete Wachsthum des Hochfürst=
lichen Hauses. Allein wenig Wochen hernach
wurde die Freude in das bitterste Leid verwan=
delt, da die Herzogin den 15. May im 21sten
Jahr ihres Alters durch einen ganz unverhoften
Todt dahin gerissen wurde. Als eine Prinzeßin
aus dem Rußisch=Kayserl. Hause, wurde ihr
Leichnam den 3. Oct. zu Kiel, wo er bisher in
der Schloßkirche geruhet, zu Schiffe gebracht
und nach Petersburg geführt, wo er von neuen
auf ein Paradebette gelegt und den 12. Nov. mit
standesmäßigen Gepränge in die Kayserl. Gruft
gesenket wurde. Sie wurde ihrer vorzüglichen
Eigenschaften wegen gar sehr bedauert.

Das Ansehen des Dolgorukischen Hauses
war immittelst am Rußischen Hofe so hoch ge=
stiegen, daß der junge Kayser so gar beschloß,
sich mit der Prinzeßin Catharina, des Für=
stens Alexi Tochter, die er öfters zu sehen Ge=
legenheit gehabt, zu vermählen und ihr die

D   Kayser=

Kayserliche Krone aufzusetzen. Mit diesem Entschlusse verfügte er sich den 29. Nov. 1729 in das
Zimmer des zu dieser Zeit eben krank liegenden
Fürstens, setzte sich auf sein Bette, faßte ihn bey
der Hand und sprach: „Ich habe ein Anliegen,
„und ich hoffe, ihr werdet mich keine Fehlbitte
„thun lassen. Die Neigung und Liebe, welche
„ich zu eurer Tochter trage, gehet so weit und
„ist so aufrichtig, daß ich sie mir als meine
„Gemahlin antrauen lassen will.” Er schwieg
hierauf stille, der Fürst aber warf sich aus dem
Bette zu seinen Füssen, um vor solche hohe
Gnade seinen demüthigsten Dank abzustatten.
Er gieng alsdenn in das Zimmer seiner Tochter, führte sie zu dem Kayser und entdeckte ihr
dessen gnädigsten Entschluß. Sie erröthete darüber und wurde bestürzt, faßte sich aber endlich
und brachte den Kayser durch ihre wohlgesetzte
Danksagung abermal zu dieser Erklärung: Ihre Sittsamkeit und Bescheidenheit bestätiget
meine Wahl. Den folgenden Tag wurden alle
Magnaten nach Hofe berufen, wo das hohe
Verlöbniß mit besonderm Gepränge begangen
wurde. Den 22. Jan. 1730 sollte die Vermählung vollzogen werden. Allein der junge Kayser

fer wurde den 17. Jan. von den Kinderblattern
befallen, die er auch schon meistens überstanden
hatte, als er durch eine Abkühlung am Fenster
sich den Rücktritt derselben zuzog und hierdurch
seinen Todt beförderte. Es geschahe dieses den
30. Jan. zur Nacht, bey völlig bis ans Ende
behaltenem Verstande, im funfzehnten Jahre
seines Alters. Er folgte also seiner zärtlichge-
liebten Schwester Natalia, die den 14. Dec.
1728 gestorben war, im Todte bald nach.

Als er in den letzten Zügen lag, wurden die
Glieder des hohen Senats und die Fürsten Dolgoruki nebst dem Erzbischoffe von Novogrod
und dem General-Feld-Marschallen nach Hofe
berufen, allwo sich auch Abends um zehn Uhr
die alte verwitwete Kayserin, Peters des
Großen verstoßene erste Gemahlin, einfand, die
ihr Enkel Peter II. wieder in Freyheit gesetzt
und an seinen Hof genommen hatte. Sie wurde befragt: Ob sie geneigt sey, die Regierung
zu übernehmen, im Fall Gott den jungen Monarchen zu sich nehmen würde? Sie setzte sich
aber auf die Knie, betete vor die Erhaltung des
Kaysers und entschuldigte sich, eine so schwere
Last bey ihrer schwachen Gesundheit und schlech-

D 2   tem

rem Gedächtniſſe zu übernehmen. Als der Kayſer einige Stunden darauf verſchied und die alte
Kayſerin den erblaßten Körper erblickte, ſank ſie
in Ohnmacht, und| that ſehr kläglich, als ſie
wieder zu ſich ſelbſt kam.

Nun war man auf die Thronfolge bedacht.
Die verſammleten Magnaten verſchloſſen ſich in
ein Zimmer und rathſchlagten darüber bis frühe
um vier Uhr. Die Fürſten Dolgoruki brachten die verlobte Kayſerl. Braut in Vorſchlag,
welches aber gleich verworfen wurde, weil die
Vermählung noch nicht vollzogen worden. Der
Groß-Canzler Graf Golowkin, drunge mit ſeinem Vorſchlage durch, da er vorſtellte, daß weil
die männliche Linie des Kayſerl. Hauſes mit Peter II. erloſchen, man nun in der weiblichen Po-
ſterität des Czaars Ivan eine Regentin ſuchen
müßte; da nun die älteſte Prinzeßin, Herzogin
von Mecklenburg, mit einem ausländiſchen Fürſten verheyrathet ſey, ſo träfe die Reyhe die ver-
wittwete Herzogin von Curland. Hierauf gab
die ganze Verſammlung ihre Einwilligung zu
dieſer Wahl, entſchloß ſich aber, der neuen
Kayſerin ſolche Bedingungen vorzulegen, dadurch die bisherige unumſchränkte Herrſchaft
einge-

eingeschränkt werden sollte. Alleine die neue
Kayserin war kaum mit den, an sie abgeschickten, Deputirten, die die neue Regierungsform
ihr zur Unterschrift überbracht hatten, aus Curland zu Moscau angelangt, und hatte von dem
Throne unter dem Nahmen Anna Jwanowna
Besitz genommen, so gab sie ihren Verdruß gegen die Vornehmsten des Senats und die Chefs
der Garderegimenter über die ihr vorgelegten
harten Bedingungen zu erkennen, brachte es
auch durch ihre Anhänger gar bald dahin, daß
ihr den 8. März die völlige Souverainität so,
wie sie ihre Vorfahrer gehabt, zugestanden wurde, worauf sie die unterschriebene Succeßions-
Acte öffentlich in Stücken riß, und sich darauf
den 9. May mit vieler Pracht krönen ließ.

Das erste, was die Kayserin Anna nach
dem Antritt ihrer Regierung that, betraf das
Fürstl. Haus Dolgoruki, welches gänzlich in
Ungnade fiel, und auf seine entlegensten Güter
mit Beraubung ihrer Chargen und Ritterorden
relegirt wurde. Es wurde sonderlich dem Ale-
xio und dessen Sohne Jvan Schuld gegeben,
daß sie die Gesundheit des jungen Monarchens
verwahrloset, ihn zu lauter Lustbarkeiten gerei-

D 3 zet,

zet, an der Erkenntniß der Regierungsſachen
gehindert, aus unerſättlicher Herrſchſucht unter
ihre eigene Aufſicht genommen, und mit ihrer
Tochter, ehe er das reife Alter erlanget, verlo=
bet, ohne der Kayſerl. Familie die geringſte
Wiſſenſchaft davon zu geben, und mit Beförde=
rungen und andern Dingen nach eigenem Gut=
dünken gehandelt hätten. Hierbey blieb es
nicht, ſondern nachdem man entdeckt, daß ſie
ein falſches Teſtament zum Beſten ihrer Muh=
me, der verlobten Prinzeßin Catharina, abge=
faßt, um ſie dadurch zur Kayſerin zu erheben,
welches ſie aber hernach, da es nach dem Hin=
tritt des Kayſers nicht zur Ausführung gebracht
werden können, verbrannt, wurden ſie von
neuen 1739 zur Inquiſition gezogen, und den 6.
Nov. dieſes Jahrs zu Novogrod jämmerlich
hingerichtet.

Die Kayſerin Anna regierte über 10 Jahr
mit großer Auctorität. Sie ſtellte eine anſehn=
liche Perſon für. Aus ihren ſchwarzen Augen
und Haaren leuchtete eine ſonderbare Annehm=
lichkeit herfür, welche mit einem ſo majeſtäti=
ſchen Weſen verknüpft war, daß ſie mit eben
ſo viel Ehrfurcht als Liebe verehrt wurde.
Man

Man kann ihr ein redliches Herze und einen
guten Verstand nicht absprechen; doch ließ sie
sich durch geschickte Ministers leiten, damit sie
ihre Regierung glücklich führen möchte. Der
vornehmste hierunter war Ernst Johann Bie-
ren, ein liefländischer Edelmann, der schon zu
Mietau als Cammerjunker ihr Liebling gewesen.
Er folgte ihr nach Rußland, und ward unter dem Nahmen Biron in den Grafenstand erhoben, und zu ihrem Ober-Cammerherrn ernennet. Nach dem Tode des alten Herzogs
Ferdinandi von Curland wußte er es durch seine Kunstgriffe dahin zu bringen, daß er den 13.
Jul. 1737 zum Herzoge von Curland erwehlt
wurde. Er verließ aber deßhalben den Rußischen Hof nicht, sondern blieb an solchem bis
ans Ende der Kayserin, die ihn mit seinem ganzen Hause an ihrem Hofe als einen Prinzen
von Geblüte tractirte. Dieses war der Mann,
der während der ganzen Regierung der Kayserin Anna das meiste gegolten, auch einige Wochen nach ihrem Tode das ganze Rußische Reich
fast unumschränkt beherrschet hat.

Er besaß keine Gelehrsamkeit, hatte auch
keine sonderliche Erziehung gehabt, daher er

alles

alles aus sich selbst nehmen mußte. Ihm fehlte
diejenige Art von Witz, welche Leute von
Stande im gesellschaftlichen Umgange gefällig
macht; jedoch fehlte es ihm nicht an einem na-
türlichen guten Verstande, und es traf an ihm
das Sprichwort ein, daß die Geschäffte Leute
machen. In den beyden ersten Jahren seines
Aufenthalts in Rußland schiene er sich in nichts
zu mengen, aber hernach gewann er Geschmack
an den Geschäfften und regierte alles. Er liebte Pracht und Gepränge bis zur Ausschwei-
fung, daher auch der Hof zur Zeit der Kayserin Anna jederzeit sehr glänzend gewesen. Seine Gemüthsart war nicht die beste. Er war
aus dermaßen stolz und ehrgeizig, kurz ange-
bunden, geizig, unversöhnlich und strenge bey
seinen Bestrafungen. Er gab sich viel Mühe,
die Kunst sich zu verstellen zu lernen, konnte
aber dem Baron, jetzt Grafen von Ostermann, der ein Meister in dieser Kunst war,
nicht gleich kommen.

Dieser Ostermann war der größte Staatsminister während der Regierung dieser Kayserin. Er war eines Evangelischen Predigers
Sohn aus Westphalen, hatte zu Jena studirt,
und

und war durch einige gehabte blutige Händel
genöthiget worden, sich nach Holland zu wen=
den, wo er durch den Rußischen Gesandten nach
Petersburg als Informator des jungen Prin=
zens Petri Alexiewitz recommendirt wurde. Der
alte Czaar gewann ihn lieb, ernennte ihn zum
Canzleyrath und beförderte ihn, nachdem er
den Nystädtischen Frieden mit Schweden schlie=
sen helfen, von einer Bedienung zur andern,
bis er endlich unter den nachfolgenden Regie=
rungen zu den höchsten Ehrenstellen erhoben
worden. Er stiftete unter der Regierung der
Kayserin Anna viel Gutes im Reiche. Er be=
förderte die Künste und Wissenschaften, ver=
stärkte die Commercien, und hielte die Berg=
werke und Manufacturen im Anbau, das Kriegs=
und Seewesen aber setzte er in einen furchtba=
ren Stand. Dieses erfuhren sowohl die Poh=
len als Türken, wider welche die Kayserin Krieg
führte, und durch die tapfern Thaten des Gra=
fens von Münnich viel Ruhm erlangte.

Obgleich die Kayserin sich noch in einem
solchen Alter befand, daß sie sich wieder ver=
mählen konnte, wollte sie doch nichts davon
hören. Indessen war sie gesonnen, noch bey

D 5 ihrem

ihrem Leben einen Nachfolger zu erwehlen.
Man kann leichte erachten, daß die Wahl nicht
auf die Prinzeßin Elisabeth, Peters des Grossen Tochter, die das nechste Erbrecht darzu zu
haben glaubte, werde gefallen seyn, da sie dieselbe schon längst mit eyfersüchtigen Augen angesehen hatte. Ihre Schwester, die Herzogin
von Mecklenburg, Schwerin, konnte sich eher
Rechnung darauf machen, welche sich auch bereits seit etlichen Jahren mit ihrer Prinzeßin
in der Stadt Moscau aufhielte. Alleine ob sie
gleich von ihrem Gemahl abgesondert lebte, war
ihre Ehe mit dem unruhigen Herzoge zu Schwerin gleichwohl Ursache, daß sie in der Wahl zur
Kayserin übergangen wurde. Jedoch sie hatte
eine Tochter von 12 Jahren, für die sie die
Kayserin aufs beweglichʼte bat, solche an ihren
Hof zu nehmen, für ihre Erziehung zu sorgen,
und sie die griechische Religion annehmen zu
lassen. Solches erfolgte denn auch. Die Kayserin nahm diese Prinzeßin an Kindesstatt an,
legte ihr ihren Nahmen Anna bey, nachdem sie
bisher Elisabeth Catharina Christina geheißen,
und ließ sie in der griechischen Religion unterrichten. Die Kayserin hatte hierbey ihr Absehen

hen auf die Regierungsfolge gerichtet, ob sie
sich gleich nicht deutlich darüber heraus ließ.
Jedoch die Grafen von Ostermann und Lö=
wenwolde, die damals nebst dem Biron bey
der Kayserin in besondern Gnaden stunden, la=
gen ihr sehr an, bey Zeiten für die Succeßion
zu sorgen.

Die Gründe, die diese beyden Herren an=
führten, rührten die Monarchin dergestalt, daß
sie ihnen den Auftrag that, darüber zu rath=
schlagen, und ihr von ihrem Gutachten Bericht
zu erstatten. Dieses thaten sie auch nach etli=
chen Tagen. Sie stellten vor, daß da Ihre
Majestät sich nicht entschließen könnten, sich
selbst einen Gemahl zu erwehlen, so schiene es
dienlich zu seyn, die Prinzeßin Anna mit ei=
nem ausländischen Fürsten zu vermählen, und
einen von den Prinzen, der aus dieser Ehe ge=
bohren würde, ohne auf die Erstgeburt zu se=
hen, zum Thronfolger zu erklären, um dadurch
das Reich wieder auf männliche Regenten und
Erben zu bringen. Die Kayserin schiene mit
diesem Plane zufrieden zu seyn, war aber nicht
geneigt, ihn sogleich zur Erfüllung zu bringen,
weil die Prinzeßin noch sehr jung war. Jedoch
der

der Graf von Ostermann, der diese Sache
am eifrigsten triebe, steckte sich hinter den Erzbischof von Novogorod, der bey der Kayserin
viel vermochte. Er brachte ihn dahin, daß er
diese Sache als höchstnöthig vorstellte, und die
Kayserin bewog, sich seine Vorstellung gefallen
zu lassen. Der Graf von Ostermann, der mit
den andern Gliedern des geheimen Conseil einig
war, faßte darauf in der Stille eine Eydesformel ab, daß die Nation denjenigen für ihren
rechtmäßigen Thronfolger erkennen wollte, den
die Kayserin darzu ernennen würde. Nachdem
die Kayserin solches Formular unterschrieben
hatte, wurde es in geheim gedruckt, und hernach von allen Großen des Reichs in der Hauptkirche zu Moscau, wohin sie zu dem Ende berufen worden, beschworen. Zu gleicher Zeit
wollte die Kayserin die Prinzeßin Elisabeth in
ein Kloster sperren lassen, weil sie nicht glaubte, daß die bestimmte Thronfolge bestehen könnte, so lange eine Tochter Peters des Ersten
vorhanden wäre, die von der widriggesinnten
Parthey dem von ihr ernennten Nachfolger ent-
gegengesetzt werden könnte. Jedoch der Graf,
von Biron, der hierbey seine besondern Absichten

ſichten hatte, wendete die Vollziehung des Kayſerl. Entſchluſſes ab. Es geſchahe dieſes alles
im Dec. 1731, worauf die Kayſerin die Stadt
Moſcau verließ, und ſich mit ihrem Hofe wieder nach Petersburg wendete.

Immittelſt gaben ſich verſchiedene auswärtige Prinzen als Candidaten zu der ehelichen
Verbindung mit der Prinzeßin Anna an, worunter ſich auch der Prinz Emanuel von Por-
tugall befand, der deßhalben im Jahr 1730
ſelbſt nach Moſcau kam, und von dem Römiſch-
Kayſerl. Hofe beſtens recommendirt wurde, aber
anfangs ſeine Abſicht auf die Kayſerin ſelbſt gerichtet hatte. Man empfieng ihn zwar mit aller erſinnlichen Ehrenbezeugung, gab ihm aber
keine Gelegenheit, das Abſehen ſeiner Ankunft
in Vortrag zu bringen. Man warf vielmehr ſeine Augen gleich anfangs auf das Preußiſche
Haus, und beſtimmte den Marggraf Carl für
die junge Prinzeßin. Die Sache war ſchon ſehr
weit gekommen, als der Graf von Seckendorf,
der damals Kayſerl. Geſandter am Preußiſchen
Hofe war, Befehl kriegte, ſein Aeußerſtes anzuwenden, um die vorhabende Heyrath zu hintertreiben.

Man

Man brachte darauf den Prinzen Anton
Ulrich von Braunschweig in Vorschlag, der
ein Neffe der Römischen Kayserin war. Der
Graf von Löwenwolde, der in der Absicht
nach Deutschland gereiset, und verschiedene Hö=
fe besucht hatte, um einen Gemahl vor die
Prinzeßin von Mecklenburg zu suchen, redete
sehr vortheilhaftig von diesem Prinzen. Weil
nun der Römisch=Kayserl. Hof ihm zugleich mit
seinem Vorspruche zu statten kam, ließ die Kay=
serin den gedachten Prinzen nach Petersburg
kommen, wo er auch in Gesellschaft des gehei=
men Raths von Cramm und seines Hofmei=
sters, des Obristens von Heimburg, im Jan.
1732 anlangte. Als er bey Hofe erschien, fand
ihn die Kayserin nicht so beschaffen, wie sie sich
eingebildet. Er war allererst 18 Jahr alt, und
stund noch unter der Aufsicht eines Hofmeisters,
der als ein rauher Officier nicht im Stande
war, ihm erhabene Gesinnungen beyzubringen.
Der Graf Biron, der über dieses Prinzens
Ankunft eifersüchtig war, weil sie seinen ehrgei=
zigen Absichten in Ansehung seines ältesten
Sohnes, den er mit der Zeit mit der Prinzes=
sin Anna zu vermählen gedachte, hinderlich
war,

war, sprach nicht viel zu desselben Vortheil.
Jedoch da der Prinz einmal da war, kriegte er
ein Cüraßierregiment mit einem jährlichen Gehalt von etliche tausend Rubeln. Er gab sich
alle Mühe, sich bey Hofe gefällig zu machen,
erndtete aber nichts denn Kaltsinnigkeit ein.
Die Prinzeßin Anna, die den Titel Kayserl.
Hoheit führte, bezeugte ebenfalls wenig Achtung und Zuneigung gegen ihn. Sie nahm den
23. May 1733 zu Petersburg die griechische
Religion an, verlohr aber vier Wochen hernach
ihre Mutter, die seit etlichen Jahren ihren
Aufenthalt in Rußland gehabt, obgleich der
Vater sich noch am Leben befand.

Es verflossen etliche Jahre in der Unent-
schlossenheit der Kayserin und in dem eigensinnigen Bezeugen der Prinzeßin, ehe im Ernst
an die Vermählung gedacht wurde. Der Prinz
ward indessen Generalmajor, wohnte den Feldzügen wider die Türken bey, und kriegte die
Stelle eines Obristlieutenants bey der Semo-
nowskischen Garde. Die Römische Kayserin,
die mit ihm nahe verwandt war, gab sich viele
Mühe, dessen Vermählung zu Stande zu bringen. Sie ließ daher durch ihren Gesandten deß-

halben

halben viele Erinnerungen thun. Endlich er=
folgte dieselbe den 14. Jul. 1739, nachdem der
Kayserl. Abgesandte im Nahmen des Kaysers
die solenne Anwerbung um die Prinzeßin ge=
than hatte.

Die sich äußernde Kränklichkeit der Kayse=
rin beförderte diese Vermählung am meisten.
Sie sagte einsmals zu dem Grafen von Biron,
der nunmehro der Herzog von Curland hieß:
„Niemand denkt mehr daran, daß ich die Prin=
„zeßin vermählen muß. Die Zeit ist darzu
„verhanden, weil sie alt genung ist. Ich ge=
„stehe es, daß mir der Prinz so wenig, als die
„Prinzeßin gefällt. Aber die Personen von
„Stande heyrathen immer nicht nach dem
„Triebe ihrer Zuneigung. Man mag die Sa=
„che ansehen, wie man will, so wird der Ge=
„mahl keinen Antheil an der Regierung haben.
„Es thut daher wenig zur Sache, wen die
„Prinzeßin zum Gemahl nimmt, wenn ich nur
„Erben habe und auch dem Römischen Kayser
„die Sorge benehme, den Prinzen unvermählt
„wieder abreisen zu lassen. Es ist wahr, die=
„ser junge Prinz scheint mir friedfertig und von
„einem solchen Naturell zu seyn, welches sich
„gerne

„gerne jederman gefällig macht. Lasset uns
„vernehmen, was der Graf von Ostermann
„darzu spricht.„ Dieser Minister ward darauf gerufen. Er kam und urtheilte, daß dieser
Entschluß sehr weise und vortheilhaftig bey den
gegenwärtigen Umständen wäre. Es wurden
hierauf alle Anstalten zur Vermählung gemacht
und die Ehe vollzogen.

Der junge Erbprinz von Holstein ward
indessen zu Kiel in der Evangelisch-Lutherischen
Religion erzogen. Weil seine Mutter, des großen
Peters Tochter, gestorben war, ehe er sie kennen gelernet, konnte sie keinen Theil an seiner
Erziehung haben. Er war das einzige Kind
seines Vaters, der so wenig ein großer Geist
als sein Sohn war, weil er zu Stockholm unter den Kriegsunruhen nicht sonderlich gebildet worden. Er hatte sich nicht nach einer völligen
Zuneigung, sondern blos aus Staatsabsich-
ten und gleichsam aus Rachgier wegen des Verlusts von Schleßwig mit der Rußischen Prinzeßin vermählt, und war zufrieden, daß er einen Prinzen von ihr bekommen, obgleich die
Mutter darüber im Kindbette das Zeitliche ge-
segnen müssen. Er blieb hierauf unvermählt,

E   und

und war nur beschäfftiget, seine Ansprüche auf
Schleßwig und auf die Thronfolge in Schweden geltend zu machen, worüber er aber seinen
Sohn aus der Acht ließ, und ihn solchen Personen zur Erziehung anvertraute, die ihm
außer der Französischen Sprache, weder
Wissenschaften, noch edle Gesinnungen bey-
brachten.

Der Vater starb den 18. Jun. 1739 auf
dem adelichen Schlosse Rolfshagen in Holstein,
da sein Prinz erst 11 Jahr alt war. Es war
dieses das geschickteste Alter zu Ausbildung seines Characters, der nunmehro am meisten be-
arbeitet werden sollte, so aber nicht geschahe.
Hierzu kam, daß er in der zarten Jugend sich
immer schwach und kränklich befunden, daher
man ihn verzärtelt, und seinem eigenen Willen
überlassen hatte, weil man geglaubt, es sey
das Nachgeben ein Mittel, ihn desto eher beym
Leben zu erhalten. Nach dem Tode seines Vaters bekam er seinen nechsten Vetter, Herzog
Adolph Friedrichen, Bischofen zu Lübeck, zu
seinem Vormund und Landes-Administrator,
der eine große Veränderung in dem Regierungs-
Ministerio vornahm, und unter andern die
geheimen

geheimen Räthe von Holmer, Paulfen und
Westphalen zu Gliedern des neuen Conseil ernennte, die Sorge vor die Erziehung des jungen Herzogs aber denen überließ, die bisher
schon darzu bestellt gewesen.

Das Patent, das der neue Administrator
nach Antritt der vormundschaftlichen Regierung
bekannt machte, lautete also:

„Von Gottes Gnaden Wir Adolph Fried-
„rich, erwehlter Bischof zu Lübeck, in Vor-
„mundschaft unsers vielgeliebten Vettern, des
„Durchlauchtigsten Fürsten, Herrn Carl Pe-
„ter Ulrichs, beyde Erben zu Norwegen, Her-
„zoge zu Schleßwig, Holstein, Stormarn und
„der Dithmarsen, Grafen zu Oldenburg und
„Delmenhorst ꝛc. entbieten allen und jeden Ein-
„gesessenen und Unterthanen dieser Fürstenthü-
„mer und Lande privativer Jurisdiction Unse-
„re Gnade, und fügen Denselben hiermit zu
„wissen, daß es dem Höchsten nach seinem un-
„wandelbaren Rath und Willen gefallen, Jhro
„Königl. Hoheit, den weyland Durchlauchtig-
„sten Fürsten und Herrn, Herrn Carl Fried-
„rich, Erben zu Norwegen, Herzogen zu
„Schleßwig, Holstein, Stormarn und der

„Dith-

„Dithmarſen, Grafen zu Oldenburg und Del-
„menhorſt, Unſern freundlich geliebten und
„Hochgeehrten Herrn Vetter am 18ten jetztlau-
„fenden Junii-Monaths Morgens gegen drey
„Uhr aus dieſer Zeitlichkeit abzufordern, und
„in die ewige Seeligkeit zu verſetzen. Wenn
„nun durch ſolchen unverhofften tödtlichen Hin-
„tritt die Tutel und Landes-Adminiſtration bey
„annoch obwaltender Minderjährigkeit Unſers
„freundlich geliebten Herrn Vettern, des Durch-
„lauchtigſten Herzogs Carl Peter Ulrichs Kö-
„nigl. Hoheit und Lbd. auf uns als proximum
„Agnatum den Reichsgeſetzen und der in Un-
„ſerm Fürſtl. Hauſe hergebrachten Gewohnheit
„zufolge, devolvirt und gefallen iſt; Wir auch
„ſolche glücklich angetreten und übernommen
„haben; So befehlen Wir ſolchemnach allen
„und jeden dieſer Unſerer Fürſtenthümer und
„Lande privativer Jurisdiction Eingeſeſſenen
„und Unterthanen, daß nunmehro ſie ihre et-
„wanig habende Nothdurft bey Uns und Un-
„ſerm gnädigſt verordneten Conſeil einbringen
„und daher fernern Beſcheides gewärtigen ſol-
„len. Wornach ſich alſo ein jeder in Unter-
„thänigkeit zu achten und dieſem Unſern gnä-
                                  „digſten

„bigsten Befehl den schuldigsten Gehorsam zu
„leisten wissen wird. Gegeben in Unserm ge=
„heimen Conseil auf dem Schlosse zu Kiel, den
„19. Jun. 1739.„

(L. S.)

Adolph Friedrich, Administrator.

An dem Rußischen Hofe gieng man indessen
mit Succeßions=Gedanken schwanger, weil sich
die Kayserin immer kränklich befand. Ihr Fa=
vorit, der Herzog von Curland, regierte den
ganzen Hof. Der Graf von Ostermann war
der dirigirende Staatsminister und der Graf
von Münnich der oberste Feldherr, die aber
beyde mehr dem Anschein nach und aus politi=
scher Klugheit, als aus aufrichtiger Herzens=
meynung, des Herzogs von Curland Parthey
hielten. Dieser selbst war weder der Prinzes=
sin Anna, noch ihrem Gemahl, dem Herzoge
von Braunschweig, günstig, und daher auf
nichts weniger, als ihr Bestes bedacht, weil er
nur sich und sein Haus zu erheben suchte. Bey=
de hohe Vermählte selbst lebten nicht in der be=
sten Harmonie. Ihr Ehestand war wohl frucht=
bar, aber nicht vergnügt. Die Fräulein Ju=
liana von Mengden hatte der Prinzeßin gan=

E 3

zes Herze in den Händen, und trug viel zu dem
Mißverständnisse bey, das zwischen den beyden
hohen Vermählten herrschte. Den 23. Aug.
1740 brachte die Prinzeßin einen Sohn zur
Welt, der Ivan genennet wurde. Auf diesen
ward nun gleich die Thronfolge gerichtet. Die
Kayserin nahm diesen Prinzen für ihr eigen
Kind an, entzog ihn seinen Eltern und räumte
ihm die Zimmer ein, die gleich neben den ihrigen waren, legte ihm auch den Titel eines
Großfürstens bey.

Zu Ausgang des Septembers kriegte die
Kayserin einen Anfall von einer leichten Gicht,
die sie aber nicht bettlägerig machte. Sie befand sich damals zu Peterhof, und spürte bey
dem Gebrauch der Arzeneyen gute Linderung.
Alleine da sie nach Petersburg zurücke kam,
klagte sie beständig über Schlaflosigkeit, wobey
sie immer schwitzte, welches die Aerzte vor kein
gutes Anzeichen hielten. Endlich überfiel sie
an einem Sonntage eine Schwachheit, die mit
Ekel und Blutspeyen verknüpft war, und sie
völlig bettlägerig machte. Hierdurch gerieth
der ganze Hof in Unruhe, und der Herzog von
Curland sammt den Staatsministern waren
sonder-

ſonderlich wegen der Thronfolge ſehr bekům-
mert. Der Graf von Oſtermann hatte darzu
ſchon den Grund gelegt, da er bey der Kayſerin Antritt ihrer Regierung eine Acte abgefaßt
und ſie beſchwören laſſen, durch welche nach
Petri I. Verordnung von 1722 diejenige Perſon, die ſie vor ihrem Ende zur Nachfolge ernennen würde, auch von dem ganzen Reiche
dafür erkannt werden ſollte, wobey das Abſehen auf einen Prinzen gerichtet wurde, den die
Prinzeßin von Mecklenburg dereinſten von ihrem zukünftigen Gemahl zur Welt bringen würde. Dieſes wurde nun zwar als ein Reichsge-
ſetze zum Grunde gelegt, man wuſte aber doch
nicht, ob man dem jüngſt gebohrnen Großfürſten oder deſſen Mutter auf den Thron ſetzen,
und wenn das erſte geſchähe, wer die Regierung führen ſollte. Die Prinzeßin Anna war
nach ihrer ſorgenloſen Gemüthsart am wenig-
ſten bemühet, bey dieſen Umſtänden vor ihr
Beſtes zu ſorgen. Sie kam ſogar mit Vor-
ſchützung einer Unpäßlichkeit wenig zur kranken
Kayſerin, und ließ die Sache gehen, wie ſie
wollte, weil ſie doch nicht zweifelte, daß ſie
nicht wenigſtens ihres Sohns Vormünderin

und

und Regentin werden follte, wenn er auf den Thron gefetzt würde.

Der Herzog von Curland erwieß fich defto gefchäfftiger, feine Rolle wohl zu fpielen. Er ließ den Staats = und Cabinetsminiftern den gefährlichen Zuftand der Kayferin eröffnen, und da der Graf von Oftermann unter Vorfchützung einiger Unpäßlichkeit damals wenig aus feinem Zimmer kam, fo wurde der Graf von Löwen= wolde an ihn abgefchickt, um feinen Rath bey gegenwärtigen Umftänden zu vernehmen. Im= mittelft befand fich der Herzog von Curland bey der kranken Kayferin, welche zu ihm alfo fprach: „Ich befinde mich fehr übel, und fürch=
„te, daß ich nicht weit mehr von meinem En=
„de fey. Indeffen habe ich mich dem Willen
„Gottes ganz überlaffen. Aber ach! wie wird
„es um mein Reich ftehen? In welcher fchreck=
„lichen Unordnung wird es fich nicht nach mei=
„nem Tode befinden? und wie wird meine Eh=
„re nicht nach meinem Ableben leiden, wenn
„ich das Reich in fremde Hände überlaffen foll=
„te„? Der Herzog antwortete: „Ew. Majeftät
„müffen fich über den Zuftand Ihres Reichs
„nicht fo fehr beunruhigen. Es vergrößert
„diefes

„dieſes nur Dero Krankheit, und überhaupt ge-
„het alles in der Welt nach den Rathſchlüſſen
„der höchſten Providenz.„ Als darauf der
Graf von Löwenwolde von dem Grafen von
Oſtermann wieder zurücke kam, brachte er
von demſelben dieſen Bericht mit: Man müßte
vor allen Dingen auf die Regierungsfolge denken und dieſelbe feſte ſetzen; er zweifelte nicht
daran, daß die Kayſerin bey dem erſten Ent-
ſchluſſe bleiben, und nach dem Exempel Peters
des Erſten in dieſem Fall ſich richten würde.

Dieſer Bericht beruhigte die Kayſerin gänzlich. Sie verlangte, es ſollten die Staats- und
Cabinetsminiſtri ſich zu dem Grafen von Oſtermann verfügen, und die Succeßionsacte zu
Stande bringen. Vorher ſprach ſie zum Herzoge von Curland: „Ich will das Meinige
„thun; das übrige überlaſſe ich Gott; ich weiß
„voraus, daß ich das arme Kind (den jungen
„Großfürſten) in betrübten Umſtänden hinter-
„laſſe; es iſt ſolches nicht im Stande, ſich ſelbſt
„zu helfen, und ſeine Eltern haben auch nicht
„das Vermögen darzu; der Vater inſonderheit
„kann nicht deſſelben Stütze ſeyn; die Mutter
„hat zwar Verſtand, aber einen Vater am

E 5 „Leben,

„Leben, der für einen Tyrannen gehalten wird;
„er wird alsbald kommen und sich im Reiche
„nicht anders als in Mecklenburg aufführen;
„er wird das Reich in landverderbliche Kriege
„setzen, und es in das äußerste Unglück stür-
„zen.„ Der Herzog ermahnte die Kayserin, sie
möchte nur einen Muth fassen; worauf er sich
entfernte, um den Ministern den Willen der
Kayserin zu hinterbringen. Diese machten dem
Herzoge die größten Lobsprüche, und trugen ihm
die Regentschaft an, im Fall die Kayserin sterben sollte, bis Jvan seine Minderjährigkeit zurücke gelegt haben würde. Es geschahe dieses
vielleicht aus Besorgniß, der Herzog möchte eine andere Regierungsfolge im Sinn haben.
Der Herzog antwortete darauf: Er wäre mit
solcher Fähigkeit nicht begabt; er wäre vielmehr entschlossen, den wichtigen Beschäfftigungen sich zu entziehen, damit er die übrige Zeit
seines Lebens in Ruhe zubringen könnte.

In der darauf folgenden Nacht ward die
Successionsacte und Eydesformel bey dem Grafen von Ostermann abgefaßt, kraft welcher der
junge Großfürst Jvan zum Kayser ernennet
wurde. Am folgenden Morgen als den 16. Oct.

St. n. gieng der Graf von Münnich und die andern Ministri nach Hofe, und begehrten eine
Audienz bey der Kayserin. Sie wurden vor-
gelassen, bezeugten ihr Mitleiden, lasen die Eydesformel her, und gaben sie der Kayserin zur
Unterschrift. Als solches geschehen, baten sie
dieselbe, daß sie den Herzog von Curland zum
Interimsregenten erklären möchte. Sie sagte
nichts darauf, und ließ sie abtreten. Der Herzog, der sich bey ihr wieder einfand, traf sie
beängstigt und niedergeschlagen an. Sie sprach:
Ich habe die Eydesformel mit zitternder Hand
unterzeichnet, welches mir nicht begegnet, als
ich die Kriegserklärung gegen die Ottomanni-
sche Pforte unterschrieben. Kurze Zeit darauf
fragte sie den Herzog: Wie lange er in ihren
Diensten gestanden? Er antwortete: Zwey
und zwanzig Jahr habe ich die Gnade gehabt, Ew. Majestät zu dienen. Sie redete weiter: „Mein Vorhaben ist unterbrochen,
„ich habe seine guten Dienste nicht genung ver-
„golten; aber zweifele er nicht, Gott wird die
„Vergeltung ergänzen; der Feldmarschall hat
„mir eine Sache vorgestellt, worauf ich scharf
„nachge-

„nachgedacht habe.„ Alleine der Herzog wuß=
te das Geheimniß schon.

Nach zwey Tagen traten viele Ministri in
das Gemach der Kayserin, worunter sich vor=
jetzo auch der Graf von Ostermann befand,
der den Herzog auf die Seite zog und zu ihm
sagte, daß sie darum so zahlreich gekommen
wären, um ihn im Nahmen des ganzen Reichs
zu bitten, daß er ihr Verlangen erfüllen möch=
te. Da er sich aber, dem Scheine nach, auf
alle mögliche Weise darwider setzte, verspra=
chen sie ihm, die Regierungslast tragen zu
helfen; und als er noch nicht sich darzu ent=
schließen wollte, sprach er endlich, sie sollten
diese Sache der Kayserin vortragen. Sie la=
sen ihm darauf dasjenige vor, was sie abge=
faßt hatten. Da er aber sahe, daß er weder
mit Gewißheit noch mit Wohlstande seine Ein=
willigung darzu geben konnte, bat er sie, dieses
der aufgesetzten Schrift annoch beyzufügen, daß
im Fall seine Schwächlichkeiten oder andere
Ursachen ihn an der Verwaltung der Regie=
rung hindern würden, ihm erlaubt sey, diesel=
be niederzulegen. Dieser Zusatz wurde für ge=
nehm gehalten und der Schrift beygefügt, wor=
auf

auf man ſolche in die Hände der Kayſerin
übergab.

Als nun der Herzog, der indeſſen abgetreten
war, wieder ins Zimmer kam, wollte die Kayſerin die Schrift unterſchreiben. Er bat aber
ſolches nicht zu thun; wenn ſie aber ja ſeine geringen Dienſte belohnen wollte, würde ſie ihn
dadurch ſchadlos machen, wenn ſie die Unterzeichnung noch ausſetzte. Die Kayſerin nahm
hierauf die Schrift und legte ſie unter ihr Haupt-
küſſen. Jedermann erwartete mit Ungedult die
Nachricht ob die Schrift unterzeichnet worden,
man erfuhr aber, daß ſolches nicht geſchehen
ſey. Faſt alle Großen des Reichs waren ein-
müthig entſchloſſen, den Herzog zum Regenten
anzunehmen, wenn auch gleich die Kayſerin die
Schrift vor ihrem Ende nicht unterzeichnete;
ja, ſie ließen ſogar eine demüthige Bittſchrift
der Kayſerin übergeben, worinne ſie dieſelbe in-
ſtändigſt erſuchten, dem Herzoge die Regent-
ſchaft während der Minderjährigkeit des Jvans
zu beſtätigen. Es bewog ſie hierzu nicht ſowohl
eine beſondere Zuneigung zu dieſem ſtolzen Herzoge, als vielmehr die Beſorgniß, es möchte
entweder die Prinzeſſin Eliſabeth, zu der ſie ſich

in

in Ansehung ihrer geschehenen Ausschließung von
der Succeßion nichts guten versahen, oder die Prin=
zeßin Anna, zu welcher sie wegen ihrer schlech=
ten Eigenschaften und des vielgeltenden Anse=
hens ihrer Favoritin, der Fräulein von Meng=
den, kein Vertrauen hatten, das Heft der Regie=
rung in die Hände kriegen.

Der Herzog hatte sich die Großen sammt
dem größten Theile des Reichs auf vielerley
Weise verbindlich gemacht. Selbst der Wiene=
rische Hof erkannte seine Verdienste. Er stieg
von einer Ehrenstufe zur andern, ohne jemanden
zu schaden, und gieng nicht tiefer ins Wasser, als
er den Grund sahe. Er brachte niemanden leichte
vom Hofe und ließ keine Rachbegierde gegen die=
jenigen spüren, welche ihm zuwider waren. Er
überwand seine Feinde durch Nachgeben, Gelas=
senheit und gefällige Dienste. Selbst die Prin=
zeßin Elisabeth hatte nicht Ursache über ihn zu
klagen, und wenn nicht seine Regentschaft die
Prinzeßin Anna entrüstet hätte, würde auch diese
nicht Ursache gehabt haben, sich an ihm zu rä=
chen. Nur der Neid, die Eyfersucht und sein
vielgeltendes Ansehen bey der Kayserin machten
ihn bey vielen Großen verhaßt, weil sie ihm als

einem

einem Frembling von geringem Herkommen das
große Glücke nicht gönnten, zu welchem er ge=
langet war, und glaubten, eben so viel Geschick=
lichkeit und gute Eigenschaften, als er, zu be=
sitzen, ja, ihn darinnen noch zu übertreffen.

Allein jetzt wär aller Rußischen Magnaten
Verlangen auf seine Erhebung zur Regentschaft
gerichtet. So bald die Kayserin den Inhalt
der Bittschrift gelesen hatte, ließ sie am frühen
Morgen den Grafen von Ostermann rufen,
der nochmals seine Bitte wiederholte, worauf
die Monarchin die Schrift unter ihrem Haupt=
küssen herfür zog und sprach: Ich unterzeichne
also die Schrift, und er, Ostermann, wird
denen Herren, die die empfangene Bittschrift
unterschrieben haben, es vermelden, damit
sie zufrieden gestellt werden. Unter diesen
Worten ergriff sie die Feder und schrieb ihren
Namen unter die Acte, dadurch der Herzog von
Curland zum Regenten des Reichs während der
Minderjährigkeit des Ivans ernennet wurde.
Der Graf von Ostermann verschloß darauf die
Schrift in eine Capsel, und diese wurde auf Be=
fehl der Kayserin durch eine Dame in das Ju=
welen=

wesenkäsigen niedergelegt, welches der Herzog nach dem Tobte der Kayserin versiegelte.

So lange die Kayserin krank lag, nahm sie täglich von den Cavaliers und Damen an der Seite ihres Bettes Besuch an, welches oft einige Stunden währte. Die Prinzeßin Anna war in den ersten Tagen auch zugegen. Nachgehends aber blieb sie unter dem Vorwand einiger Unpäßlichkeit weg, weil ihr die Ostermannischen Intriguen sehr im Kopfe herum giengen. Enblich stellte sie sich unvermuthet wieder vor der kranken Kayserin ein und setzte täglich ihren Besuch fort. Die Monarchin wurde von Tage zu Tage schwächer, behielte aber ihren Verstand bis zum letzten Augenblick ihres Lebens, ließ sich von allen Anwesenden die Hand küssen, nennte jeden bey seinem Namen, empfieng die letzte Oelung und gab den 28. Oct. 1740 Abends um neun Uhr ihren Geist auf, nachdem sie fast sieben und vierzig Jahr gelebt und über zehn Jahr mit großem Ruhm und Glücke regiert hatte.

Man hielte der Kayserin Tobt die ganze Nacht verborgen, mit anbrechendem Tage aber

sahe

sahe man alle Wachen verdoppelt und die Thore
noch einmal so stark, als sonst, besetzt. Es wurde
alsdenn der Senat, die Geistlichkeit und alle
andere Personen von Wichtigkeit, die sich zu
Petersburg befanden, in den Kayserl. Winter=
palast, worinnen die Kayserin gestorben war, be=
rufen, da ihrer der Herzog im Vorgemach erwarte=
te. Man fragte nach dem Testamente der Kayserin,
und solches wurde aus dem Juwelenkästgen, nach=
dem es der Herzog entsiegelt hatte, herbey gebracht,
und darauf von dem Generalprocurator des Se=
nats, Fürsten Trubetzkoi, abgelesen. In sol=
chem war der Prinz Ivan zum Kayser und der
Herzog von Curland zum Regenten des Reichs,
bis derselbe das siebenzehnte Jahr erreicht, er=
klärt worden. Es wurde hierauf der Todt der
Kayserin öffentlich kund gemacht und zugleich
der kleine Prinz Ivan zum Kayser ausgerufen,
auch im Namen desselben noch an diesem Tage
ein Manifest publicirt, darinnen nicht nur des=
selben Erhebung auf den Thron unter dem Na=
men Ivan III. sondern auch die Regentschaft
des Herzogs allem Volke bekannt gemacht wur=
de. Es wurde dem letztern zugleich in einem
besondern Manifeste das Prädicat Ihre Hoheit

F   beyge=

beygelegt, welches kurz darauf auch der Herzog Anton Ulrich, des jungen Kaysers Vater
empfienge, der dabey zugleich zum Generalißimus von allen Trouppen und zum Groß=Admi-
ral ernennet ward.

Allein dieser Prinz hielte solche Ehre lange
nicht für zulänglich für seine Person, da der
Kayser sein leiblicher Sohn war und er als Vater unter der Regierung eines bloßen Lieblings
des blinden Glücks stehen sollte. Er sonne daher auf Mittel, solchen gleich anfangs wieder
um die Regentschaft zu bringen, weshalben er
die Garderegimenter aufzuwiegeln suchte. Es
wurde aber sein Vorhaben bald verrathen und
er deßhalben von dem Herzoge zur Rede gesetzt,
gegen den er sich sehr blos gab, und ausdrücklich bezeugte, daß wenn sich ein Aufstand er-
eignen würde, er nicht der letzte seyn wollte,
der daran Theil nähme; er mißbillige das Testament der verstorbenen Käyserin und hielte die
Unterzeichnung desselben für falsch. Der Regente antwortete darauf, es könne der Prinz die
Wahrheit von dem Grafen von Ostermann erfahren, welcher davon Rechenschaft geben müßte;
er, der Herzog, würde sich selbst einen großen

Schaden

Schaden zuziehen, wenn er das Testament ver-
würfe, worinnen sein Sohn zum Thronfolger
erklärt worden. Er bat ihn gar sehr, seine Gesinnung zu ändern und die Uebelgesinnten nicht
anzuhören, sondern sie vielmehr anzuzeigen.

Der Regente eröffnete diese Unterredung einigen Cabinetsministern, die darauf für gut hielten, ohne Verzug eine Versammlung aller Herren von der ersten und andern Klasse anzustellen,
die auch meistens erschienen. Der Regente trug
ihnen alles vor, was mit dem Prinzen von
Braunschweig vorgegangen. Dieser fand sich
selbst mit seiner Gemahlin dabey ein. Es kam zu
harten Worten und scharfen Vorstellungen, die
den Prinzen bewogen um Vergebung zu bitten
und endlich zu versprechen, daß er sich künftig
aller solcher Versuche enthalten wollte.

Die Prinzeßin Elisabeth war immer noch
im Verdachte, daß sie wider die neue Regierung caballirte. Sie unterhielte nicht nur mit
dem Französischen Gesandten ein heimliches Verständniß, sondern suchte sich auch einen Anhang
unter den Garderegimentern zu machen. Der
Graf von Münnich, der den meisten Verdacht

auf

auf sie warf, rieth dem Regenten, sie in ein Klo=
ster zu stecken, worüber dieser erstaunte, und die=
selbe als eine Person, die von der ganzen Na=
tion geliebt würde, auf alle Art und Wei=
se entschuldigte.   Jedoch Münnich war selbst
einer von denen, die am meisten darauf umgien=
gen, wie sie den Regenten stürzen möchten. Er
hatte ihm zwar vornehmlich zu dieser Stelle ver=
holfen, aber dabey sich eingebildet, daß der Herzog
ihm alles gewähren würde, was er nur wünsch=
te. Allein da der Herzog den Feldmarschall
zu gut kannte und zu sehr fürchtete, als daß er
ihn hätte in einen Stand setzen sollen, ihm zu
schaden, bewilligte er ihm keines von seinen For=
derungen. Dieses brachte den herrschsüchtigen
Feldmarschall auf den Entschluß, ihn um die
Regentschaft, und wo möglich auch um die Frey=
heit zu bringen. Ihn aber sicher zu machen,
wartete er ihm fleißig auf, und bezeugte gegen
ihn viele Ergebenheit. Ob der Herzog ihm
gleich nicht trauete, erwieß er ihm doch viele
Höflichkeit, behielte ihn öfters zur Tafel und unter=
hielte sich Abends lange Zeit mit ihm in Gesprächen.

Immittelst nahm er Gelegenheit, sich in Ge=
heim mit dem Prinzen Anton Ulrich und dessen

Gemah=

Gemahlin zu unterreden. Er beredete den ersten, um seinen Abschied anzuhalten, die andere aber unterstützte er in ihrem Mißvergnügen
über den Regenten. Er hinterbrachte ihr einsmals so etwas Widriges von dem Reichsverwe-
ser, daß sie vor Verdruß drohete, mit ihrem
Gemahl und Sohne Rußland zu verlassen, und
sich, so lange Biron die Herrschaft hätte, in
Deutschland aufzuhalten. Der Graf wurde
hierdurch bewogen, sie zu versichern, daß wenn
sie ihr Vertrauen auf ihn setzen würde, er sie in
kurzen von aller Tyranney des Herzogs befreyen
wollte. Die Prinzeßin nahm sein Erbieten ohne Bedenken an und überließ ihm die Ausführung der Sache, der hierzu den 19. Nov. n. n.
erwählte.

Den Tag vorher speisete der Graf von Münnich zu Mittage bey dem Herzoge in dem Sommerpalaste, den er inne hatte, wurde auch, da
sie aus einander giengen, gebeten, des Abends
wieder zu kommen. Sie blieben alsdenn sehr
späte bey einander und schwazten von allerhand
Dingen, doch erzeigte sich der Herzog den ganzen Abend unruhig und tiefsinnig. Er fiel oft,
wie ein zerstreuter Mensch, im Reden von einer

F 3 Sache

Sache auf die andere und that einsmals von
ohngefehr an den Feldmarschall die Frage: Ob
er bey seinen Feldzügen niemals eine wichtige
Sache des Nachts vorgenommen hätte? Diese
Frage brachte Münnichen beynahe aus seiner
Fassung, und er bildete sich ein, der Herzog ha=
be Verdacht auf seinen Anschlag, er faßte sich
aber geschwinde wieder und gab zur Antwort,
daß er sich dessen eben nicht erinnere; er pflege aber
alle Gelegenheiten zu ergreifen, so bald sie ihm
gut schienen. Des Abends um eilf Uhr giengen
sie von einander. Der Feldmarschall that es
mit dem Entschlusse, sein Vorhaben, den Re=
genten zu stürzen, nicht länger aufzuschieben;
der Herzog aber mit dem Vorsatze, alle diejeni=
gen, die ihm verdächtig wären, zu entfernen,
und allenfalls entweder die Prinzeßin Elisabeth
oder den jungen Herzog von Holstein auf den
Thron zu setzen, wenn er sähe, daß er sich bey
der gegenwärtigen Regierung nicht in seiner
erlangten Hoheit erhalten könnte. Allein
seine Feinde kamen ihm zuvor. Die Ver=
haftnehmung seiner Person ist so merkwürdig,
daß ich sie aus den glaubwürdigsten Nachrichten
umständlich zu erzählen nicht unterlassen kann.

Als

Als der Graf von Münnich von dem Regenten zurücke gekommen, bestellte er seinen Ge-
neraladjutanten, den Obristlieutnant von Mannstein, daß er früh um zwey Uhr zu ihm kommen sollte. Sie stiegen alsdenn in eine Kutsche
und begaben sich in den Kayserl. Winterpalast,
den der junge Kayser mit seinen Aeltern bewohnte.
Er ließ die letztern sogleich wecken und besprach
sich mit ihnen etliche Augenblicke, worauf Mannstein Befehl kriegte, alle Officiers von der Wache zu rufen, welchen die Prinzeßin Anna das
üble Verhalten des Regentens kurz vorstellete
und ihnen eröffnete, daß sie dem Feldmarschall
aufgetragen, ihn in Verhaft nehmen zu lassen:
sie hoffe, die Herren Officiers würden den Befehlen, die er ihnen geben würde, nachkommen,
und ihm mit ihren Leuten beystehen. Sie gaben
alsbald ihre Einwilligung darzu, küßten ihr die
Hand und wurden von ihr umarmt, worauf sie mit
dem Feldmarschall die Treppe hinunter giengen
und die Wache ins Gewehr treten ließen. Der Graf
sagte den Soldaten was geschehen sollte, die alle
sich zu seinem Willen erklärten. Er gieng hierauf
mit achtzig Mann nach dem Sommerpalaste,
worinnen der Regente annoch wohnte. Ohnge-

F 4   fehr

sehr zweyhundert Schritte von dem Palaste machten sie Halte. Der Feldmarschall
schickte den Obristlieutenant Mannstein an die Officiers von der Wache dieses Palasts, die keine
Schwierigkeit machten, an der vorhabenden Unternehmung Theil zu nehmen, worauf Mannstein mit einem Officier und zwanzig Mann
Befehl erhielte, in den Palast zu gehen und den
Herzog in Arrest zu nehmen, und wenn er sich
seiner nicht bemächtigen könnte, ihn nieder zu
machen.

Mannstein trat sodenn hinein und ließ seine
Leute von weiten nachkommen. Alle Schildwachen, die ihn kannten und glaubten, er habe etwas wichtiges auszurichten, ließen ihn paßiren.
Er kam solchergestalt ohne Schwierigkeit durch
den Garten bis in die Zimmer, wußte aber
nicht in welchem der Herzog schliefe. Um Aufsehen und Verdacht zu vermeiden, wollte er die
Bedienten, die in dem Vorgemach wachten,
nicht fragen. Er gieng aus einem Zimmer ins
andere, bis er endlich dasjenige fand, welches
er suchte. Es war die Thüre verschlossen. Sie
hatte Flügel, deren Riegel oben und unten nicht
zugeschoben waren, daher er keine große Mühe

brauchte

brauchte die Thüre aufzusprengen. Er traf den
Herzog und seine Gemahlin beysammen in einem
Bette und zwar in so festem Schlafe an, daß sie
nicht einmal durch die Erbrechung der Thüre
aufgeweckt wurden. Mannstein trat vor das
Bette, zog die Vorhänge auf und verlangte mit
dem Herzoge zu sprechen. Hierüber fuhren beyde aus dem Schlafe und fiengen an aus Leibes-
kräften zu schreyen, weil sie sich von des Officiers
Gegenwart nichts Gutes vermutheten. Mannstein
stund an derjenigen Seite des Bettes, wo die Herzogin lag, daher sprung der Herzog auf der andern
Seite aus dem Bette, um sich vermuthlich unter
demselben zu verstecken. Allein der Obristlieutenant eilte geschwinde ums Bette herum, fiel auf ihn
und hielte ihn so lange umfaßt, bis die Wache
darzu kam. Da endlich der Herzog auf seine
Füsse gekommen war, wollte er sich losarbeiten,
weshalben er links und rechts mit Fäusten um
sich schlug, welches aber die Soldaten durch starke Stöße mit den Flintenkolben erwiederten.
Sie warfen ihn nochmals zur Erde, steckten
ihm ein Schnupftuch in den Mund, banden
ihm die Hände mit einer Officiersschärpe und
trugen ihn unbekleidet in die Wachstube, wo

F 5 man

man ihn mit einem Soldatenmantel bedeckte und
in des Feldmarschalls Kutsche brachte, die auf
ihn wartete. Ein Officier ward zu ihm gesetzt,
der ihn biß in den Winterpalast begleitete.

Indem die Soldaten mit dem Herzoge zu
schaffen hatten, war die Herzogin in Hembde
aus dem Bette gesprungen und auf die Gasse ge-
laufen, hier faßte sie ein Soldat auf die Arme
und fragte den Herrn von Mannstein, was er mit
ihr machen sollte, der alsdenn befahl, sie in ihr
Zimmer zurücke zu bringen. Allein da der Soldat sich diese Mühe nicht geben wollte, warf
er sie mitten in den Schnee hin und gieng davon.
In diesem armseligen Zustande fand sie der Hauptmann von der Wache, der ihr ihre Kleider bringen ließ und sie in das Zimmer zurück führte,
das sie bisher bewohnt hatte. Ehe man sie mit
ihren Kindern weiter brachte, wurde auch des
Herzogs Bruder, Graf Gustav von Biron,
der Graf von Bestuschew und andere gefangen genommen. Nachmittags um vier Uhr
wurde der Herzog mit seiner Familie nach der
Vestung Schlüsselburg abgeführt. Er hatte
solchergestalt nicht länger als zwey und zwanzig

Tage

Tage die Herrlichkeit eines Regentens des Ruſſiſchen Reichs genoſſen.

Sobald der Herzog in Verhaft gebracht worden, wurden die Garde- und Garniſonregimen-
ter vor dem Winterpalaſte verſammlet, wo die
Prinzeßin Anna mit dem Titel einer Großfürſtin zur Regentin des Reichs erkläret, auch
ſolches durch ein Manifeſt allen Unterthanen
des Reichs kund gethan wurde. Sie legte ſich
ſelbſt den St. Andreas-Orden an, und ließ ſich
den Eyd der Treue ſchwören. Einige Tage darauf nahm ſie verſchiedene Standeserhöhungen
vor und machte den Prinzen, ihren Gemahl,
abermal zum Generalißimus von allen Trouppen
zu Waſſer und zu Lande. Der Graf von Münnich ward erſter Miniſter, der Graf von Oſtermann Ober-Admiral, der Fürſt Czerkaskoi
Groß-Kanzler und der Graf Golowkin Vice-
Kanzler, vieler andern Beförderungen und Be-
lohnungen zu geſchweigen. Dem Herzoge von
Curland wurde der Proceß gemacht und er zu
einem immerwährenden Exilio in Siberien mit
ſeiner ganzen Familie verurtheilt.

Der Graf von Münnich fand ſeine Rechnung bey dieſer Staatsveränderung nicht nach
Wun-

Wunsche, weil er nach seiner Herrschsucht eben
so wenig als unter der Regentschaft des Herzogs
von Curland diejenige Gewalt kriegte, die er
sich eingebildet hatte. Er wollte gerne Generalißimus werden, welche Stelle aber der Prinz
Anton Ulrich erhielte, dargegen er zum ersten
Minister ernennet wurde, wodurch man aber
den Grafen von Ostermann vor den Kopf stieß,
der bisher alle Staatsgeschäfte unter seinen
Händen gehabt. Da nun dieser der Großfürstin zu verstehen gab, daß Münnich weder der
ausländischen noch einheimischen Angelegenheiten kundig wäre, weil er stets in Kriegssachen
gebraucht worden, trug sie dem Grafen von
Ostermann die auswärtigen, und den bepden
Kanzlern die innländischen Affairen auf, so, daß
Münnchen nichts weiter als der Titel eines ersten
Ministers und das Kriegswesen übrig blieb.
Dieses schmerzte den stolzen Mann dergestalt,
daß er seinen Abschied verlangte, den ihm aber
die Regentin anfangs verweigerte. Er drunge
aber darauf, ob er gleich glaubte, daß man ihn
nicht aus den Diensten lassen würde. Er hofte
vielmehr, man würde ihm die Staatsgeschäfte
auf dem Fuß, wie er sie in den ersten Monaten

der

der neuen Regentschaft gehabt, wieder geben.
Allein die Großfürstin gewährte ihm seine Bitte
und entließ ihn im März 1741 aller seiner
Dienste.

Er erschrak gewaltig darüber, weil er sich
dieses nicht eingebildet hatte, doch verbiß er seinen Schmerz, bezog seinen Palast jenseit der
Neva und genoß übrigens alle Freyheit, wurde
aber doch unter der Hand genau beobachtet, weil
der gestürzte Herzog von Curland die Großfürstin durch ein Schreiben gar sehr für ihm gewarnet und sie versichert hatte, daß niemand
ihn mit mehrern Eyfer zu Uebernehmung der Regentschaft, als der Graf von Münnich, beredet
hätte. Hierzu kam die durch ihn beförderte Erneuerung des Bündnisses mit dem Preußischen
Hofe, das dem Wienerischen Hofe sehr zuwider
war, daher die Anhänger der Oesterreichischen
Parthey, die sich am Rußischen Hofe befanden,
solches der Großfürstin sehr verhaßt vorstellten.
Er blieb indessen zu seinem Unglück zu Petersburg,
wo er vom Hofe eine ansehnliche Pension genoß,
und verschob seinen Abzug aus dem Reiche, den
er sich vorgenommen hatte, von einer Zeit zur
andern,

andern, bis endlich die Prinzeßin Elisabeth
unvermuthet den Thron bestieg.

Diese Prinzeßin war bey allen bisher vorge-
fallenen Staatsveränderungen sehr aufmerksam
gewesen, und hätte die Thronsbesteigungen aller
Personen vom Kayserlichen Häuse, seit dem Tode
ihrer Mutter Catharinä I. mit Eyfersucht angesehen, weil man sie, ohngeachtet ihres nächsten
Succeßionsrechts allemal übergangen hätte. Sie
sonne daher stets auf eine Gelegenheit, sich des
Throns ihrer hohen Eltern, von dem sie verdrängt worden, zu bemächtigen und gieng darüber mit ihren Freunden vielfältig zu rathe. Sie
war sonderlich über die Intriguen, die der Succeßion halben bey dem Absterben sowohl Petri II. als der Kayserin Anna gespielt worden,
äußerst entrüstet, die Zeitumstände aber waren
so kützlich, daß sie ihren Verdruß verbeißen und
sich äußerlich ganz vergnügt anstellen mußte.
Sie wußte, daß sie von der ganzen Nation geliebt wurde und gleichwohl fand sich keine Person von Ansehen und Stande, die durch Erre-
gung eines Aufstands es wagen wollte, ihr den
Weg zum Throne zu bereiten. Sie hatte zwar
einen heimlichen Freund an dem Herzoge von

Curland,

Curland, der ihre Erhebung lieber als des kleinen Jvans oder der Prinzeßin Anna befördert
hätte, wenn er nur nach seinen herrschsüchtigen
Absichten hätte versichert seyn können; daß entweder diese Prinzeßin sich mit seinem ältesten
Sohne oder ihr Schwestersohn, der junge Herzog von Holstein, sich mit seiner Tochter vermählt hätte.

So lange die Kayserin Anna regierte, ward
die Prinzeßin Elisabeth sehr genau beobachtet,
und ihr alle Gelegenheit benommen, etwas zu
unternehmen. Sie fieng zwar nach des Prinzen Anton Ulrichs Vermählung an, sich eine
Parthey zu machen, es geschahe aber so geheim,
daß bey Lebzeiten der Kayserin nichs davon aus-
kam. Nach ihrem Absterben aber und nach des
Herzogs von Curland Verhaftnehmung dachte
sie ernstlicher darauf. Es war das Heft der
Regierung in die Hände der sorglosen Prinzes-
sin Anna gekommen, die sich von ihrer Liebli-
gin, der Fräulein Juliana von Mengden,
regieren ließ und eine gemächliche Lebensart
führte, auch sich für viel zu sicher hielte, als
daß sie die gehörige Vorsicht und Wachsamkeit,
in Ansehung ihrer Feinde anwenden sollte. Niemals

mals war Rußland mit größerer Gelindigkeit beherrscht worden, als während der Regentschaft
der Großfürstin. Sie theilte gerne Gnadenbe-
zeugungen aus, und schiene eine Feindin von aller Strengigkeit zu seyn. Glücklich wäre sie gewesen, wenn ihr häusliches Verhalten eben so
gut, als ihr öffentliches gewesen wäre, und sie
nicht ihr Vertrauen so sehr auf die Fräulein von
Mengden gesetzt, die, da sie träger Natur war,
auch die Prinzeßin darzu gewöhnte. Sie ließ
oft die wichtigsten Geschäfte liegen, schloß sich
verschiedene Tage nach einander in ihr Zimmer
ein, und ließ außer denen, die zum Spiel eingeladen waren, sonst wenig Leute vor sich. Sie
gieng nachläßig gekleidet und hatte den Kopf öfters nur mit einem Schnupftuche gebunden.
Hierzu kam das Mißverständniß mit ihrem Gemahl und das schlechte Vernehmen der beyden
Staatsminister Ostermann und Golowkin, darinnen sie mit einander stunden, davon der letzte sich blos an den Prinzen Anton Ulrich hielte, der erste aber das ganze Vertrauen der Großfürstin besaß, wiewohl der Graf Golowkin sich
dadurch wieder bey dieser letztern in besondere
Gunst zu setzen suchte, daß er zuerst ihr den

Rath

Rath gab, sich zur Kayserin zu erklären, dessen
Ausführung aber durch die bald darauf erfolgte
Staatsveränderung nicht ausgeführt werden
konnte. Hierzu kam noch der Krieg mit Schweden, der die Gedanken des Hofs lediglich auf
den bevorstehenden Feldzug richtete und die meisten Trouppen von der Hauptstadt entfernte.

Alle diese Umstände gaben der Prinzeßin
Elisabeth und ihren Anhängern genügsame An-
leitung, den großen Schritt, den sie zu Besteigung des Throns thun sollte, zu wagen. Es
schienen anfangs die beyden Prinzeßinnen Anna
und Elisabeth in der besten Eintracht zu leben.
Sie gaben einander ohne Umstände Besuche und
lebten ganz vertraulich mit einander. Es währte aber nicht lange, so entstunde zwischen beyden
ein Mißtrauen, daher die Prinzeßin Elisabeth
nicht weiter zur Großfürstin kam, als an Cour-
tagen und bey solchen Gelegenheiten, da sie es
nicht vermeiden könnte, dieselbe zu besuchen.
Sie würde indessen von denen, die ihrer Person
ergeben waren, stark angetrieben, sich von der
Unterwürfigkeit, darinnen man sie hielte, zu befreyen. Sie war auch darzu entschlossen, fand
aber immer Ursachen, die Ausführung die-

G   ses

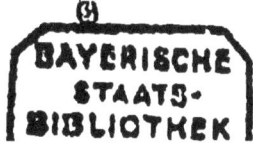

ihr gesagt, daß sie verschiedene Nachrichten von
ihrem Verhalten empfangen; ihr Wundarzt hiel=
te oft Unterredungen mit dem Französischen Ge=
sandten und sie giengen auf einen gefährlichen
Anschlag wider das regierende Hauß um; bis=
her hätte sie, die Großfürstin, es nicht glauben
wollen; wo aber dergleichen Nachrichten noch
ferner einliefen, würde man genöthiget seyn,
den Lestock einzuziehen und zum Bekänntnisse der
Wahrheit zu nöthigen.   Die Prinzeßin Elisa=
beth wußte sich sehr gut zu verantworten. Sie
betheuerte, daß sie niemals daran gedacht hatte, das
geringste weder wider sie, noch wider ihren Sohn
zu unternehmen. Sie wäre zu gewissenhaft, ih=
ren geleisteten Eyd der Treue zu verletzen. Alle
diese Nachrichten kämen von ihren Feinden her,
die sie gerne unglücklich machen wollten. Le=
stock hätte nie einen Fuß in des Herrn von Che=
tardie Quartier gesetzt, (und dieses war wahr;
denn sie hatten allezeit zu ihren Unterredungen
einen dritten Ort erwählet) Die Großfürstin
möchte nur den Lestock einziehen lassen, so wür=
de sie desto deutlicher ihre Unschuld entdecken.
Die Prinzeßin vergoß sogar bey diesem Gesprä=
che viele Thränen, und wußte die Großfürstin,

die

die ebenfalls weinte, so gut von ihrer Unschuld
zu überzeugen, daß sie solche weiter gar nicht in
Verdacht zog.

So bald die Prinzeßin Elisabeth nach Hause
gekommen, erzählte sie Lestocken ihr Gespräche,
das sie mit der Großfürstin gehalten. Dieser
würde gerne noch in dieser Nacht der Gefahr,
worinnen sich die Prinzeßin und er selbst befand,
zuvor gekommen seyn, wenn nicht die Zeit zu
kurz gewesen wäre, alle, die an dem Verständ-
niße Theil hatten, davon zu benachrichtigen.
Es ward daher die Sache bis auf die folgende
Nacht verschoben. Ehe dieselbe eingebrochen,
gab Lestock, nachdem er die Prinzeßin in dem gefaßten Entschlusse bestärket, allen, die zu ihrer
Parthey gehörten, von dem Vorhaben Nachricht. Um Mitternacht begab sich die Prinzeß-
sin in Begleitung des Cammerjunkers von Woronzow und des Leibchirurgi Lestock in einem
Schlitten nach den Casernen der Grenadiers von
der Preobraschinskischen Garde, da indessen ihre Vertrauten zwanzig bis dreyßig Mann von
den schon gewonnenen Grenadiers beredet hatten, um die Casernen einzeln vor sich spatzieren
zu gehen. Kaum war sie daselbst angelangt, so

G 3   zeigte

zeigte sie sich den Soldaten mit einem Sponton
in der Hand und sprach mit wenigen Worten,
daß sie an ihr ihre rechtmäßige Kayserin sähen,
und daß diejenigen, welche sie liebten, ihr sogleich folgen sollten. Auf diese Anrede erschienen sogleich etliche 100 Grenadierer, welche
alle schwuren, sie bis auf den letzten Bluttro-
pfen zu vertheidigen. Man hatte die Vorsicht
gebraucht, und ohngefehr 20 gesattelte Pferde
bereit gehalten, um diese Unternehmung in den
Casernen der andern Garden und bey den deta-
schirten Compagnien bekannt zu machen, daher
kam es, daß in weniger denn einer Stunde sich
alle Regimenter vor dem Palaste der Prinzeßin
unter dem Commando des Erbprinzens von
Heßen-Homburg versammleten. Der Cammerjunker Rasumowski blieb indeßen in dem
Palaste zurücke, und trug vor die Personen, die
dahin gebracht wurden, Sorge, und verhütete
alle Unruhe.

Die Prinzeßin hatte sich indeßen mit ihrer
Gesellschaft in den Winterpalast begeben, und
dem Corps de Garde ihren Entschluß bekannt
gemacht, das den Vortrag mit Freuden annahm. An alle Thüren und Ausgänge wurden
Schild-

Schildwachen gestellt. Woronzow und Lestock giengen mit einer Anzahl Grenadierer in die Zimmer der Großfürstin, die sie im Bette und die Fräulein von Mengden neben ihr fanden. Es wurde ihr auf Befehl der neuen Kayserin, die sich nicht weit davon befand, der Arrest an=gekündiget, dem sie auch nicht widerstrebte, son=dern nur bat, weder ihr selbst, noch ihrer Fa=milie einige Gewalt anzuthun, welches ihr auch die neue Kayserin versprach. Sie ließ die Großfürstin in ihren eigenen Schlitten setzen, und nach dem Palaste bringen, den sie bisher inne gehabt. Diesem Schlitten folgten zwey andere, worinnen sich theils ihre zwey Kinder, der bisherige Kayser Ivan und die kleine Prinzeßin Catharina, theils ihr Gemahl, der Herzog An=ton Ulrich, befand, die nebst der gedachten Fräulein auch in den gedachten Palast gebracht wurden. Mitlerweile wurden auch Soldaten abgeschickt, den Feldmarschall Münnich und sei=nen Sohn den Oberhofmeister, wie auch die Gra=fen von Ostermann, Golowkin und Löwen=wolde, den Baron von Mengden, und verschie=dene andere Personen in Verhaft zu nehmen, die man meistens auf die Vestung brachte.

G 4   Alles

Alles dieses gieng ohne Unordnung und mit
so wenig Geräusche vor, daß um 8 Uhr des
Morgens noch wenig Einwohner der Stadt
von der großen Veränderung, die sich in der
vergangenen Nacht zugetragen, Nachricht hatten. Jedoch nach und nach fand sich eine große
Menge von Standspersonen beyderley Geschlechts in dem Palaste ein, die der neuen
Kayserin ihre Aufwartung machten. Sie selbst
hielte einen großen Rath, zu welchem sie die
in Gnaden gebliebenen Minister berief, mit welchen sie die Formel des neuen Huldigungseydes,
die an alle Regierungen des Reichs geschickt
wurde, ingleichen das Manifest, das sie noch
an diesem Tage publiciren ließ, abgefaßt wurde. Um 4 Uhr Nachmittags nahm sie unter
Abfeuerung der Canonen und dem Zuruf des
Volks von dem Kayserl. Winterpalaste Besitz.
Sie setzte die Regierung in vielen Stücken wieder auf den Fuß, wie sie zu ihres Vaters, Peters des Ersten Zeiten gewesen, und gab dem
Senate sein Ansehen wieder, indem sie ihm die
Direction aller einheimischen Reichsgeschäffte
ertheilte.

Den

Den Staatsgefangenen wurde indeſſen der
Proceß gemacht und ſolcher ſo beſchleuniget,
daß ſie den 27. Jan. 1742 ihr Urtheil empfiengen. Dem Grafen von Oſtermann, Münnich,
Golowkin und Löwenwolde, wie auch dem Baron von Mengden und dem Etatsrath Temiria-
jew wurde die Todesſtrafe zuerkannt. Als man
ſie aber zum Blutgerüſte hinführte, und Oſtermann bereits den Kopf auf den Block gelegt
hatte, um ihm abgehauen zu werden, wurde ihnen insgeſammt das Leben geſchenkt, ſie aber
nach Siberien verbannt, und aller Ehren und
Güter verluſtig erklärt, auch ihre Verbrechen
in einem weitläuftigen Manifeſte bekannt gemacht. Der entthronte kleine Kayſer Jvan
wurde mit ſeinen Eltern, dem Herzoge Anton
Ulrich und der Großfürſtin Anna, wie auch
ſeiner Schweſter, der Prinzeßin Catharina,
den 12. Dec. 1741 unter einer Eſcorte von Petersburg nach Riga gebracht, von dar ſie ſich
nach Deutſchland wenden, und niemals wieder
die Rußiſche Grenze betreten ſollten. Allein
ſie mußten zu Riga Halte machen. Man brachte ſie auf die daſige Citadelle, und hernach auf
die Dünamünder Schanze, von dar ſie nach

G 5   Dren-

Orenburg in dem Gouvernement von Woros
nesch abgeführt wurden, allwo sie sich etliche
Jahre bey einander befanden, ohne daß jemand
von ihrem Aufenthalte etwas erfahren konnte.

Diese unglückliche Familie hätte ihr trauri-
ges Schicksal vermeiden können, wenn die
Großfürstin nicht allzu sicher und gleichsam
ganz verblendet gewesen wäre. Sie wurde
nicht nur von dem Grafen von Ostermann, dem
Römisch = Kayserl. Gesandten, Marquis von
Botta, und selbst von ihrem Gemahl, sondern
auch, wie wir bereits oben vernommen, aus
fremden Landen gewarnet, um sich gegen alle
gefährliche Anfälle in gute Verfassung zu setzen.
Man gieng auch auf Seiten der Prinzeßin Elisabeth gar nicht vorsichtig zu Werke, indem
nicht nur Lestock öffentlich verdächtige Reden
führte, und mit dem Französischen Gesandten
geheime Unterredungen hielte, sondern auch so
viele gemeine Soldaten von der Leibwache, die
nicht die Gabe der Verschwiegenheit hatten, um
das wichtige Geheimniß wußten. Selbst die
Prinzeßin Elisabeth war unbehutsam in ihrer
Aufführung, indem sie öfters in den Casernen
der Leibwache spazieren gienge, die gemeinen

Solda-

Soldaten hinter ihrem offenen Schlitten auf=
treten ließ, öffentlich mit ihnen schwaßte, und
immer etliche in ihrem Palaste hatte, auch bey
aller Gelegenheit sich befließe, ihrer besondern
Zuneigung sich zu versichern. Alleine die ver=
stellten Thränen der Elisabeth bey ihrer leßten
Unterredung mit der Großfürstin, hatten diese
so eingenommen, daß sie jene für unschuldig
hielte. Man kann nicht anders urtheilen, als
daß die göttliche Vorsehung es also beschlossen
gehabt, daß die Unternehmung gelingen sollen,
daher diejenigen, die sich widersetzen konnten,
blind seyn mußten.

Es besaß aber die unglückliche Großfürstin
keine von den Eigenschaften, die erfordert wer=
den, ein so großes und mächtiges Reich in un=
ruhigen Zeiten zu regieren. Sie war überaus
eigensinnig, eine Feindin der Arbeit, und bey
Kleinigkeiten eben so unschlüßig, als bey Din=
gen von Wichtigkeit. Sie hatte viel von der
Gemüthsart ihres Vaters, des Herzogs von
Mecklenburg, nur daß sie nicht zur Grausam=
keit geneigt war. Sie regierte, so lange sie die
Staatsverwaltung in den Händen hatte, mit
vieler Gelindigkeit, und that gerne Gutes, wußte

es

es aber nicht am rechten Orte anzubringen.
Sie gab der Fräulein von Mengden gar zu viel
Gehör, und richtete ihre ganze Lebensart nach
derselben Gutdünken ein. Ihre Minister und
Leute von Einsicht und Verstande, zog sie wenig
zu Rathe, und noch weniger folgte sie ihnen.
Sie war schön gebildet, von guter Gestalt und
einer regulairen Taille, redete auch mit vieler
Geläufigkeit verschiedene Sprachen, doch sahe
sie immer unfreundlich und verdrüßlich aus.
Sie starb im März 1746 zu Kolmogori 80
Werste von Archangel im Wochenbette, nach-
dem sie mit ihrem Gemahl von Orenburg dahin
gebracht worden. Ihre Leiche ward nach Pe=
tersburg geschafft, und in dem Kloster St.
Alexandri Newski beerdiget.

Ihr Gemahl, der Prinz Anton Ulrich von
Braunschweig, lebt noch im Exilio. Er hat=
te das beste Gemüthe von der Welt, und war
gegen den Feind unerschrocken, aber in Staats=
sachen zu schüchtern und verlegen. Wenn er
bessere Erziehung gehabt hätte, wäre sein Geist
vielleicht mehr aufgeklärt worden. Er mußte
tausend Verdrüßlichkeiten von dem Herzoge von
Curland ausstehen, als der ihm nicht günstig

war,

war, und ihm daher ofte sehr hart begegnete,
weil er ihn für das einzige Hinderniß der Erhebung seines Hauses ansahe. Sein Bruder,
Prinz Ludwig, der sich auch zur Zeit der damaligen Staatsveränderung zu Petersburg befand, aber noch glücklich davon kam, besaß
mehr Einsicht und Standhaftigkeit, als Anton
Ulrich. Sein Sohn, der gewesene Kayser
Jvan, wurde von seinen Eltern und Geschwi-
ster abgesondert, und erstlich zu Orenburg, und
hernach zu Schlüsselburg in einem finstern Gefängniß ohne alle menschliche Gesellschaft und
Unterweisung verwahret, auch sein Gedächtniß
im Reiche sowohl durch Einziehung und Ein-
schmelzung aller Münzen und Geldsorten, worauf sein Nahme und Bildniß zu sehen war, als
auch durch Caßirung aller Manifeste, die in
seinem Nahmen heraus gekommen, wie auch
durch Confiscation aller Bücher und Schriften,
darinnen seiner gedacht wurde, möglichst ver-
tilget.

Die erste Sorge der Kayserin Elisabeth
nach ihrer Thronsbesteigung war auf die Be-
lohnung derer, die ihr bey der Staatsveränderung Dienste geleistet hatten, gerichtet. Den
Anfang

Anfang machte sie an ihrem Lieblinge, Alexius
Rasumowski, der bisher die Aufsicht über ihre Güter gehabt. Er war von geringer Herkunft aus der Ukraine, und hatte sich durch seine gute Stimme eine Stelle in der Kayserl. Ca-
pelle erworben, aus welcher er von der Prinzeßin Elisabeth genommen, und zu ihrem Vertrauten gemacht worden. Sie erklärte ihn
nunmehro zum Cammerherrn, und einige Monathe nach ihrer Krönung, die den 6. May st. n.
1742 zu Moscau geschahe, zum Grafen, Ober-
Jägermeister und Ritter des St. Andreäordens.
Nach Mannsteins Nachrichten von Rußland p. 443. hat sie eine Mariage de conscience
mit ihm getroffen. Nach ihrem Tode entfernte
er sich vom Hofe, und starb im Jul. 1771 zu
Petersburg, nachdem er bisher ein stilles Pri-
vatleben geführt hatte. Sein jüngerer Bruder,
Kirilla (Cyrillus) Rasumowski, ward zu
gleicher Zeit in den Grafenstand erhoben, und
zum Hetmann oder Feldherrn der Ukrainischen
Cosacken ernennet, welche Stelle aber hernach
wieder eingegangen, doch ward er nachgehends
Präsident von der Academie der Wissenschaften
zu Petersburg. Der Cammerjunker Woronzow

zow ward Cammerherr, und heyrathete die
Fräulein Skawronski, eine Muhme der Kayserin, ward auch bey der Krönung der Kayserin in den Grafenstand erhoben, und nach der
Zeit erstlich zum Vicecanzler, und endlich gar
zum Großcanzler ernennet. Der bisherige
Wundarzt Lestock ward wirklicher Geheimer
Rath und Director der medicinischen Canzeley,
auch von Kayser Carl VII. in den Reichs-Gra-
fenstand erhoben. Er fiel nach der Zeit in Ungnade, weil er sich den Grafen von Bestuchew,
der damals Premierminister am Rußischen Hofe war, zum Feinde gemacht hatte.

Lestock war die Hauptperson, deren sich die
Kayserin bey ihrer Thronsbesteigung bedient
hatte. Er führte sie zwar mit großem Glücke
aus, hatte sie aber mit vieler Unbesonnenheit
und Unvorsichtigkeit angefangen. Die Grena-
dier-Compagnie bey der Preobraschinskischen
Garde that das Beste dabey. Die Kayserin
adelte darauf dieselbe, und erhub sie unter dem
Nahmen der Leib-Compagnie so hoch, daß jeder Gemeiner den Rang eines Lieutenants, ein
Corporal den Rang eines Majors, und ein
Sergeant den Rang eines Obristens kriegte.

Die

Die Kayserin erklärte sich zum Hauptmann,
den Erbprinzen von Hessen-Homburg zum Ca-
pitain-Lieutenant, und die Herren Rasumowski, Woronzow und Schuwalow mit General-
Range zu Lieutenants über dieselbe. Diese Leib-
Compagnie begieng in den ersten Monathen
viele Ausschweifungen, daher viele davon bey
andern Regimentern untergesteckt, und durch
gesittetere Leute vollzählig gemacht wurden.

Die Kayserliche Gnade erstreckte sich auch
über alle, die unter der Regierung der Kayserin Anna nach Siberien verwiesen worden, deren Anzahl sich auf etliche tausend belief, die
aber nicht alle ausfindig gemacht werden konnten. Sie wurden fast alle zurücke berufen.
Der Vornehmste darunter war der Herzog von
Curland mit seiner Familie, dem aber die Ruß-
sische Stadt Jaroslau zu seinem Aufenthalte
angewiesen wurde. Diese Gnade erhielte auch
ihr ehemaliger Favorite Schubin, ein gewese-
ner Officier bey der Preobraschinskischen Garde, der von der Kayserin Anna nach Siberien
geschickt worden. Sie beschenkte ihn nach seiner Rückkunft mit Landgütern, und nachdem er
kurze Zeit als Major bey der Leibwache Dienste
geleistet,

geleiſtet, begab er ſich auf ſeine Güter, auf welchen er geſtorben.

Niemand hatte bey dieſer Staatsveränderung größere Urſache ſich zu freuen, als der
junge Herzog von Holſtein, der zu dieſer Zeit
annoch ſeine Reſidenz zu Kiel hatte. Man hatte ihm nach geendigtem Reichstage in Schweden gute Hoffnung zur daſigen Thronfolge gemacht, auch den Titel Königl. Hoheit mit einer
jährlichen Penſion von 25000 Platen beygelegt.
Alleine die Freude darüber war bey ihm nicht
ſo groß, als da der Major, Nicol Friedrich,
Baron von Korff, der nachgehends als General geſtorben, mit der Nachricht anlangte, daß
ſeine Tante, die Prinzeßin Eliſabeth, den 6.
Dec. 1741 den Rußiſchen Kayſerthron beſtiegen, und ihn zu ſich nach Petersburg verlangte.
Er war damals ein Prinz von 14 Jahren, und
alſo noch in einem Alter, das viel Gutes von
ihm hoffen ließ. Es fiel kurz nach der empfan-
genen Nachricht der Geburthstag der neuen
Kayſerin ein, welcher mit großen Solennitäten
in Gegenwart ſeines Vetters, des Biſchofs von
Lübeck, Adminiſtratoris ſeiner Lande, und deſſen Bruders, des Prinzens Auguſt, gefeyert
wurde.

H

wurde. Er brach alsdenn in Gesellschaft seines Oberhofmarschalls von Brummer und des Ober=Cammerherrns von Birkholz mit dem Baron von Korff nach Rußland auf, und langte den 16. Febr. 1742 zu großer Freude der Kayserin zu Petersburg an. Er empfieng sogleich den St. Andreasorden, und als man den 21ten seinen Geburthstag begienge, ward er zum Obrist=Lieutenant der Preobraschinskischen Leibgarde ernennet, wobey ihm verschiedene Rußische Cavaliers als Cammerherren und Cammerjunker zugeordnet wurden. Seine beyden mitgebrachten Ministers erhielten von der Kayserin an Gelde und reichen Stoffen ansehnliche Geschenke.

Er begleitete hernach die Kayserin nach Moscau, als sie den 5. März 1742 von Petersburg dahin reisete, um sich allda krönen zu lassen. Sie langte den 9ten in der Vorstadt daselbst an, wo sie sich bis den 11ten aufhielte, da sie mit großer Pracht mitten durch die Stadt nach dem Kremlin ihren öffentlichen Einzug hielte. Nachdem sie in den vornehmsten Kirchen ihre Andacht verrichtet, erhub sie sich in die deutsche Slobode, worauf sie den Kayserl.

Palaß

Palaſt bezog, und den Herzog, ihren Vetter, überall um und bey ſich hatte. Nachdem ſie von der Tafel aufgeſtanden, eröffnete der Her= zog mit der Erbprinzeßin von Heſſen = Hom= burg, einer gebohrnen Rußin und beſondern Freundin der Kayſerin, in dem großen Saale den Ball, der bis in die ſpäte Nacht dauerte, während derſelben die ganze Stadt illuminirt war. Den andern Abend, da die Illumina= tion wiederholt wurde, hielte die Kayſerin mit ihm eine Schlittenfahrt durch die Stadt, um dieſelbe anzuſehen. Den 4. May erfolgte die Krönung in dem Kremlin mit allem gewöhnli= chen Gepränge, welcher der Herzog mit vielem Vergnügen beywohnte. Der Erzbiſchof von Novogrod verrichtete die Salbung, die Kayſe= rin aber ſetzte ſich mit eigener Hand die Krone auf. Man brachte verſchiedene Tage mit den Feyerlichkeiten zu, die zu dieſer prächtigen Handlung gehörten, worauf die Kayſerin den 10ten ſich wieder in ihren Palaſt, den ſie in der deutſchen Slobode hatte, erhub, wo man noch etliche Tage in Gala und Luſtbarkeit zubrachte.

Sie blieb bis zu Ende des Jahrs zu Moscau, und hatte das Vergnügen, ihren Vetter ſtets um ſich zu haben. Er überſtunde im Julio glücklich die Kinderblattern, worauf ſie ihn durch einen Geiſtlichen, den man beßwegen aus der Ukraine verſchrieben, in der Griechiſchen Religion unterrichten ließ. Es war damit ſo, wohl auf die Thronfolge im Rußiſchen Reiche, als auf die Annehmung des Rußiſchen Glaubens, mit Verleugnung der Evangeliſchen Religion, darinnen er erzogen worden, angeſehen. Es erfolgte beydes den 18. Nov. ſt. n. Vormittags um 11 Uhr in der Hofkirche des Kayſerl. Palaſts, wobey die Kayſerin, der geiſtliche Synodus, der dirigirende Senat, die hohe Generalität und alle vornehmen Standsperſonen zugegen waren. Vorher wurde durch einen Ober-Secretair des Senats mitten in der Kirche das Manifeſt laut abgeleſen, durch welches er zum Thronfolger und Großfürſten unter dem Nahmen Peter Födorowitz erklärt wurde. Es lautete ſolches alſo:

„Wir von Gottes Gnaden Eliſabeth die „Erſte, Kayſerin und ſouveraine Beherr- „ſcherin des ganzen Rußiſchen Reichs ꝛc. „Durch welche unbegreifliche Vorſorge Gottes, „des allerhöchſten Schöpfers, Wir Unſern vä- „terlichen

„terlichen und Kayserl. Thron bestiegen, ist be=
„reits im verwichenen Jahre zu zweyen malen
„durch ausgegebene Manifeste zur Genüge dar=
„gelegt, und einem jeden kund gethan worden.
„Indem Wir aber für die beständige Ruhe und
„Wohlfahrt Unsers Reichs und aller Unserer
„getreuen Unterthanen jederzeit eine mütterli=
„che Vorsorge getragen, und da unter dieser
„Wir dafür halten, daß die Befestigung Un=
„sers Throns eine der wichtigsten Sachen ist;
„Als verordnen Wir hiermit allergnädigst und
„durch die Mitwürkung Gottes Unsern höchst=
„geliebten Vetter, den Sohn Jhro Kayserl.
„Hoheit, Unserer allertheuersten Schwester,
„glorwürdigsten Gedächtnisses, der Frauen
„und Kayserl. Prinzeßin, Anna Petrowna, Jhro
„Königl. Hoheit, Peter, den regierenden Her=
„zog zu Schleßwig, Holstein, der dem Geblü=
„te nach Uns der nechste ist, zu Unserm Nach=
„folger auf Unserm Kayserl. Thron und zum
„Großfürsten. Befehlen auch zugleich hiermit
„allergnädigst, Demselben den Titel Jhro
„Kayserl. Hoheit beyzulegen, und verlangen
„zugleich von allen Unsern getreuen Untertha=
„nen sowohl geist=als weltlichen Standes des

„ganzen

„ganzen Rußischen Reichs, daß selbige zu Fol=
„ge dieses Unsers Willens und Verordnung,
„diesen von Uns allergnädigst benominirten
„Erben, nemlich Unsern Schwester=Sohn, den
„Großfürsten, Peter Födorowitz, für Unsern
„rechtmäßigen Successor halten und ehren sol=
„len, und daß zu desto kräftigerer Befestigung
„dessen ein jeder seinen Eyd vor dem heiligen
„Altar auf dem heiligen Evangelio nebst Küß=
„sung des Creuzes, ablegen soll. Dahingegen
„aber erklären Wir alle diejenigen, die dieser
„Unserer Willensmeynung auf einige Art, es
„sey zu welcher Zeit es wolle, sich widerspen=
„stig zu bezeugen erkühnen werden, für Verrä=
„ther gegen Uns und das Vaterland. Zu Ur=
„kund dessen und damit ein jeder solches wissen
„möchte, haben Wir anbefohlen, es durch den
„Druck kund zu thun, und in Unser ganzes
„Reich herum zu schicken. Gegeben in Moscau
„in dem ersten Jahr Unserer Regierung den 7.
„(18.) Nov. 1742.„

Nach Ablesung dieses Manifests legte der
Herzog mit vernehmlicher Stimme in Rußischer
Sprache sein Glaubensbekänntniß ab, darinnen
er allen und jeden, der Orientalischen Kirche
zuwider

zuwider laufenden, und von ihr gänzlich ver=
worfenen, Lehren absagte, und dargegen sich zu
allen seit ihrem Ursprunge gehabten und bis=
her beybehaltenen Lehrsätzen der Griechischen
Kirche öffentlich bekannte. Er empfieng hier=
auf von dem Erzbischof von Novogrod die hei=
lige Salbung oder Firmelung, wobey ihm der
Erzbischof ein Creuz, das mit einem Stückgen
von Christi Leibrocke und andern Reliquien um=
geben war, anhienge, um solches beständig zu
tragen. Die Kayserin gab bey dieser Hand=
lung die Pathe ab, der Bischof von Pleskow
aber wischte mit einem Schwamme die gesalb=
ten Theile des Leibes wieder ab, worauf der
neue Großfürst von allen anwesenden geist= und
weltlichen Standspersonen die Glückwünsche
empfienge. Unter der darauf erfolgten Absin=
gung der Liturgie kniete er vor die Schwellen
des Altars, neigte sich vor solchem dreymal zur
Erde, küßte die heiligen Bilder, und empfieng
unter beyderley Gestalt das heilige Abendmahl,
worauf ihm zum zweyten male gratulirt wur=
de. Nach geendigter Liturgie mußten der Syn=
odus, der Senat, die Generalität, die Hof=
statt und alle übrigen vornehmen Standsper=

H 4   sonen

sonen auf die Erbfolge desselben, folgenden Eyd
ablegen:

„Ich N. N. gelobe und schwöre hiermit vor
„dem heiligen Evangelio, daß ich das von Jh-
„ro Kayserl. Majest. der Allerdurchlauchtigsten
„und souverainen großen Frau und Kayserin,
„Elisabeth Petrowna, als meiner wahrhaften
„und rechtmäßigen Beherrscherin, in diesem
„1742ten Jahre den $\frac{7}{18}$ Nov. zu jedermanns
„Wissen publicirte höchste Manifest, durch wel-
„ches der Schwester = Sohn Jhro Kayserl.
„Majestät, Jhre Kayserl. Hoheit, der Herr
„Großfürst, Peter Födorowitz, zum Nachfolger
„auf den Thron des ganzen Rußischen Reichs
„declarirt worden, getreu und unverbrüchlich
„halten will. Ja, ich schwöre bey dem allmäch=
„tigen Gott und der heiligen Dreyfaltigkeit,
„daß ich diese Jhro Kayserl. Majest. Verfü=
„gung für rechtmäßig erkenne, und derselben
„in allem Gehorsam leisten, den obgedachten
„declarirten Thronfolger aber, den Schwester=
„Sohn Jhro Kayserl. Majest. Herrn Großfür=
„sten, Peter Födorowitz, für einen rechtmäßi-
„gen Thronfolger erkennen und ehren will, und
„auch, daß ich bey allen Gelegenheiten mich mit
                              „Aufopfe=

„Aufopferung meines Lebens allen denen, die
„etwan sich diesem zu widerstreben erkühnen
„möchten, widersetzen will. Alles dieses, so
„oben gedacht worden, beschwöre ich annoch
„mit einem wiederholten Eyde so, wie ich es
„mit meinem christlichen Gewissen vor dem ge-
„strengen Gerichte Gottes und dessen heiligen
„Evangelio zu verantworten getraue, und hier-
„auf küsse ich das Wort und das Creuz meines
„Erlösers, Amen!„

Nachdem die Kayserin und der neue Großfürst wieder aus der Kirche in Dero Zimmer
zurücke gekommen, hielte der Erzbischof eine
kurze und wohlgesetzte Rede, worauf man zur
Tafel gienge, an welcher die Senatores und
Generals von der ersten und andern Classe mit
der Kayserin und dem Großfürsten speiseten.
Gegen Abend sahe man die ganze Stadt illuminirt, bey Hofe aber war Concert und Cour.
Den folgenden Tag gegen 10 Uhr erhub sich
der Großfürst, als Reichs-Erbfolger, in Gesellschaft der Kayserin nach dem Schlosse Kremlin,
und in die dasige Kirche des Erzengels Michael,
wohnte daselbst der Liturgie bey, und küßte die
allda verwahrten Reliquien des heiligen Czaro-

witzens

wizens Demetrii, da ihm mittlerweile von der
Kayserl. Leib = Compagnie und den Garde = Regi=
mentern der Huldigungseid geleistet wurde.
Nach geendigter Liturgie, ward sowohl in dieser
und den andern Cathedralkirchen, als in allen
übrigen Gotteshäusern das Te Deum laudamus gesungen, und mit allen Glocken geläutet,
welches letztere drey Tage nach einander von
früh Morgens an bis zur Vesperzeit beständig
fortwährte.

Immittelst, da dieses zu Moscau vorgienge,
hatte man den Herzog von Holstein auch zum
Thronfolger in Schweden erwählt. Denn
nachdem man auf dem damaligen Reichstage den
27. Oct. 1742 die Thronfolge in diesem Reiche
bey dem zunehmenden Alter des Königs- Frie=
drichs, der sich ohne Leibeserben befand, in
Vorschlag gebracht, ward von den gesammten
Ständen darüber stark gerathschlaget. Man
brachte über acht Tage damit zu, ehe die Wahl
eines Thronfolgers zu Stande kam. Die stärk=
sten Competenten waren der Herzog von Hol=
stein und der Prinz Friedrich von Hessen = Cassel,
des Königs Brudern Sohn. Den ersten ver=
langte der Bauernstand, den andern aber der
geistliche

geistliche Stand, der Adel aber und der Bürger-
stand waren getheilt, doch fielen die meisten dem
Herzoge v. Holstein bey. Endlich, da es den 5. Nov.
zur Wahl kam, kriegte der Herzog 239, der Prinz
Friedrich aber nur 237 Stimmen. Der Herzog war also dem letztern um zwey Stimmen
überlegen. Der Adel= Bürger= und Bauer=
Stand traten sodenn gleich zusammen und rie=
fen den Herzog von Holstein zum Thronfolger
aus. Die Geistlichkeit bestund zwar auf ihrer
Meynung und protestirte wider die Wahl der
andern drey Stände. Jedoch da die Mehrheit
der Stimmen nach den Reichsgrundgesetzen zu
Ausmachung aller Staatsangelegenheiten zu=
länglich ist, war die Protestation vergeblich.
Man fertigte vielmehr den 6. Nov. den Sohn
des Holsteinischen Ministers, Herrn von Pech=
lin, als Courier nach Moscau ab, dem Herzo=
ge von seiner Wahl zum Thronfolger die Nach=
richt zu überbringen. Abends sahe man zu
Stockholm sowohl das Hauß des Holsteinischen
Ministers, als verschiedene andere Häuser schön
illuminirt; es legten auch viele Hohe und Niedrige
ihr Vergnügen an diesem und den folgenden Ta=
gen durch Feste und Gastereyen an den Tag.

Den

Den 9. Nov. schickten die Reichsstände eine
starke Deputation an den König, um ihm die
getroffene Wahl zu hinterbringen. Der Land=
marschall hielte hierbey eine merkwürdige Rede,
darinnen er sich unter andern also ausdrückte:
„Es fordert sowohl die Wohlfarth unserer selbst,
„als auch der Nachwelt, daß wir bey Ew.
„Königl. Maj. Lebenszeit für das Künftige sor=
„gen, wenn der Allerhöchste Ew. Königl. Maj.
„von dieser zeitlichen und vergänglichen Regie=
„rung abfordern sollte. Es haben deswegen
„die Reichsstände des Herzogs Carl Peter Ul=
„richs von Holstein = Gottorp Durchl. nach
„Ew. Königl. Majest. tödtlichen Hintritt zum
„Nachfolger auf dem Königl. Schwedischen
„Throne einhellig erwählet, in der unterthänig=
„sten und sichern Hoffnung, daß die getroffene
„Wahl — — Ew. Königl. Maj. wohlgefäl=
„lig seyn werde.” Der König gab unter an=
dern zur Antwort: „Es wird den Reichsstän=
„den — — bekannt seyn, daß mir alles das=
„jenige, was zum Aufnehmen des Reichs gerei=
„chen.kan, lieb und angenehm ist. Ich wün=
„sche von Herzen, daß mein Nachfolger jederzeit
„für das Reich eine so sorgfältige und wohlge=
„meinte

„meinte Gemüthsneigung, als ich zu demsel=
„ben getragen habe und noch trage, hegen, auch
„für euer aller Freyheit so sorgen möge, als ich
„mir habe angelegen seyn lassen.”

Man erwählte den Landshauptmann zu Ny=
köping Grafen von Bonde, den Conferenzrath
Hamilton und den Cammerherrn Scheffer zu
Abgesandten, um dem Herzoge von Holstein
die Nachricht von seiner Wahl zu überbringen,
welche auch den 8. Dec. von Stockholm abrei=
seten, aber ihren Weg nach Petersburg nah=
men, weil die Kayserin mit dem Großfürsten
die Stadt Moscau den 21. Dec. verlassen hatte
und den 1. Jan. 1743 wieder zu Petersburg an=
gelangt war. Ehe noch die Schwedischen Abge=
ordneten am Rußischen Hofe sich einfanden, er=
fuhr man zu Stockholm nicht ohne Bewegung,
daß der junge Herzog gleich nach angenommener
Griechischen Religion zum Thronfolger in Ruß=
land erklärt worden wäre. Es mußten aber
doch die Deputirten auf die von dem Rußischen
Hofe, wegen des noch fortwährenden Kriegs,
erhaltenen Paßporte, ihre Reise nach Petersburg
fortsetzen, um zu vernehmen, was der Herzog
oder

oder vielmehr der Rußische Hof auf ihren An,
trag vor eine Antwort geben würde.

Sie hatten die Instruction bekommen, dem
Herzoge die Schwedische Krone unter folgenden
Bedingungen anzutragen: 1) daß er die lutheri,
sche Religion stets bekennen, 2) nach den Reichs,
grundgesetzen regieren und 3) selbst nach Schwe,
den kommen und dem Könige und Reiche den
Eyd der Treue leisten sollte.   Wenn er diese
Bedingungen eingehen würde, sollten ihm die
Abgeordneten das Notificationsschreiben von
Sr. Majestät einhändigen; dargegen aber, wenn
sie bey ihrer Ankunft vernehmen würden, daß
er die Griechische Religion angenommen, sollten
sie ihm ein anderes Königl. Schreiben übergeben,
worinnen Ihre Maj. bezeugten, wie es Derosel,
ben und dem Reiche leid sey, daß dessen Reli,
gionsveränderung ihn, den Herzog, außer Stand
setze, die Wünsche der Schwedischen Nation zu
erfüllen, indessen schmeichele sich Se. Majestät,
daß derselbe für den guten Willen, den die Kron
Schweden gegen ihn geäußert, seine bona offi,
cia bey der Kayserin anwenden würde, dieser
Krone einen anständigen Frieden zu verschaffen.

Die

Die Schwedischen Abgeordneten langten kurz vor der Rückkunft der Kayserin aus Moscau zu Petersburg an, und wurden bey Hofe mit vielen Ehrenbezeugungen empfangen, auch ihnen alle Versicherung von der guten Neigung zum Frieden und Stiftung einer beständigen Freundschaft mit der Kron Schweden gegeben, so ferne man anständigen Friedensvorschlägen Gehör geben und bey Erwählung eines neuen Thronfolgers auf des Großfürstens Herrn Vetter, Herzog Adolph Friedrich von Holstein seine Augen richten würde, weil Se. Hoheit, der Großfürst nicht im Stande wäre, die angebotene Schwedische Crone anzunehmen.

Den 4. Jan. 1743. hatten sie ihre erste Audienz bey dem Großfürsten, wobey der Graf von Bonde an ihn eine schöne Rede hielt, darinnen er ihm die Wahl zur Schwedischen Thronfolge und das einmüthige Verlangen, ihn dereinsten als ihren König zu sehen, bekannt machte, aber zugleich bezeugte, wie nahe es der ganzen Nation gehe, sich des Vergnügens beraubt zu sehen, die Früchte von seiner Wahl zu genüßen, zu welcher sie nichts anders, als ihre Zuneigung zu einem Prinzen bewogen, der von so vielen

Helden

Helden des berühmten Königl. Schwedischen
Geblüts entsprossen sey; er wünschte indessen,
daß das gute Verständniß zwischen beyden Nationen bald wieder hergestellt würde, wobey
man hofte, Ihre Kayserl. Hoheit würden ihres
Orts darzu behülflich seyn.

In der Antwort bezeugte der Großfürst, wie
empfindlich er über das Merkmaal sey, so er
von der Zuneigung der Schwedischen Stände
empfangen. Er versicherte dabey die Abgeordneten, daß er mit Freuden zu Herstellung
des Friedens und guten Verständnisses zwischen beyden Nationen alles mögliche beyzutragen trachten würde. Den 16. Jan. erhielten
sie die Abschiedsaudienz, worauf sie, nachdem
sie reichlich beschenkt worden, den folgenden
Tag von Petersburg wieder abreiseten und nach
Hause kehrten, allwo sie im Februar über Abo
glücklich wieder anlangten.

Die gute Meynung der Schweden, die sie
vor das Hauß Holstein hatten, gab nunmehro
Anlaß, daß ihnen die Kayserin Gehör gab, als
sie um Eröffnung eines Friedenscongresses zu
Abo Ansuchung thaten. Es wurden Rußischer
Seits

Seits die Generale Romanzow und Lubras, Schwedischer Seits aber der Reichsrath Ceder= creuz und der Regierungsrath von Nolcken da= hin geschickt. Im März geschahe die Eröffnung des Congresses, mit dem würklichen Frieden aber ver= zog sichs fast ein halbes Jahr, weil die Schweden Finnland nicht gerne fahren lassen wollten, auch mit der Wahl des Prinzens Adolph Friedrich, Bischofs zu Lübeck, den der Rußische Hof zum Thronfolger vorgeschlagen, nicht gleich zu Stande kommen konnten. Endlich wurden die Friedenspräliminarien den 27. Jun. und der würkliche Friede den 7. Aug. 1743. zu Abo un= terzeichnet, wodurch zwischen Rußland und Schweden das gute Vernehmen wieder herge= stellt wurde.

Der dähnische Hof erzeigte sich über diesen Frie= den sehr eyfersüchtig, weil er glaubte, es möchten nunmehro die Ansprüche des Hauses Holstein auf das Herzogthum Schleßwig ausgeführt werden. Man wollte nunmehro lieber gar dem Großfürsten auch den Besitz von Holstein und den übrigen Deutschen Reichslanden streitig machen und sie wieder mit der Dähnischen Krone vereinigt wis= sen und zwar aus folgenden zwey Haupturfa=

J   chen:

chen: nämlich 1) sey der Herzog zum präsumti-
ven Erben des Rußischen Reichs ernennet worden, daher könne er nunmehro seine deutschen
Lände nicht weiter besitzen, noch ohne Nachtheil
der Kron Dännemark darüber disponiren; und
2) habe er seine Religion abgeschworen und eine
andere angenommen, deren Ausübung nach
den Grundsätzen des Deutschen Reichs nicht ge-
duldet werden sollte. Allein da die Kayserin declarirte, daß sie sich durch den geschlossenen Frieden verbindlich gemacht, der Kron Schweden allen
möglichen Beystand zu leisten, auch nicht gesonnen wäre, dem Großfürsten, ihrem Vetter, als
Herzog von Holstein das geringste von seinen Rechten und Landen nehmen zu lassen, wurde von dem
Dänischen Hofe, in Ansehung der Holsteinischen
Reichslande nichts weiter auf die Bahn gebracht.

Der Herzog ward nunmehro an dem Ruß-
schen Hofe nicht anders als ein würklicher Erb-
und Kronprinz angesehen. Er ließ aber keine
sonderliche Neigung gegen die Rußische Nation
spühren, und bezeugte mehr Lust zu dem Militair-
wesen, als zu den Staats- und Regierungssachen.

chen. Sein größtes Vergnügen fand er an den
Soldaten, die er fleißig exercirte und sich bey
ihrer Parade finden ließ. Im Nov. 1743 wur=
de er nebst der Kayserin mit einem Flußfieber
befallen, von welchem er ziemlich harte ange=
griffen wurde und damit bis ins folgende Jahr
zubrachte. Von dem Könige in Pohlen erhielte
er in eben diesem 1743ten Jahre den weißen Ad=
lerorden.

In Febr. 1744 begleitete er die Kayserin
abermal nach Moscau, wo sich auch verschiede=
ne auswärtige Gesandten einfanden, die bey
ihm gemeiniglich auch Audienz erhielten. Die=
ses geschahe unter andern, als der Dähnische
Geheime Rath, Carl von Holstein, als Am=
bassadeur sich zu Moscau einfand. Nachdem der=
selbe den 28. April bey der Kayserin Audienz ge=
habt, fand er sich auch in dem Apartement des
Großfürstens ein. Dieser stund an einem Ti=
sche auf einem Teppich und hatte seinen Ober=
hofmarschall von Brummer und den Staats=
rath Weßelowski bey sich. Der Abgesandte
hielte an ihn eine Rede in Französischer Spra=
che, die der Herr von Weßelowski in eben der

Spra=

Sprache beantwortete. Die Rede des Gesand=
ten lautete also:

„Ihre Maj. der König, mein Herr, haben,
„als Sie mich an diesen Hof geschickt, mir
„ausdrücklich befohlen, Ew. Kayserl. Hoheit
„von der Hochachtung, welche Sie vor Dero
„Person haben, zu versichern. Ew. Kayserl.
„Hoheit sind aus eben dem Stamm entsprossen
„und mit so hohen Qualitäten begabt, auch auf
„einen Gipfel der Glückseligkeit erhoben, die
„sich ein Prinz jemals wünschen können. Hier=
„durch wird die zärtliche Neigung zu Ihrer
„Familie bestätiget, die Liebe der Völker gegen
„Ew. Kayserl. Hoheit vermehret und die Hoff=
„nung der Welt erfüllet. Alle diese hohen Ei=
„genschaften lassen keinen Zweifel übrig, daß
„Ew. Kayserl. Hoheit nicht die zwischen beyden
„Kronen so glücklich subsistirende Freundschaft
„auch Ihres hohen Orts kräftigst unterstützen
„werden. Es ist, Gnädigster Herr, eine beson=
„dere Ehre vor mich, hierzu gebraucht zu seyn,
„und zu dem Ende vor Deroselben zu erscheinen,
„um mir Dero fernere Gnade auszubitten, als
„welcher ich mich bisher jederzeit zu rühmen
„gehabt, zugleich auch Dieselben meiner vor

„Ew.

„Ew. Kayſerl. Hoheit hegenden Ehrfurcht und
„vollkommenen Veneration zu verſichern."

Dieſe Rede wurde alſo beantwortet: „Ihre
„Kayſerl. Hoheit, welche jederzeit bereit ſind,
„Dero reſpectueuſes Attachement gegen des Kö=
„nigs von Dännemark Majeſtät durch wirkliche
„Proben zu bezeugen, zweifeln nicht, Sie wer=
„den bey fortwährender Anweſenheit des Herrn
„Abgeſandtens am hieſigen Hofe darzu mehr
„als eine Gelegenheit finden. Sie ſehen im
„übrigen mit vielem Vergnügen, daß der Kö=
„nig zu dieſer Ambaßade einen Miniſter vom er=
„ſten Range erwählet, deſſen eigene rühmliche
„Qualitäten mit dem Charakter, welchen er be=
„kleidet, ſo wohl übereinſtimmen."

Er hatte nunmehr das ſechzehnte Jahr ſei=
nes Alters erreicht. Die Kayſerin, ſeine Tan=
te, die ihn vor den Ausſchweifungen der Liebe
in Zeiten verwahren wollte, war beſorgt, ihn
mit einer liebenswürdigen Gemahlin zu verbin=
den. Sie richtete ihre Augen auf die Prin=
zeßin Amalia, des Königs in Preußen jüngſte
Schweſter. Der Rußiſche Geſandte zu Berlin
kriegte Befehl, ſich dieſer Sache halben mit dem

Könige

Könige zu besprechen. Da aber dieser Bedenken trug, seine Schwester nach Rußland zu
schicken, lehnte er die Heyrath ab und schlug
dargegen die Anhalt-Zerbstische Prinzeßin für.
Er erbot sich auch, die Vermählung des Großfürstens mit derselben zu befördern, weil er
nicht zweifelte, es würden ihre Aeltern, als des
Großfürstens Anverwandte, eine so hohe Verbindung nicht ausschlagen. Die Rußische Kayserin ließ sich den Vorschlag gefallen. Die Wahl
fiel demnach auf die Prinzeßin Sophia Au-
gusta Friderica von Zerbst, die sich in dem
funfzehnten Jahre ihres Alters befand. Ihre
Mutter, Johanna Elisabeth, war des neuen
Schwedischen Thronfolgers Adolph Friedrichs,
nachmaligen Königs, leibliche Schwester. Der
Vater, Fürst Christian August, von der apa-
nagirten Linie zu Dornburg, die nachgehends
zur Regierung in Zerbst gekommen, stund als
Generallieutenant und Gouverneur zu Stetin
in Königl. Preußischen Diensten.

Die Fürstin war von der Herzogin zu
Wolffenbüttel, einer gebohrnen Prinzeßin von
Holstein-Norburg, erzogen worden. Sie pflegte
daher noch öfters zu ihr zu reisen und sich bey

ihr

ihr zu Braunschweig, wo sie ihren Witwensitz
hatte, eine Zeitlang aufzuhalten. Dieses ge=
schahe auch in den Jahren 1740. 1741 und 1743.
da sie zugleich ihre Prinzeßin bey sich hatte.
Sie bezog allemal den sogenannten grauen Hof
zu Braunschweig, hielte sich gemeiniglich von
Ostern bis Michaelis daselbst auf und hatte al=
lezeit freye Tafel bey der verwitweten Herzogin,
die sie nebst ihrer Prinzeßin Tochter besonders
hoch und werth hielte, und deßhalben die Ko=
sten, die dieser Zuspruch nach sich zog, sich nie=
mals reuen ließ, ob die Fürstin gleich allezeit eine
kleine Hofstatt von Cavaliers, Damens und ge=
ringern Bedienten mit sich brachte. Die junge
Prinzeßin wurde bey ihrer letztern Anwesenheit
zu Braunschweig von dem Hofprediger Dove
täglich zwey Stunden in den Grundsätzen der
Evangelischen Lehre unterrichtet und dabey in
guter Aufsicht gehalten.

Die Fürstin war das letztemal mit ihrer
Prinzeßin nur erst zu Michaelis 1743 nach
Braunschweig gekommen und gleichwohl hielte
sie sich nicht länger als bis etwan acht Tage
vor Weyhnachten daselbst auf. Die Ursache
war, die in Vorschlag gebrachte Vermählung

J 4 der

der Prinzeßin mit dem Rußischen Großfürsten, davon die Fürstin von ihrem Gemahl in einem Briefe heimlich benachrichtiget worden, wobey er zugleich verlangt hatte, daß sie sich deßhalben selbst nebst der Prinzeßin nach Berlin begeben sollte. Sie war sogleich geneigt, diese Reise in aller Stille anzutreten, gab aber gegen die verwitwete Herzogin zu Braunschweig vor, sie wollte ihre Prinzeßin auf Weynachten in der Evangelischlutherischen Religion zu Zerbst confirmiren lassen, daher sie dißmal ihren Hof sobald zu verlassen sich genöthiget sähe. Ob nun wohl die Herzogin, die solches glaubte, sie wegen der schlechten Jahrszeit gar sehr bat, die Reise aufzuschieben, gieng solche doch in dem trübsten Wetter vor sich. Sie begaben sich aber nicht erst nach Zerbst, sondern gerades Weges nach Berlin, wo die Fürstin vernahm, daß die Kayserin gerne sähe, wenn sie mit der Prinzeßin selbst nach Rußland käme. Sie entschloß sich daher, sogleich ihre Reise dahin durch Preußen, Curland und Liefland fortzusetzen, welches mit so glücklichem Erfolg geschahe, daß sie beyde den 14. Febr. 1744 schon zu Petersburg anlangten. Es geschahe unter Lösung der Kanonen,

nen, doch trafen sie die Kayserin nicht mehr daselbst an, weil sie mit dem Großfürsten bereits nach Moscau abgegangen war. Sie hielten sich daher nur drey Tage daselbst auf, alsdenn folgten sie der Kayserin nach, welches so eilfertig geschahe, daß sie nach zwey und funfzig Stunden den 15. Febr. schon zu Moscau eintrafen und sogleich von der Kayserin aufs zärtlichste empfangen, auch mit den Catharinenorden beehrt wurden. Den zwanzigsten erschienen sie beyde in diesem Orden öffentlich und erhielten von dem ganzen Hofe die Glückwünsche.

Der Großfürst kriegte nunmehro seine bestimmte Braut zu sehen. Sie bezeugte aber weniger Zufriedenheit, als er, weil seine Person ihr nicht so gut in die Augen fiel, als sie sich eingebildet hatte. Indessen war sie doch dazu bestimmt, ihm an die Seite gelegt zu werden. Sie mußte aber in solchem Fall ihren protestantischen Glauben verleugnen und sich zur Rußischen Kirche bekennen. Es wurde deßhalben ein gewisser Archimandrite bestellt, ihr die Grundsätze der Griechischen Religion beyzubringen. Jedoch ehe derselbe seinen Unterricht vollenden konnte, wurde sie den 17. März mit einem

J 5   nem

nem so gefährlichen Flußfieber befallen, daß der
ganze Hof darüber in Bestürzung gerieth. Allein
sie erholte sich durch den Gebrauch dienlicher
Arzeneyen dergestalt wieder, daß sie den ersten
May zum erstenmale wieder an der Tafel erscheinen uud den zweyten ihr Geburthsfest bege-
hen, auch den 6. May dem Krönungsfeste beywohnen konnte. Den 9. Jul. st. n. legte sie in
der Kirche der Himmelfahrt Mariä in Rußischer
Sprache ihr Glaubensbekänntniß öffentlich ab,
und empfieng bey der Salbung, die der Erzbischof von Novogrod verrichtete, den Namen Catharina Alexiewna. Sie soll bey dieser feyerlichen
Handlung eine so große Andacht bewiesen haben,
daß die Kayserin und sämmtlichen Anwesenden
sich der Freudenthränen nicht enthalten können.

Die verwitwete Herzogin von Braunschweig vergoß dagegen Wehmuthsthränen über
diese Religionsveränderung, als sie davon Nachricht kriegte. Der Fürst von Zerbst, ihr Vater, gerieth darüber mit dieser gelehrten und
gottesfürchtigen Fürstin in einen verdrüßlichen
Briefwechsel, weil er den gethanen Schritt seiner Prinzeßin zu rechtfertigen suchte. Sie
wußte ihm aber so nachdrücklich zu antworten,

daß

daß er für gut befand, die Correspondenz einzustellen.

Den 10. Julii als den Tag nach geschehener Annehmung der Rußischen Religion, welches gleich der Namenstag des Großfürstens war, wurde dessen Verlobung mit dieser Prinzeßin vollzogen. Gegen halb zwölf Uhr erhob sich die Kayserin zu Fuß aus dem Kremlin nach der Hauptkirche der Stadt Moscau in Begleitung des Großfürstens, welcher die Prinzeßin bey der Hand führte. Der Oberhofmarschall, Graf von Brummer, führte die Fürstin von Zerbst, der ganze Hof aber folgte. Die Kayserin wurde an der Kirchthüre von der Geistlichkeit unter Anführung des Erzbischofs von Novogrod empfangen. Dieser Prälate hielte alsdenn eine schöne Rede auf diese Verlobung und die zugleich geschehene Ernennung der Prinzeßin zu einer Großfürstin von Rußland, worauf er der Kayserin die Ringe reichte, die sie sodann zwischen den Verlobten wechselte, wobey die Kanonen von den Wällen des Kremlins gelöset wurden. Die Kayserin speisete darauf öffentlich unter einem Baldachin mit dem Großfürsten und der verlobten Braut. Es waren noch drey Tafeln

in

in diesem Saale, woran die vornehmsten
Standsperfonen und die Geistlichkeit speiseten.
Die Fürstin von Zerbst saß an einer besondern
Tafel in einem Nebenzimmer, worinnen sie alles,
was in dem großen Saale vorgienge, sehen
konnte. Abends war Ball und Illumination.
Die Prinzeßin wurde nunmehro in allen Kirchen
mit diesen Worten in die Liturgie eingeschlossen:
Ihre Kayserl. Hoheit, die verlobte Braut des
Großfürsten, rechtgläubige Prinzeßin und
Großfürstin, Catharina Alexiewna. Sie em=
pfieng von der Kayserin und dem Großfürsten rei=
che Geschenke und wurde zur Erbin des Rußischen
Reichs eingesetzt, im Fall die Kayserin und der
Großfürst ohne Erben abgehen sollten.

Die Kayserin führte ihre Regierung mit
großer Gemächlichkeit. Sie suchte zwar das
Reich in seinem Flore zu erhalten und wollte
in dieser Absicht in den Fußtapfen ihres gros=
sen Vaters wandeln, aber sie konnte es nicht
völlig bewerkstelligen. An Pracht und huldrei=
chen Wesen übertraf sie Petern den ersten sehr
weit, aber an ernsthafter Ueberlegung dessen,
was zu Verbesserung des Reichs diente, kam sie
ihm gar nicht gleich. Sie hatte bey dem Antritt
ihrer

ihrer Regierung die Gelübde gethan, nicht leicht=
lich einen Verbrecher am Leben zu strafen; und
dieses hielte sie auch, ob sie gleich niemanden
leichtlich ungestraft ließ, wie man dieses an den
Conspiranten erkennen konte, deren Verschwörung
wider die Kayserin im Jahr 1743 entdeckt wur=
de. Sie behielten zwar das Leben, kriegten
aber theils die Knute, theils wurde ihnen die
Zunge halb abgeschnitten und sie ins Exilium nach
Siberien geschickt.

Gegen ihre Lieblinge war sie sehr vertrau=
lich, wußte aber auch ihre Empfindlichkeit satt=
sam zu erkennen zu geben, wenn dieselben ihr
Vertrauen mißbrauchten. Dieses erfuhr unter
andern der Französische Abgesandte, Marquis
von Cherardie, der an ihrer Thronsbesteigung
vielen Antheil gehabt, und daher glaubte, daß
die Kayserin dafür der Kron Frankreich stets
verbunden seyn müßte. So lange er noch in
Rußland war, vermochte er bey Hofe alles.
Nach seiner Abreise aber wußte sein Nachfolger,
der Herr von Allion, das, was er gut angefan=
gen hatte, nicht fortzusetzen. Hierüber geriethen
die Angelegenheiten der Kron Frankreich in
Verfall. Man schmeichelte sich vergebens, nach

der

der entdeckten Verschwörung, darinnen der Kayserl. Gesandte, Marchese von Botta, verwickelt gewesen, den Rußischen Hof mit dem
Wienerischen in Zwistigkeit zu setzen. Allein der
damalige Großkanzler, Graf von Bestuchew,
der Kayserin größter Staatsminister, der niemals Französisch gesinnt gewesen, wußte nicht
nur die wegen des Botta entstandene Irrung
mit dem Wienerischen Hofe glücklich beyzulegen,
sondern auch die, vom Französischen Hofe gethanen Vorschläge so verwerflich zu machen, daß
die Kayserin anfieng, das Bündniß mit dem
Hause Oesterreich dem mit Frankreich vorzuzie-
hen. Die Französischgesinnten fanden darauf
Gelegenheit, die Kayserin zu bereden, daß sie
von dem Könige in Frankreich den Marquis
von Chetardie wieder zum Gesandten verlangte,
der auch den 6. Dec. 1743 sich zu Petersburg
würcklich einfand.

Er wurde als eine Person vom ersten Range
und als ein Liebling von der Kayserin empfangen. Er folgte ihr auch nach Moscau und genoß
alle Ehrenbezeugungen einer vornehmen Stands-
person ob er gleich als eine bloße Privatperson, ohne einen öffentlichen Character den Hof besuchte.

Er

Er wurde in allen Assambleen mit Distinction
aufgenommen und machte nach seiner Art einen
großen Aufwand. Sein Beglaubigungsschrei-
ben oder Creditiv hielte er zurücke, weil er
wußte, es würde von der Kayserin wegen der
darinnen ihr nicht gehörig beygelegten Titel
nicht angenommen werden. Seine Anhänger
hoften nunmehro ganz gewiß, daß er den Großkanzler stürtzen würde. Er selbst war davon so
überzeugt, daß er bey seiner Durchreise durch
Hamburg, Copenhagen und Stockholm, wo er
überall Königl. Commißiones auszurichten hatte, davon als von einer ausgemachten Sache
sprach. Allein der schlaue Graf von Bestuchew, der diese Reden durch seine Spions wieder erfahren, stund auf seiner Hut. Er schnitte
dem Marquis alle Gelegenheit ab, ihm zu schaden und war auf Mittel bedacht, alle seine Anschläge zu nichte zu machen. Er ließ alle Haud-
lungen desselben genau beobachten, fieng seine
Briefe auf und wußte der Kayserin dessen ganze
Aufführung sehr verdächtig zu machen, auch
ihr aufs nachdrücklichste vorzustellen, wie übel
sie thun würde, wenn sie ihn, den Grafen Bestuchew, dem Französischen Hofe aufopfern
wollte,

wollte, da er ja nichts anders thäte, als was
zu ihrem Ruhm und des ganzen Reichs Besten
gereichte.

Hierdurch öfnete er der Kayserin die Augen,
daß sie die Falschheit des Marquis und die Unschuld und Treue ihres ersten Ministers erkannte.
Sie beschloß hierauf denselben nach Frankreich
zurücke zu schicken. Dieses wurde auch den
17. Jun. bewerkstelliget, als die Kayserin eine
Andachtsreise nach dem berühmten Kloster
Troizkoi oder dem Dreyfaltigkeitskloster gethan,
wohin er ihr nachfolgen wollen, aber darzu dißmal keine Erlaubniß kriegen können. Es fand
sich vielmehr an dem gedachten Tage frühe der
General Uschakow in dessen Hotel ein und kündigte ihm in Namen der Kayserin an, daß er
binnen zwey Stunden die Stadt verlassen und
eiligst sich aus dem ganzen Reiche begeben sollte. Ein Unterofficier von der Leibwache wurde
ihm bis Ließland zur Begleitung mitgegeben, von
dar er an die Grenze gebracht wurde, allwo
man ihm das Ordensband des heil. Andreä und
das Bildniß der Kayserin abforderte. Sie ließ
die Ursache dieses Verfahrens durch ein Rescript
an ihre auswärtigen Ministers bekannt machen,

da

da es denn hieß, er wäre ohne öffentlichen Charakter an ihrem Hof erschienen, hätte unerlaub-
te Correspondenz geführt, ungeziemte Berichte
von ihrem Hofe abgestattet und ein Complot zu
machen gesucht, um das gegenwärtige Ministerium zu stürzen.

Den 26. Jul. st. n. 1744 wurde zu Moscau
von der Kayserin, das Schwedische Friedensfest begangen, worauf dieselbe den 7. Aug. eine
Reise nach Kiow in die Ukraine that, wohin bereits den Tag vorher der Großfürst und die
Großfürstin mit ihrer Mutter aufgebrochen waren. Man hatte bey jeder Station acht hundert
Pferde bestellt, welches zusammen achtzehn tausend Pferde ausmachte. Die Kayserin unternahm diese Reise größtentheils aus Andacht und
kam allererst den 12. Oct. nach Moscau zurück,
nachdem der Großfürst mit den beyden Fürstin-
nen schon den 1. Oct. wieder daselbst angelangt
war. Den 6. Dec. begieng sie gewöhnlichermaf-
sen das jährliche Gedächtnißfest ihrer Thronsbesteigung, worauf sie den 28sten ihre Rückreise
nach Petersburg antrat, auch den 31sten glücklich daselbst eintraf.

K   Der

Der ihr nachfolgende Großfürst mußte unter
Weges bleiben, weil er von den Blattern befal=
len wurde. Die Kayserin sahe sich genöthiget,
den 3. Jan. 1745 bis Chatilowa, wo er krank
lag, zurücke zu kehren. Es liegt dieser Ort auf
dem halben Wege, zwischen Moscau und Pe=
tersburg, ist aber so schlecht gebaut, daß die
Kayserin das zu Nischerin Wolotschok gestandene
hölzerne Hauß dahin transportiren ließ, um
darinnen zu logiren. Die Großfürstin hielte
sich indessen mit ihrer Mutter, der Fürstin von
Zerbst nach ihrer Rückkunft nach Petersburg so
eingezogen, daß sie nicht aus dem Palaste kam.
Den 7. Febr. langte der Großfürst mit der Kay=
serin nach glücklich überstandenen Blattern ge=
sund und vergnügt wieder zu Petersburg an,
wo diese Monarchin diß ganze Jahr hindurch
zubrachte und das Europäische Kriegsfeuer, das
wegen der Oesterreichischen Succeßion entstan=
den, von weiten mitansahe, ohne etwas zu des=
sen Löschung beyzutragen.

Den 21. Febr. gab die glückliche Genesung
des Großfürstens Gelegenheit, daß sein Ge=
burtstag mit besonderm Gepränge und in allem
Vergnügen gefeyert wurde. Er legte an diesem

Tage

Tage das siebenzehnte Jahr seines Alters zurücke
und gab Vormittage bis um eilf Uhr in seiner
Antichambre ordentliche Audienz, wobey er von
dem ganzen Hofe, der in Gala erschiene, die
Glückwünsche annahm. Man erhub sich hierauf in die Hofkapelle zum feyerlichen Gottesdienste, nach dessen Endigung die Kanonen von der
Vestung und Admiralität gelöset wurden. Zu
Mittage wurde an einer figurirten Tafel von
250 Couverts im großen Saale unter Anhörung
der Italiänischen Kammermusik öffentlich gespeiset, wobey die Kayserin und Großfürstin auf
der Thronstelle unter einem goldenen Baldachin
saßen. Der Großfürst nahm nebst der Fürstin von
Zerbst das Mittagsmahl in seinem Apartemente
ein. Abends war Ball bey Hofe, und als die Nacht
einbrach, zeigte sich dem Palaste gegenüber mit
einer großen Illumination der Tempel der Hy-
gia, oder der Göttin der Gesundheit und des langen Lebens, in welchem die allgemeine Freude
den Namenszug des Großfürstens in die Höhe
hub und ihn an einem starken Monumente befestigte. Es wurde auch um zehn Uhr auf dem
Eise des Newastrohms vor dem Kayserl. Palaste
ein Feuerwerk angezündet, dessen Hauptvorstel-

lung

lung sowohl auf des Großfürstens Wiedergene=
sung, als auch auf sein Geburtsfest gerichtet war.
Der Mittelplan enthielte die göttliche Vorsehung,
die auf einem, von Peter dem Großen gelegtem,
Grunde, eine neue erhabene Lebens = und Ehren=
säule angefangen und bis auf siebenzehn Stein=
lagen aufgeführet hatte. Da aber die siebenzehn=
te davon wandelbar werden und einfallen wollte,
hemmte sie mit der linken Hand den nahen Fall,
rückte sie wieder in eine dauerhafte Ordnung
und befestigte mit der rechten Hand die vorigen
durch die neue Auflage der achtzehnten. Im
Seitenplan zur Rechten sahe man die Hoff=
nung Rußlands beschäftiget, eine Menge ge=
hauener Steine zu diesem Bau zu tragen; auf
der linken aber die Liebe, wie sie ihren
Weyhrauch auf ihr Opfergefäße streuen. Ueber
dem Hauptplane stunde geschrieben: Zu Peters
Wohl und langem Leben; auf dem ersten
Seitenplan: will ich stets Unterhalt; und auf
dem andern: und ich die Wünsche geben.

Im Jun. erklärte ihn der König August III.
von Pohlen als Churfürst zu Sachsen und der
Zeit Vicarius des deutschen Reichs, für mündig,
in Ansehung seiner Holsteinischen Reichslande,

ob

ob er gleich nicht viel über siebenzehn Jahr alt war.
Das überschickte Diploma wurde den 17. Jun.
zu Peterhoff durch den Sächsischen Residenten
Herrn von Pezold, mit einer Rede der Kayserin
überreicht, die es dem Großfürsten, mit zärtli-
cher Umarmung seiner Person einhändigte und
sich alsdenn entfernte, worauf der Resident an
den Großfürsten folgende Rede hielte:

„Je größer die Hochachtung ist, die Se.
„Königl. Majest. mein allergnädigster Herr, vor
„die Durchl. Person Ew. Kayserl. Hoheit hegen,
„jemehr haben Sie sich die Freude gemacht,
„Dero jetzt auf sich habendes Reichs = Vica=
„riat dahin anwenden zu können, um dieje=
„nige Volljährigkeit als Herzog von Schleß=
„wig = Holstein, so Ew. Kayserl. Hoheit durch
„Dero ausnehmende Gemüths=und Verstands=
„Eigenschaften schon längst erlanget, annoch
„durch ein Diploma zu declariren, das ich an
„Ihre Majest. die Kayserin zu überreichen die
„Gnade gehabt. Ihre Königl. Majest. haben
„mir dabey die nachdrücklichste Versicherung
„beyzufügen befohlen, daß so, wie Sie sich hin=
„wiederum von Ew. Kayserl. Hoheit alle Zu=
„neigung und Freundschaft versprechen, Sie

K 3   „keine

„keine Gelegenheit vorbey gehen laſſen werden,
„dieſelben von dieſer ihrer Geſinnung noch fer-
„ner zu überzeugen. Meines wenigen Orts un-
„terſtehe ich mich hierbey meinen unterthänig-
„ſten Glückwunſch an Ew. Kayſerl. Hoheit ab-
„zuſtatten und mich zu Dero Gnade und Pro-
„tection aufs demüthigſte zu empfehlen.„

Es gieng darauf an den, zu Kiel ſich damals aufhaltenden, Rußiſchen Miniſter am
Dähniſchen Hofe, Baron von Korff, ein Courier ab, mit dem Befehl, ſolche Majorenni-
täts-Erklärung ſowohl der ſämmtlichen Hofſtatt, allen Collegiis, und der Univerſität, als
auch dem geiſtlichen Miniſterio und dem Stadt-
Magiſtrate bekannt zu machen, und ſie zugleich
ſämmtlich an ihre Eyde und Pflichten zu weiſen,
die ſie ihrem Landesfürſten nunmehro unmittelbar ſchuldig wären, welches auch den 15. Jul.
mit allen erforderlichen Ceremonien geſchahe.

Nunmehro machte man alle Anſtalten zu
Vollziehung ſeiner Vermählung mit der Zerbſti-
ſchen Prinzeßin, die bisher ſchon den Titel einer
Großfürſtin geführt, nachdem deßhalben von
der Kayſerin bereits unterm 26. März 1745 ein
Manifeſt ins Reich ergangen war, darinnen alle
Perſo-

Perſonen von Stande zu denen dieſerwegen
zu erwartenden Feſtivitäten mit Beſtimmung
ihrer Equipagen und Kleidungen eingeladen
worden. Die Kayſerin ließ ſogar an ihren Le=
gations = Secretair nach Paris ſchreiben, und
von ihm eine umſtändliche Nachricht von allen
Ceremonien und Solennitäten, welche bey der
Vermählung des Dauphins vorgefallen, for=
dern. Man machte ſogar einen Auszug von dem
erhabenſten, koſtbarſten und prächtigſten Um=
ſtänden, die ſonſt bey hohen Vermählungen an
großen Höfen beobachtet worden, um dadurch
den Plan des bevorſtehenden Vermählungsfeſts
zu entwerfen, weil dieſes Feſt an Pracht, gu=
tem Geſchmack und Schönheit alles übertreffen
ſollte, was nur jemals bey dergleichen Gele=
genheit an den Europäiſchen Höfen geſehen
worden.

Den 1. Sept. frühe um 6. Uhr verſammle=
ten ſich nach einem gegebenen Zeichen von fünf
Canonſchüſſen alle Perſonen von Diſtinction
beyderley Geſchlechts in dem Winterpalaſte der
Kayſerin. Vormittags um 11. Uhr fieng ſich
der Zug nach der Kirche von Kaſanka an. In
den Straßen, durch welche man paßiren mußte,

K 4   waren

waren zu beyden Seiten die Soldaten von
der Garde und von andern Regimentern gestellt,
deren Anzahl sich fast auf 15000 Mann erstreckte. Das Gefolge bestund in 135 Carossen, jede
mit sechs Pferden bespannt, vor denen die Domestiquen in sehr reicher Liverey hergiengen.
In der Carosse Ihro Majest. der Kayserin saßen
beyderseits Kayserliche Hoheiten, vor denen alle Cavaliers herritten. Der Erzbischof von
Novogrod verrichtete die Trauungsceremonien,
und der Erzbischof von Pleskow hielte dabey die
Rede. Alsdenn wurden die Kanonen abgefeuert, und die sämmtlichen Regimenter gaben
eine dreyfache Salve. Auf dem Newa=Stro-
me sahe man ein Kriegsschiff, 4 Jachten und
30 Galeeren, die mit einer großen Menge Flag-
gen und Wimpel geziert waren, und gleichfalls
Salve gaben. Nach der Zurückkunft aus der
Kirche empfieng die Kayserin von den Ambassadeurs und ausländischen Ministern, wie auch
von den einheimischen Standspersonen beyderley Geschlechts die Glückwünsche.

Des Mittags speiseten Ihre Kayserl. Maj.
öffentlich unter einem Thronhimmel mit Ihro
Kayserl. Hoheiten, dem Großfürsten und der
Großfür-

Großfürstin, ingleichen mit der Fürstin von Anhalt Zerbst und dem Prinzen August von Holstein = Gottorp. Für die Personen von Distinction beyderley Geschlechts waren in andern Zimmern verschiedene Tafeln angerichtet. Den Beschluß des ersten Tages machte ein Ball. Den zweyten Vormittags empfiengen Jhro Kayserl. Hoheiten die Glückwünschungs = Complimente, und Nachmittags gegen ein Uhr begaben sie sich in den Sommerpalast, um sich bey Jhro Kayserl. Majest. gehorsamst zu bedanken, speiseten auch zu Mittage mit Höchst=Deroselben. Abends war im Winterpalaste Ball, wobey sich alle Ambassadeurs und ausländischen Minister einfanden. Hierauf speisete man nach gezogenen Billets in dem großen Saal an einer figurirten Tafel, an deren jeden Ecke man Fontainen mit Cascaden und andern Auszierungen sahe. Den 3ten Sept. war Ruhetag. Den 4ten erhoben sich Jhre Majest. die Kayserin mit Dero Gefolge zu Jhro Kayserl. Hoheiten in den Winterpalast, wo sie des Mittags speiseten, und die Personen beyderley Geschlechts von den beyden ersten Classen die Gnade hatten, an Höchst=Deroselben Tafel gezogen

zu

zu werden. In verschiedenen andern Zimmern war für die übrigen angerichtet. Nach geendigter Tafel ließ man aus etlichen Fontainen Wein springen, und gab dem Volke gebratene Ochsen, wie auch ander gebraten Fleisch, ingleichen Brod auf einigen Pyramiden preiß. Gegen Abend war bey Hofe Gala und Italiänisches Concert.

Von den auswärtigen Gesandten wurden in den folgenden Tagen solenne Glückwünschungs-Reden sowohl an die Kayserin, als an den Großfürsten und dessen Gemahlin gehalten, die von ihnen insgesamnt beantwortet wurden. Der Großfürst war nunmehro nicht nur ein vermählter, sondern auch ein regierender Landesherr, so viel seine deutschen Staaten anbetrifft. Weil er aber als abwesend nicht selbst der Regierung vorstehen konnte, so trug er dem Prinzen Friedrich August von Holstein, Bischofe zu Lübeck, seiner Schwiegermutter Bruder, die Stadthalterschaft auf. Es wurde solches den 15. Nov. von dem Hofcanzler von Westphalen allen Collegiis bekannt gemacht, und dabey die Anzeigung gethan, daß dieser Prinz den Vortrag in allen Collegiis haben, auch alle an den

Herzog

Herzog und Großfürſten einzuſendende Berichte und Sachen, hinführo an eben dieſen Prinzen gerichtet werden ſollten.

Der Dähniſche Hof war indeſſen immer noch wegen der Anſprüche, die der Großfürſt auf das Herzogthum Schleßwig machte, in Sorgen, weil er nicht zweifeln durfte, daß ihn zu Ausführung derſelben die Kayſerin unter-ſtützen würde. Der Dähniſche Geſandte am Rußiſchen Hofe gab ſich daher 1746 viele Mü-he, dieſe Sache zu einem guten Vergleiche zu bringen. Man erbot ſich zu einem Aequivalen-te, wenn der Großfürſt ſich aller Anſprüche auf Schleßwig begeben würde, und wollte in dieſer Abſicht die Grafſchaften Oldenburg und Del-menhorſt abtreten. Allein man hielte Großfürſt-licher Seits dieſes Aequivalent nicht für zuläng-lich, wenn nicht noch einige andere Landſchaf-ten hinzugefügt, und zugleich diejenige Million Thaler, die ſchon 1737 angeboten worden, ge-zahlt würde. Es hieß hierauf, der Dähniſche Hof habe über die obgedachten Grafſchaften ſich erboten, annoch die beyden Aemter Gottorp und Schleßwig abzutreten, auch die Million Thaler in gewiſſen Terminen zu bezahlen. Jedoch man

hat

hat nicht gehört, daß dieser Vergleich zu Stande gekommen sey.

Der Großfürst lebte immittelst nebst seiner
Gemahlin an dem Rußischen Hofe, dem Ansehen nach, ganz vergnügt. Die Kayserin, seine
Tante, liebte Lust und Pracht, daher es an ihrem Hofe niemals und am wenigsten zur Car-
nevalszeit, an mancherley Ergötzlichkeiten fehlte. Die Grafen Rasumowski und Lestock
waren ihre Lieblinge, und der Großcanzler,
Graf Bestuchew, war ihr Premierminister,
der beynahe die ganze Regierung führte, sich
aber dabey meistentheils nach den Gesinnungen
der Kayserin richtete, die sich gegen jederman
huldreich erzeigte, und zu Beförderung der
Commercien und Manufacturen mit allen be-
nachbarten Staaten und Höfen den Frieden unterhielte. Es war aber der Großfürst diesem
Minister nicht gewogen. Er liebte überhaupt
die Rußische Nation sehr wenig. Sein Herze
hienge an seinen Holsteinern, aus welchen er
gerne seine ganze Hofstatt formirt hätte, wenn
es auf seinen eigenen Willen angekommen wäre. Seine Aufführung war bisweilen so beschaffen, daß die Kayserin bewogen wurde, ihn

in

In guter Aufsicht zu halten, und ihm nicht zu viel Freyheit zu verstatten. Als sie im Jul. 1746 eine Reise nach Liefland that, mußte er sie nebst der Großfürstin begleiten. Sie langte den 16. Jul. zu Narva an, wo sie die allda zusammen gezogenen Trouppen besahe. Zu Reval, wo sie den 20sten sich einfand, trat sie in dem neuen Kayserlichen Palaste Catharinenthal ab, besuchte den 30sten den Hafen zu Rogerwick, besahe daselbst die Cronstädtische und Revalische combinirte Flotte, und kehrte, nachdem sie solche den 3. Aug. gegen einander in Schlachtordnung feuern gesehen, nach Petersburg zurücke.

Der Großfürst, der von der Kayserin jährlich 200000 Rubeln zu seinem Gebrauch ausgezahlt kriegte, ließ weder zu den gelehrten Wissenschaften, noch zu den Regierungsgeschäfften eine sonderliche Neigung spüren. Er fand sein Vergnügen bloß in dem Soldatenwesen und den kriegerischen Uebungen; doch war ihm das Gründliche in der Kriegskunst kaum historisch bekannt. So widriggesinnt die Rußische Nation gegen den König in Preußen war, so hoch schätzte ihn der Großfürst. Er empfand allezeit

zeit ein großes Vergnügen, wenn er von ihm
und seinen großen Thaten sprechen hörte. Seinen besten Zeitvertreib machte ihm die Violine,
die er ziemlich fertig spielte. Das Lustschloß
Oranienbaum, das ihm die Kayserin geschenkt,
war sein angenehmster Aufenthalt. Er hätte
gerne bisweilen seine Holsteinischen Lande besucht, wenn es ihm die Kayserin erlaubt hätte,
weil er dieselben werther hielte, als das ganze
Rußische Reich. Seiner Gemahlin begegnete
er mit weniger Zärtlichkeit und Ehrerbietung,
als sie ihm erwieß; doch stunde sie bey der Kayserin in desto größerer Achtung. Als sie aus
Zerbst die Nachricht erhielte, daß ihr Vater,
der regierende Fürst Christian August, den 16.
März 1747 daselbst gestorben sey, wurde sie
sehr gerührt. Weil ihr Bruder, der Erbprinz,
noch nicht mündig war, übernahm die Mutter,
welche den 30. Nov. 1745 aus Petersburg wieder zu Zerbst angelangt war, die Vormundschaft und Administration der Fürstlichen
Lande.

Den 6. Jun. 1748 war der Großfürst mit
seiner Gemahlin in Gefahr, elendiglich das Le-

bea.

ben einzubüßen. Er befand sich' auf dem
Kayserl. Landhause Gostilez, da frühe um acht
Uhr das neue hölzerne Gebäude von zwey
Stockwerken einstürzte. Beyde hohe Vermähl=
te, die darinnen logirten, hatten sich kaum auf
die, von dem die Wache habenden Soldaten ge=
schehene Warnung, retiriret, als das Gebäude
einfiel, und verschiedene Domestiquen verschüt=
tete, andere aber gefährlich verletzte. Der
Großfürst beschenkte den Soldaten mit 200
Rubeln, und versprach für sein Glücke zu sor=
gen. Als den 10. Jul. sein Nahmensfest ge=
feyert wurde, überschickte ihm die Kayserin
durch ihren vornehmsten Favoriten, den
Obrist=Jägermeister, Grafen Rasumowski, ein
Geschenke von 200000 Rubeln, um damit ei=
nen Theil von denen, auf seinem Erbfürsten=
thum Holstein haftenden, Schulden zu bezahlen.
Der andere Kayserl. Liebling, Graf Herrmann
von Lestock, der aus einem deutschen Chirur=
go zu der Würde eines Grafens des Heil. Rö=
mischen Reichs und Rußischen Geheimden Raths
erhoben worden, fiel im Nov. 1748 in die höch=
ste Ungnade. Er wurde arretirt, aller Ehren
und Bedienungen beraubt, und als ein Staats=
verbre=

verbrecher, der mit auswärtigen Höfen einen unerlaubten Briefwechsel geführt, in den äußersten Theil von Siberien verbannt. Dieses Unglück hatte er Niemanden anders zuzuschreiben, als dem Grafen von Bestuchew, der ihn schon längst mit gehäßigen Augen angesehen hatte.

Den 27. Dec. that die Kapserin abermal eine Reise nach Moscau, wohin der Großfürst mit seiner Gemahlin und dem ganzen Hofe folgte, diese Stadt aber jetzo wegen der vor kurzen erlittenen großen Feuersbrünste in einem sehr elenden und verwüsteten Zustande antraf. Die Kapserin blieb ein ganzes Jahr zu Moscau und überstund daselbst im Febr. 1749 eine Krankheit. Den 19. Nov. führte sie den Großfürsten in den Senat ein, um künftig den Berathschlagungen beyzuwohnen, welches aber hernach gar selten geschahe, weil ihm die ernsthaften Geschäffte sehr zuwider waren. Den 1. Jan. 1750 langte sie mit ihrem Gefolge wieder zu Petersburg an, nachdem sie die Reise wegen der damaligen sehr herrlichen Schlittenbahn glücklich und geschwinde verrichtet hatte.

Der Großfürst war nun schon über vier Jahr vermählt, und es äußerte sich doch noch

an

an feiner Gemahlin keine Schwangerschaft.
Die Kayferin war darüber unruhig, weil fie
beforgte, es möchte der alte Rußifche Kayfer-
ftamm mit der Zeit gänzlich eingehen. Immit-
telft wurde er von derfelben noch immer fehr
eingefchränkt gehalten, und war nicht viel bef-
fer als ein Staatsgefangener anzufehen, der
in einem gelinden Arrefte fich befindet, weil ihn
die Kayferl. Lieblinge und Minifter ftets bey der
Kayferin fo anfchwärtzten, daß fie nicht für gut
befand, ihm allzu viele Freyheit zu geftatten.
Man durfte fich daher nicht verwundern, wenn
er gegen eine Nation und ein Land eine Gering-
fchätzung fpüren ließ, wo man ihn mit vielem
Zwange hinderte, in erwünfchter Freyheit zu
leben. Ob er gleich an allen Ergötzlichkeiten
des Hofs Antheil hatte, durfte er fich doch nicht
weit von der Kayferin entfernen. Er mußte
fie mit feiner Gemahlin auf allen ihren Reifen
begleiten. Sonderlich blieb er niemals zurücke,
wenn die Kayferin fich nach Mofcau erhub, um
eine Zeitlang fich dafelbft aufzuhalten.

Diefes gefchahe auch im Dec. 1752, da die
Kayferin mit ihrem ganzen Hofe fich nach die-
fer alten Hauptftadt des Rußifchen Reichs be-

$\mathfrak{L}$ gab,

gab, und allda sich bis in May 1754 aufhielte.
Die Lustbarkeiten, die nach ihrer Ankunft daselbst angestellt wurden, wurden durch die
Krankheiten, womit die Kayserin sowohl, als
der Großfürst und die Großfürstin sammt dem
größten Theile ihrer Hofstatt im Febr. 1753 befallen wurden, unterbrochen, aber nach ihrer
Genesung mit desto mehrer Pracht fortgesetzt.
Sie besuchte die Klöster Troitzka und Neu Jeru-
salem, wohin sie der Großfürst allezeit begleitete. Man machte Anstalten, daß auch den
Winter über die herrlichsten Lustbarkeiten zu
Moscau geschehen sollten, als durch einen gäh-
lingen Brand der ganze Hof in das äußerste
Schrecken gesetzt wurde. Es kam nämlich den
12. Nov. gegen Mittag in dem neuen Kayserl.
Sommerpalaste Feuer aus, wodurch dieses ganze, zwar hölzerne, aber prächtige Gebäude in
die Asche gelegt wurde. Der Großfürst und
seine Gemahlin hatten kaum so viel Zeit, sich
aus ihren Zimmern in die Slobode zu retiriren,
von ihrer prächtigen Garderobbe aber warb
nichts gerettet. Die Kayserin ließ sogleich durch
eine Menge Arbeiter einen neuen Sommerpalast
anlegen, da denn der Bau so eifrig getrieben
wurde,

wurde, daß derselbe den 26. Dec. schon bezogen werden konnte. Jedoch ehe die Kayserin die Stadt Moscau wieder verließ, gerieth auch der große und sehr weitläuftige Kayserl. Palast, le Fort genannt, in Brand, der ebenfalls bis auf die Mauern in die Asche gelegt wurde. Es war das ansehnlichste Gebäude in der Stadt, worinnen Peter II. Hof gehalten hatte, und auch gestorben ist. Weil nachgehends noch mehr Feuer in dieser großen Stadt entstunden, hatte man Ursache zu argwohnen, daß diese Feuersbrünste von bösen Leuten herrührten.

Bey allen diesen Unglücksfällen, war doch der damalige Aufenthalt der Kayserin vor ihr hohes Haus ganz besonders gesegnet, weil die Gemahlin des Großfürstens allda schwanger wurde. Er reisete etwas eher mit derselben von Moscau ab, that aber so kleine Tagereisen, daß obgleich die Kayserin acht Tage später aufbrach, sie doch viel eher zu Petersburg anlangte. Man hoffte nunmehro stark auf die glückliche Niederkunft der Großfürstin, die endlich den 1. Oct. 1754 Vormittags um 10 Uhr in dem Sommerpalaste zu Petersburg erfolgte. Die Kayserin hatte nebst dem ganzen Hofe eine

L 2   unbeschreib-

unbeschreibliche Freude darüber. Es wurde
diese fröliche Begebenheit noch an diesem Tage
durch 201 Kanonenschüsse von den Vestungs=
werken zu Petersburg bekannt gemacht, Abends
aber geschahen bey Hofe von allen Standsper=
sonen beyderley Geschlechts die Glückwünsche.

Den 3. Oct. erfolgte die feyerliche Tauf=
handlung mit großem Gepränge, wobey die
Kayserin selbst die hohe Taufpathe war, und
zugleich die Stelle des Römischen Kaysers und
der Römischen Kayserin vertrat. Der Prinz
empfieng den Nahmen Paul Petrowitz. Die
Kayserin trug ihn selbst auf ihren Armen, hien=
ge ihm den Orden des heil. Andreä um, und
hielte darauf mit dem Großfürsten und allen
Personen der zwey ersten Classen offene Tafel
unter Abfeuerung der Kanonen bey dem Ge=
sundheitstrinken. Jeglichem Soldaten von den
Garderegimentern wurden zwey Rubeln, denen
von den andern Regimentern aber, wie auch
jeglichem Matrosen ein Rubel ausgetheilt.
Abends waren alle Häuser der Stadt illumi=
nirt. Die Kayserin beschenkte zugleich an die=
sem Tage den Großfürsten sowohl, als die
Großfürstin mit 100000 Rubeln, wobey die
letztere

letztere zugleich einen prächtigen Halsschmuck
und Ohrengehenke von Brillanten empfienge.
Den 20. Oct. nahmen die zur Freude über diese
Geburt des jungen Großfürstens angestellten
Lustbarkeiten bey Hofe ihren Anfang, und dauer-
ten bis den 29sten. Sie bestunden in Bäl-
len, Feuerwerken, Illuminationen, Comödien,
Masqueraden und allegorischen Vorstellungen.
Hörten aber die Lustbarkeiten bey Hofe auf, so
fiengen dargegen verschiedene hohe Ministri an,
ihre Freude über die hohe Geburt des jungen
Großfürstens insonderheit zu bezeugen.

So groß aber das Vergnügen über dieser
Geburt sowohl bey der Kayserin, als dem ganzen Hofe war, so sehr nahm dargegen das
Mißvergnügen über den Großfürsten zu, weil
er durch seine unbedachtsamen Reden und Aufführung immer mehr zu erkennen gab, daß er
kein Freund der Rußischen Nation sey, auch
mit der Gesinnung der Kayserin gar nicht über-
einstimme. Sie hatte ihm das Lustschloß Oranienbaum, das vormals der Fürst Menschikow
besessen, geschenkt. War ihm nun erlaubt worden, einige Compagnien Holsteiner dahin kommen zu lassen, so machte er sie zu seiner Garde,

L 3 und

und übte dieselben fleißig in Waffen. Er legte für sie eine kleine Vestung daselbst an, und
bauete Casernen und Pferdeställe vor diese
Trouppen. Er erweiterte und verschönerte
auch dieses Lustschloß, und versahe es mit einem
Opern = und Comödienhause, ließ auch einen
Canal vom Schlosse bis zur See anlegen. An
diesem Orte nun fand er sein größtes Vergnügen. Wenn er den Winter hindurch in dem
Palaste seiner Tante einem Gefangenen ähnlich
gewesen, wurde ihm im Frühlinge erlaubt, nach
Oranienbaum zu gehen, wo er in der Gesellschaft einiger jungen und zügellosen Officiers,
mit welchen er sich allen Arten der Vergnügun-
gen und Ausschweifungen überließ, seines erlittenen Zwangs zu entschädigen suchte. Dieses alles beförderte seine Neigung gegen die
Ausländer, und vermehrte den Haß gegen die
Rußische Nation, zumal da ihm nicht unbekannt war, wie ungleich sie von seiner Person
und Conduite bey aller Gelegenheit urtheilten.

Er war überhaupt gut Preußisch gesinnt.
Da nun die Kayserin und ihr Ministerium mit
dem Könige in Preußen gar nicht zufrieden war,
und sich sogar mit den Wienerischen, Pohlni-

schen

schen und Französischen Höfen auf Verleitung
des Grafens von Bestuchew wider denselben
1756 in Bündniß einließ, so konnte der Großfürst sein Mißfallen darüber gar nicht bergen,
zumal da sich noch vor Ende dieses Jahrs sowohl eine Armee als Flotte den Preußischen
Grenzen näherte, die erste auch im Jun. 1757
unter dem Grafen Apraxin wirklich in Preußen
einfiel, und den 30. Aug. bey Groß-Jägersdorf
den Preußischen Völkern eine Schlacht liefer-
te, darinnen dieselben den kürzern zogen.
Gleichwohl verfolgten die Russen ihren Sieg so
wenig, daß sie eiligst sich aus Preußen wieder
zurücke zogen, worüber sich die ganze Welt ver-
wunderte.

Es war hieran nichts weiter Schuld, als
des Großcanzlers, Grafens von Bestuchew,
Haß gegen den Großfürsten, den er gerne um
die Thronfolge bringen wollte. Die Kayserin
befand sich damals, da der Feldzug in Preußen
geführt wurde, auf ihrem Lustschlosse Garskoe
Selo unpaß, und war mit vielen Ohnmachten
und andern Zufällen behaftet. Der Großcanzler befürchtete daher, daß sie sterben möchte.
Um nun mit Hülfe der Armee, die sein guter

Freund,

Freund, der Graf von Apraxin, commandir=
te, sein Vorhaben auszuführen, schrieb er ei=
genmächtiger Weise einen Brief an diesen Feld=
marschall, daß er mit seiner Armee unverzüg=
lich aus Preußen zurücke kehren sollte. Es wa=
ren der Großfürst und der Großcanzler von
Anfang einander nicht gewogen gewesen. Der
Großcanzler war nicht nur ein Feind des Kö=
nigs in Preußen, den der Großfürst sehr hoch
achtete, sondern hatte auch unter der Regie=
rung der Kayserin Anna aus dem Archiv zu
Kiel die wichtigsten Urkunden wegnehmen und
nach Rußland kommen lassen. Der Großfürst
verbarg deßhalben seinen Haß gegen diesen da=
mals vielgeltenden Minister so wenig, daß er
solchen bey aller Gelegenheit zu erkennen gab,
der aber hinwiederum ein solcher Feind gegen
ihn worden, daß er nicht nur sehr verächtlich
von ihm redete, und ihn bey der Kayserin ver=
haßt zu machen suchte, sondern auch nach der
Geburt des jungen Großfürstens, Paul Petro=
witzens, gar darauf umgienge, ihn von der
Thronfolge auszuschließen, und dieselbe auf sei=
nen Sohn unter der vormundschaftlichen Regie=
rung seiner Mutter zu bringen, worzu er auch
die

die kranke Kayserin schon ziemlich disponirt hatte.

Er soll sogar eine Renunciationsacte abgefaßt haben, die der Großfürst zu unterzeichnen gezwungen werden sollte. Dieses nun desto eher zu befördern, sollte die Armee aus Preußen zurücke kommen. Allein der Engelländische Gesandte Keith, der davon Wind bekommen, offenbarte es dem Großfürsten, der die Acte, sobald er sie ausgespürt und gefunden hatte, las, und alsdenn mit solcher zu der Kayserin, seiner Tante, die damals auf dem Bette lag, und große Leibesschmerzen empfand, gienge. Er machte durch sein klägliches Bezeugen ihre Zärtlichkeit rege, und bewog sie, ihn von neuen ihrer Zuneigung zu versichern, dabey sie bezeugte, daß sie von diesem allen nichts wüßte. Sie ließ alsdenn den Grafen Bestuchew rufen, und gab ihm mit einer ernsthaften Mine ihren Unwillen zu erkennen.

Mitlerweile war der Graf Aprarin mit der Armee aus Preußen zurücke gegangen, und hatte sich der Rußischen Grenze genähert, als sich die Kayserin von ihrer Unpäßlichkeit erholet hatte. Sie erkundigte sich alsdenn nach

Y 5   ihrem

ihrem Kriegsheere, und erfuhr dessen Zurück-
zug aus Preußen. Nach angestellter Untersu-
chung der Ursachen fand sichs, daß ein Brief
daran Schuld sey, den der Großcanzler eigen-
mächtiger Weise an den gedachten General-
Feldmarschall geschrieben habe. So sehr sich
nun der Großcanzler deßhalben zu entschuldigen suchte, so wenig richtete er aus. Denn der
Großfürstliche Cammerherr von Brockdorf von
andern unterstützt, klagte ihn bey der Kayserin sowohl wegen des Briefs, als des An-
schlags, die Succeßionsordnung der Kayserin
umzustoßen, so nachdrücklich an, daß ihn die
Kayserin am 25. Febr. 1758 in Verhaft nehmen ließ, und aller seiner Würden und Bedienungen entsetzte, aber anstatt der zuerkann-
ten Todesstrafe ihn auf seine Güter verwieß.
Der Graf Aprarin entgieng durch seinen Tod,
der ihn den 31. Aug. 1758 zu Narva, wo er
gefangen saß, plötzlich betraf, der fernern Un-
tersuchung und zu erwartenden Strafe.

Der Graf von Bestuchew hatte bisher alle
Staatssachen der Kayserin dirigirt. Er stammte
aus Engelland her und führte eigentlich den Zu-
namen Best. Als Cammerjunker trat er aus den
Hannö-

Hannöverischen Diensten, in die Dienste der ver=
witweten Herzogin von Curland, nachmaligen
Kayserin Anna, die ihn zu Gesandtschaften
brauchte. Nach des Wolinski Fall ward er von
ihr zum Cabinetsminister ernennet. Die Kay=
serin Elisabeth erhub ihn erstlich zum Vice = und
hernach zum Groß=Kanzler. Es fehlte ihm
nicht an Verstande. Er war arbeitsam und von
langen Zeiten her mit den Staatsgeschäften be=
kannt, aber stolz, eigennützig, falsch, grausam
und unversöhnlich. Er hatte Rußland seit eilf
Jahren fast unumschränkt beherrscht. Die Kay=
serin Elisabeth, die ziemlich träge und commo=
de war, sahe es gerne, daß jemand vorhanden
war, der die Geschäfte des Reichs auf sich nahm.
Sie hatte einen so hohen Begriff von seiner Fä=
higkeit, daß sie nicht glaubte, jemanden zu fin=
den, der seine Stelle bekleiden könnte. Er hat=
te viele Feinde, worunter der Großfürst der
vornehmste war; es hielte aber schwer ihn zu
stürzen. Der Graf von Woronzow, bisheri=
ger Vicekanzler, wurde an seine statt Großkanz=
ler, der aber an Fähigkeit dem Grafen von Be=
stuchew nicht gleich kam. An sich selbst war der
neue Großkanzler ein sehr beliebter Mann, wohl=
gebildet,

gebildet, aber schwächlich. Er führte einen grossen Staat und machte viel Aufwand. Seine
Gemahlin, Anna Scawronski, war die respecta-
bleste Dame am Hofe, und stunde bey Peter III.
in großen Ansehen. Er erhielte sich bey der grossen Staatsveränderung in seinem hohen Posten,
welches ein Beweis seiner hohen Klugheit war,
und starb den 15. Febr. 1767 nachdem er zwey
Jahr vorher seine Erlassung erhalten. Er hat
mit seiner Gemahlin 1745 und 1763 einen grossen Theil von Europa durchgereiset, überall viel
Ehre genossen und großen Beyfall gefunden.

Es war aber der Graf von Bestuchew nicht
der einzige Feind, den der Großfürst an dem
Hofe seiner Tante hatte. Es gab ihrer noch
mehr, die auf alle seine Worte und Tritte Achtung gaben. Hierunter gehörten die Rasumowski, Trubetzkoi, Panine, Woronzowe, Buttur-
line und fast alle andern Großen von der Ruf-
sischen Nation. Er war selber Schuld daran,
wenn ihm diese Herren zuwider waren, weil er
gar zu wenig Achtung gegen sie spühren ließ.
Er hegte selbst gegen die Kayserin, die seiner
Mutter Schwester und die Quelle seiner Hoheit
war, keine wahre Zuneigung. Seine Gemahlin

lin genoß von ihm noch weniger Achtung und
Liebe, die sie mit Recht fordern konnte. Die letzte
Frucht ihrer ehlichen Vertraulichkeit war die
Prinzeßin Anna, die den 20. Dec. 1757 zu
Petersburg zur Welt gebohren wurde, aber den
19. März 1759 wieder starb. Sein Sohn, der
junge Großfürst, Paul, war von seiner Liebe
fast gänzlich ausgeschlossen. Aus diesem widrigen Bezeugen entstund anfänglich bey allen Ruf-
sen gegen ihn eine Gleichgültigkeit, die sich mit
der Zeit in eine Verachtung und endlich gar in
einen Haß verwandelte.

Mit seiner Gemahlin gerieth er von der Zeit
an, da er die abgefaßte Renunciationsacte zu
Gesichte bekommen, durch welche seinem Sohne,
dem jungen Prinzen Paul, unter der Vormundschaft seiner Mutter die Thronfolge zu Theile
werden sollte, in so große Mißhelligkeit, daß er
sie einer Untreue beschuldigte, und sich öfters
solcher Ausdrücke bediente, die ihm keine Ehre
machten. Sie hatte bey diesen Widerwärtigkeiten
an der Kayserin eine große Schutzgöttin, die sie wider alle Beschuldigungen und unartigen Bezeugun-
gen ihres Gemahls schützte und vertheidigte. Sie
würde die harten Versuchungen nicht haben er-
tragen

tragen können, wenn sie nicht durch ihre gefällige und vorsichtige Aufführung die Kayserin auf
ihre Seite gebracht hätte.

Es gieng der Großfürstin sonderlich sehr nahe, daß er sich gänzlich von ihr trennte, und seine Liebe solchen Personen zuwendete, die den größten Ab-
scheu verdienten. Von dergleichen Art war die
Comtesse Elisabeth von Woronzow, die er
sich zu seiner Maitresse erwählte, wobey es hieß,
es wäre mit Erlaubniß der Kayserin, die hierbey ihre besondern Absichten gehabt, geschehen.
Ihr Vater war der Reichssenator und General,
Roman Graf von Woronzow, ein Bruder des Großkanzlers, Graf Michaels von Woronzow. Sie war
nicht sonderlich lang, aber von außerordentli-
cher Dicke, hatte ein schwarzbraunes Gesichte
und dicke Backen voller Pockengruben, worinnen die viele Schminke, deren sie sich bediente,
festen Fuß faßte. Sie hatte große Augen ohne
Reiz und einen vollen Busen. Vielen Verstand
durfte man bey ihr nicht suchen, destomehr aber
war sie mit Arglist und vielen Ränken angefüllt.
Sie nahm gerne Geschenke und mischte sich, nachdem er den Thron bestiegen, in viele Staatsgeschäfte. Als die Generalverpachtung der Zölle
zu

zu Stande kam, erhielte sie von Ihm 30000 Rubel zu Anschaffung herrlicher Juwelen. Er schenkte ihr auch ein prächtiges Haus neben dem neuen Winterpalaste, darin sie aber niemals einen Fuß gesetzt, weil die bald erfolgte Dethronisation des Kaysers ihrem Glücke ein Ende machte. Ihre Schwester, die vermählte junge Fürstin von Daschkow, die eine besondere Favoritin seiner Gemahlin, der Großfürstin, war, hatte eine bessere Bildung und Gesinnung. Sie war klein, aber gut gewachsen, dabey lebhaft und lauter Geist, auch von großer Herzhaftigkeit. Sie spielte bey der Thronsbesteigung der jetzigen Kayserin eine Hauptrolle, wie wir weiter unten hören werden.

Mit dem Kriege wider Preußen war der Großfürst gar nicht zufrieden. Man hatte ihn auch darüber nicht zu Rathe gezogen. Wenn die Russen Stöße kriegten, gab er sein Vergnügen darüber auf eine beißende Art zu erkennen, welches die Rußischen Magnaten nicht wenig erbitterte. Die Kayserin hielte aber feste an dem Bündnisse wider den König in Preußen und setzte den Krieg bis an ihr Ende fort. Ihre Gesundheit ward indessen immer baufälliger; ob

sie

sie gleich nicht alt war. Sie hatte stets kränkli=
che Zufälle und überstunde schon im May 1760 eine
gefährliche Krankheit. Es thaten aber die gebrauch=
ten Arzeneyen, ob. sie gleich solche nicht ordent=
lich einnahm, allemal eine gewünschte Wirkung,
die aber nicht lange Bestand hatte. Den 28. Nov.
st. n. 1761 kriegte sie einen Anfall von einem Fluß=
fieber, welches aber bald wieder vergienge. Al=
lein den 23. Dec. folgte ein heftiges Erbrechen
mit Husten und Blutauswerfen. Als man ihr
zur Ader ließ, sahe man mit Bestürzung, daß
das Geblüte sehr entzündet war. Ob sichs nun
schon wieder zu einiger Besserung anließ, kam
dennoch den 2. Jan. 1762 Abends das Blutbre=
chen mit einem sehr heftigen Husten wieder.
Man zeigte ihr das herannahende Ende an, zu
welchem sie sich auch nach Gebrauch der Grie=
chischen Kirche gut bereitete. Den 3. Jan. ließ
sie sich das heil. Abendmahl und den vierten
frühe die letzte Oelung geben, worauf sie den
fünften Nachmittage in einem Alter von zwey
und funfzig Jahren nach zwanzigjähriger Regie=
rung das Zeitliche verließ.

Sie hinterließ in Rußland das gesegneste An=
denken und wurde von der ganzen Nation zum

höchsten

höchsten bedauert. Sie hatte von Natur ein gut=
thätiges Herz. Ihre Regierung übertraf an Gelin=
digkeit alle vorhergegangenen. Es geschahen
nicht nur keine blutigen Hinrichtungen von
Staats= und Civilverbrechern mehr, sondern es
wurden auch die Zölle und Abgaben mehr ver=
mindert als erhöhet, obgleich ihr Hof glänzen=
der und prächtiger, das Reich aber blühender
und gesegneter als in den vorigen Zeiten war.
Sie war von einer etwas langen Leibesgestalt,
die mit ihrer Dicke wohl überein kam, und hatte
ein rundes Gesichte, leutselige Minen, eine fri=
sche Farbe, schöne blaue Augen, einen wohlge=
stalten Hals und fleischigte Arme und Hände.
Sie kleidete sich öfters in Mannshabit, saß gut
zu Pferde und hatte einen lebhaften Geist. Sie
sprach gut Deutsch und Französisch, verstunde
das Italiänische und hatte ein großmütiges Herz.
Sie liebte den Schmuck und die Lustbarkeiten
und zeigte dabey allezeit einen guten Geschmack.
Sie liebte auch die Wissenschaften und freyen
Künste, besonders aber die Musik und Mablerey,
hatte viel Religion und hielte auf den öffentli=
chen Gottesdienst und die Gesetze der Kirche, ver=
ließ sich aber sehr auf ihre Minister und war

M   nicht

nicht gerne lange mit ernsthaften Dingen beschäftiget.

Die Liebe, die sie anfangs zu ihrem Vetter,
den Großfürsten, getragen, hatte sich vor ihrem
Ende sehr vermindert, dargegen diejenige, die
sie gegen dessen Gemahlin und Sohn geheget,
destomehr zugenommen. Die vornehmen Russen versahen sich zu ihm nichts Gutes, daher
das gute Vertrauen, das sie auf die Großfürstin
setzten, sie um so viel mehr ermunterte, etwas
zu derselben Erhebung auf den Thron zu unternehmen. Man versichert daher, daß nur wenig
Tage vor der Kayserin Absterben ein Versuch
geschehen, den Großfürsten von der Regierung
auszuschließen. Man habe auch bereits die
Kayserin dahin gebracht, darein zu willigen. Allein der Großfürst habe durch einige getreue
Freunde in Zeiten Nachricht davon empfangen
und sey dieser grausamen Ungnade zuvor gekommen. Er kam daher so wenig, als seine Gemahlin, in den letzten Tagen ihrer Krankheit,
von ihrem Bette, und empfieng von ihr, unter
Vergießung bitterer Thränen, den letzten Se-
gen. Er mußte ihr auch versprechen, daß er
sich an denen, die er für seine Feinde hielte,

nach

nach Besteigung des Throns, nicht rächen, noch
den Thron durch das Blut der Unterthanen be=
festigen wollte; welchem er auch nachgelebt. Er
bewieß gegen seine Feinde viel Großmuth und
Gnade, und ließ allen, die ihn beleidiget hatten,
Verzeihung wiederfahren, ja, er überschüttete sie
sogar mit mancherley Wohlthaten. Allein diese
Gütigkeit machte sie sicher und stolz, daß sie
hernach desto kühner sich in ein Complot wider
ihn einließen.

Gleich nach dem Todte der Kayserin kündigte
der Generalfeldmarschall, Fürst Trubetzkoi, be=
nen in den Vorgemächern versammleten Mini=
stern und Hofbedienten, sowohl das Ableben der
Kayserin, als den Antritt der Regierung des
neuen Kaysers an; in der Hofkapelle aber leiste=
ten der heil. Synodus, der Senat, die Genera=
lität und alle übrigen, in hohen Aemtern stehen=
den Personen, die Huldigung, während welcher
der gedachte Fürst nach dem großen Saale im
Winterpalaste sich verfügte, wo die Leibcompa=
gnie mit ihrer Standarte in Parade stunde.
Nachdem er vor ihr das neue Manifest durch den
Etatsrath Wolkow ablesen lassen, legte diese
Compagnie mit einem dreymaligen Vivat den

Eyd

Eyd ab, worauf der Fürst sich auch zu denen vor
dem Kayserl. Palast stehenden Garde = und Feld=
regimentern, wie auch dem Artilleriecorps erhu=
be, vor deren Fronte das gedachte Manifest eben=
falls durch den Obersekretair des Senats abgele=
sen, von den Trouppen aber nach abgelegtem Eyde
ein dreymaliges Vivat ausgerufen wurde. Nach
geendigtem Dankfeste in der Hofkapelle, erhub
sich der neue Kayser zu Pferde vor die Fronte der
Regimenter und umritte sie, weil es dunkel wor=
den, mit brennenden Fackeln, wobey sie ihn gewöhn=
lichermaßen salutirten.   Der Premiermajor des
ersten Stadtregiments, Generalmajor Jurjew,
ein sehr ehrwürdiger Greiß, redete den Kayser
vor der Fronte aller Garderegimenter mit die=
sen Worten an: Allergnädigster Herr! un=
sere Augen sind voll Thränen der Freude;
wir sterben vergnügt, da wir das Glücke ha=
ben, einen Kayser an unserer Spitze zu
sehen.

Das obgedachte Manifest, welches der
Etatsrath Wolkow ablesen mußte, lautete also:

  „Von Gottes Gnaden, wir Peter III., Kay=
„ser und Selbsthalter aller Reußen 2c. haben zu
„eines jeden Nachricht bekannt zu machen befohlen,

                                „wie

„wie es dem Allerhöchsten gefallen, unsere höchst=
„geliebte Tante, die Frau und Kayserin, Elisa=
„beth Petrowna, Selbsthalterin aller Reußen,
„den $\frac{25\ Dec.}{5.\ Jan.}$ durch eine schwere Krankheit aus
„dieser Zeitlichkeit in die ewige Freude zu ver=
„setzen und den souverainen Besitz des Rußisch=
„Kayserl. Throns Uns, als dessen, zufolge der
„Gesetze, Unserer Prärogativen und deßhalben
„gemachten Verfassung, wahren Erben zu ver=
„lassen, als worüber alle Unsere getreuen Un=
„terthanen bereits in dem verstrichenen 1742sten
„Jahre Uns, als den wahren Erben des Ruf=
„sisch = Kayserl. Throns, geschworen haben; und
„da Wir zu Folge dessen jetzo Unsern angeerbten
„Rußischkayserl. Thron besteigen, so befehlen Wir
„allergnädigst durch dieses Unser Manifest, zu je=
„dermanns Nachricht bekannt zu machen, daß da
„Wir nach dem gerechten Rathschlusse des Aller=
„höchsten durch Vermittelung Unserer höchstge=
„liebten Tante, der großen Frau, Kayserin Elisa=
„beth Petrowna, als welche, da Allerhöchst Die=
„selbe nach Absterben der Kayserin Anna Jwano=
„wna ersehen, daß der Kayserl. Thron unrecht=
„mäßig usurpirt worden, vor nöthig und ge=
„recht erachtet, denselben mit Beyhülfe der ge=

M 3   „treuen

„treuen Rußischen Patrioten auf eine rechtmä-
„ßige Weise zurücke zu nehmen und Uns als Aller=
„höchst Deroselben Nachfolger und wahren Er=
„ben zu bestätigen, Unsern erblichen Rußisch=
„Kayserlichen Thron jetzo bestiegen, und der,
„ihres gleichen nicht gehabten, Großmuth Jh=
„ro Kayserl. Maj. in Führung der Regierung
„des Reichs nachzuahmen gewohnt sind, Wir
„bey dem Besitz des Rußisch= Kayserl. Throns
„zur hauptsächlichen Richtschnur anzunehmen,
„in allen, sowohl Jhro Kayserl. Maj. allerhöch=
„sten Milde und Gnade, als auch denen Fuß=
„tapfen des höchstweisen Kaysers, Peters des
„Großen, Unsers höchstsel. Herrn Großvaters,
„ zu folgen und dadurch die Wohlfarth unserer
„getreuen Unterthanen und Söhne Unsers Ruß=
„sischen Reichs zu befördern. Es wird also die-
„ses zu aller und jeder sowohl vom geistlichen als
„weltlichen Stande Wissenschaft hierdurch be=
„kannt gemacht, damit ein jeder Uns als seinen
„ wahren und angebohrnen Herrn und Kayser mit
„ wahrer und ungeheuchelter Treue diene, auch
„solches mit seinem Eyde bekräftige. Gegeben
„zu St. Petersburg den 25. Dec. 1761 (5. Jan.
„1762 st. n.)

Peter.

Als

Als es in der Hofkapelle abgelesen worden, hielte der Erzbischoff von Novogrod an den neuen Kayser folgende Glückwünschungsrede:

„Wer ist vermögend, die wunderbaren Füh-
„rungen des Herrn auszusprechen? Wer kann
„seine unerforschliche Vorsicht ergründen? Der
„neugebohrne König aller Könige, Jesus Chri-
„stus, hat an dem Tage der Freude, die er
„über die ganze Welt so reichlich ausgebreitet,
„uns mit einer schweren Betrübniß heimgesu-
„chet. Doch, o unaussprechliche Güte! wie
„wunderbar zeigt sich des Herrn heiliger Wille
„an dir, o Rußland! Er füllet sogleich wieder un-
„sere Herzen mit Freuden und Frohlocken, da er
„seinen geliebten Diener, den Enkel und Ab-
„kömmling der Rußischen Monarchen, berechti-
„get, über uns zu herrschen und den schon längst
„bestimmten, schon längst erwünschten, theuer-
„sten Herrn und Kayser, Peter Födorowitz, das
„Ebenbild Peters des Großen, sowohl dem Na-
„men als der That nach den souverainen erbli-
„chen Thron aller Reußen besteigen lässet. Was
„können wir Söhne Rußlands mehr thun, als
„daß wir dem allerhöchsten Beherrscher der
„Reiche auf Erden unsere Herzen zum Dank-

„opfer

„opfer darbieten. Glückſeliges Rußland! Gott
„hat dich dem geſchenkt, den er darzu auserſe-
„hen hatte. Er hat den Auserwählten aus ſei-
„nem Volke erhöhet. Was ſollen wir aber Dir,
„theuerſter Monarch! an dieſem Tage, den
„Gott durch ſeine unermeßliche Gnade gegen
„uns ſo ſehr verherrlichet hat, darbringen?
„Jene Jungfrau, da ſie die Stimme deines
„Namensverwandten Petri hörte, öffnete für
„Freuden die Thüre nicht. Wir, die wir Dein
„Antlitz ſehen, und Deine Stimme hören, kön-
„nen eben ſo wenig für Freude unſern Mund
„öffnen; wir öffnen aber unſere von Liebe und
„treuer Inbrunſt entflammte Herzen. Wir
„bringen Dir, was ſchon Dein eigen iſt. Be-
„ſteige den Thron Deiner Vorfahren, der Dir
„bereits im Jahr 1742 durch unſern Eyd erb-
„lich verſichert worden und deſſen rechtmäßigen
„Beſitz Europa und Aſia dir zuerkannt. Be-
„glückt ſey Deine Regierung! Sey ein mächti-
„ger Vertheidiger Deines Reichs! Beſchütze
„Deine Mutter, die chriſtliche Kirche, welcher
„Du durch den heiligen Geiſt einverleibet biſt!
„Nimm Dich der Bedrängten an! Sey ein
„Schrecken der Gottloſen! Liebe die Gerechten!
„laß

„Laß Deine eignen Augen und Hände die Werk-
„zeuge dieses großen Dienstes seyn! Barmher-
„ziger Herr, Vater aller Güte und Gott alles
„Trostes! Du selbst hast Ihn auf den Rußischen
„Thron erhoben. Du selbst hast Ihm Kron
„und Scepter übergeben. Du hast Ihm Ruß-
„land, Dein Eigenthum, anvertrauet. Be-
„hüte Ihn sammt der rechtgläubigen Kayserin
„und dem zarten Zweige dieses allerdurchlauch-
„tigsten Stamms, bis in die spätesten Zeiten
„für allen sichtbaren und unsichtbaren Feinden.
„Verleihe ihm Stärke und Weißheit zu richten
„Dein Volk nach der Gerechtigkeit! Die Her-
„zen der Könige sind in den Händen Gottes.
„Herr, laß auch Sein Herz in Deinen Händen
„ewig bleiben!"

Gleich nach dem Antritt seiner Regierung,
ließ Peter III. seine Erhebung in allen Provinzen seines weitläuftigen Reichs durch Staatscou-
riers bekannt machen und von den Gouverneurs
und Stadthaltern den Huldigungseyd annehmen.
Alle an den auswärtigen Höfen stehende Gesandten und Ministri wurden in ihren Charaktern
und Diensten bestätiget und durch dieselben die
Kayserl. Notificationsschreiben überreichet, zu-

M 5   gleich

gleich aber auch denselben sowohl, als den
fremden, zu Petersburg befindlichen, Gesandten
eröffnet, daß künftig in dem Kayserl. Titel die
Herzogthümer Schleßwig und Holstein nebst den
beyden Grafschaften Oldenburg und Delmen=
horst begriffen seyn sollten. Er ertheilte auch
den fremden Ministern die völlige Zollfreyheit
und nahm an seinem Hofe und im Ministerio
viele Beförderungen und Veränderungen vor, der
Graf von Woronzow aber wurde in der Groß=
Kanzlerwürde bestätiget und ihm das Departe=
ment der ausländischen Sachen überlassen, ihm
auch den 25. Febr. ein bey Moscau gelegenes
Domainengut von vier tausend Bauern ge=
schenket.

Er fieng seine Regierung sehr löblich an.
Es ward gleich das heil. Weyhnachtsfest nach
Rußischer Zeitrechnung gefeyert, als Peter III.
den Thron bestieg. Weil nun das gemeine Volk
an den hohen Festtagen sich sehr unmäßig zu er=
zeigen pfleget, so ließ er, zu Verhütung solcher
Unmäßigkeit, theils die öffentlichen Schenken
schließen, theils verschiedene Piquets ausstellen,
so, daß man zu der damaligen Festzeit keinen
einzigen Betrunkenen zu sehen kriegte. Den
12. Jan.

12. Jan. st. n. als an dem Rußischen Neujahrs=
tage, empfieng er nebst seiner Gemahlin von dem
ganzen Hofe die Glückwünsche, worauf sie in der
großen Hofkapelle dem Gottesdienste beywohn=
ten.   Der Erzbischof von Novogrod hielte
nach der Predigt des Bischofs von Rezan folgen=
de schmeichelhafte Glückwünschungsrede an den
Kayser:

„Aufs neue belebet nunmehro der Herr
„durch seine Zukunft ins Fleisch das menschliche
„Geschlechte; und durch Ew. Kayserl. Maj. Ge=
„langung auf den Thron, wird auch Rußland
„aufs neue belebt. Diß ist ein neues Jahr! ein
„Jahr, welches uns unter allen das glücklich=
„ste ist und in welchem uns alles neu wird. Ihr
„Söhne Rußlands, sehet auf das gnädige Ant=
„litz des Gesalbten des Herrn und erneuet eure
„Herzen? Erneue dich, du Kirche Christi, durch
„eine neue Feyer; erneue dich, du geistlicher
„Stand, durch Verkündigung des Evangelii;
„du Kayserl. Hof, erneue dich durch treue Dien=
„ste; ihr Landesgerichte, durch die Gerechtig=
„keit; du Kriegesstand, durch Muth und Stär=
„ke, und alle Söhne des Vaterlandes, durch
„Treue und redlichen Diensteyfer, die wir ins=
                                    „gesammt

„gesammt mit einem Munde und einem Herzen
„diese neuen Wünsche würdig darbringen kön-
„nen. Es lebe unser neuer theuerster Landes-
„herr! Er werde erneuet durch neue Gesund-
„heit, durch neues Glücke, durch neue Siege
„über die Feinde! Wir rufen hierbey aus: Ge-
„lobet sey der Herr, der dieses neue Jahr mit
„Seegen krönet! Segne unsern Kayser mit der
„Krone der Ehre und des Ruhms; befestige sei-
„nen Thron; umgürte ihn mit der Kraft von
„oben herab und leite ihn auf richtigen Wegen!
„Sey gnädig deinem Gesalbten Petro und sei-
„nem Saamen ewiglich! Dieses sind unsere
„Wünsche; Wünsche zum neuen Jahr und für
„alle künftige Zeiten.“

Den 18. Jan. geschahe die gewöhnliche Was-
serweyhe, welches eines von den größten Festen
der Rußischen Nation ist. Sie wurde dißmal
mit weit mehrerm Gepränge, als sonst, gefeyert,
auch deßhalben auf diesen Tag die Hof- und Land-
trauer um die verstorbene Kayserin, die auf ein
ganzes Jahr anbefohlen worden, ausgesetzt.
Der Kayser führte an diesem Tage selbst die Garderegimenter auf und befand sich die ganze Zeit,
nämlich länger als drey Stunden, zu Pferde
an

an der Spitze der Preobrazinskischen Garde.
Die Kayserin wohnte der Proceßion zu Fuße bey.

Den 22. Jan. langte der Obrist von Opitz
mit zwölf blasenden Postillons als Courier zu
Kiel an, und überbrachte den Holsteinern die er-
freuliche Nachricht, daß ihr Landesherr, der Herzog und Großfürst, den Rußischen Kayserthron
glücklich bestiegen hätte. Es wurde solches sogleich durch Abfeuerung von 101 Kanonen in
der ganzen Stadt bekannt gemacht, auch hernach in der Schloßkirche unter abermaliger Lösung der Kanonen ein feyerliches Dankfest begangen. Nach geendigtem Gottesdienste erfolgte die solenne Proclamation, die durch einen
Herold in Begleitung eines Detaschements zu
Pferde unter Trompeten- und Pauckenschall geschahe. Abends waren die vornehmsten Häuser
der Stadt illuminirt.

Den 25. Jan. geschahe die Beysetzung der
verstorbenen Kayserin mit großem Gepränge.
Der Kayser und die Kayserin folgten der hohen
Leiche in tiefster Trauer zu Fuß nach. Sie fand
ihr Begräbniß in der großen Cathedralkirche zu
St. Peter, die durchgehends schwarz bekleidet und
mit

mit einem prächtigen Trauergerüste versehen
war, unter welchem der Sarg niedergesetzt
wurde. Nachdem der Erzbischof von Novogrod
eine bewegliche Leichenrede gehalten, nahmen
der Kayser und die Kayserin nebst allen andern
vornehmen Leichenbegleitern, beyderley Geschlechts, unter Vergießung vieler Thränen mit
einem Handkusse von der verstorbenen Kayserin
den letzten Abschied, worauf der Sarg, unter
Abfeuerung einer dreymaligen Generalsalve von
101 Kanonen und einem Lauffeuer von denen
um die Vestung herumpostirten Regimentern,
geschlossen, und sodenn in die Gruft eingesenkt
wurde.

Das Fürstliche Hauß Holstein, aus welchem Peter III. herstammte, suchte er auf alle
Art und Weise zu erheben. Sonderlich gelangte sein Oncle, der Prinz George Ludwig von
Holstein, ein Bruder des Königs in Schweden
und des Bischofs von Lübeck, der bisher als General in Preußischen Diensten gestanden, solche aber
im Jahr 1761 quittiret hatte, zu großen Ehren.
Er ließ ihn gleich nach Antritt seiner Regierung
zu sich nach Petersburg kommen, wo er ihm
mit dem Titel Ihro Hoheit den höchsten Rang

an

an seinem Hofe gab. Den 23. Jan. reisete der=
selbe von Königsberg, wo er sich bisher aufge=
halten, mit einem ansehnlichen Gefolge ab. Es
wurden ihm in allen Rußischen Städten, die er
bis Petersburg paßiren mußte, die größten Eh=
renbezeugungen mit Lösung der Kanonen und
Läutung der Glocken erwiesen. Unterweges kam
ihm die kayserliche Küche, Kellerey und Condi=
torey nebst dem Silberservis entgegen. Der
Kayser selbst empfieng ihn zu Sarskoe-Selo mit
vieler Zärtlichkeit und beschenkte ihn mit dem
prächtigen Palaste des verstorbenen Grafens Pe=
ter von Schuwalow, den er zu dem Ende vor
150000 Rubel gekauft hatte. Allen Botschaf=
tern und Gesandten ließ er anzeigen, daß ihm
als einem Prinzen von Geblüte die erste Visite
gegeben werden sollte. Er erklärte ihn nicht
nur zum Generalißimo aller seiner Trouppen
und zum Obristen über die neue Leibgarde zu
Pferde mit einem jährlichen Gehalt von 48000
Rubeln, sondern auch zum Stadthalter und Ge=
neralgouverneur der Holsteinischen Lande mit
12000 Rubeln. Seine Gemahlin, die den
29. März mit der jungen Prinzeßin Catharina
von Holstein=Beck ebenfalls zu Petersburg an=
langte,

langte, wurde von dem Kayser, der ihr entgegen reisete, mit Königl. Pracht empfangen und
zur ersten Dame des Hofs erklärt; seine beyden
Söhne aber kriegten als Obristen Holsteinische
Regimenter. Der Kayser räumte dieser Durchl.
Familie auch den schönen Italiänischen Palast
und Garten ein, und wurden zu dessen Ausbesse-
rung zwanzig tausend Rubel aus der Baukanze-
ley angewendet.

An dieser außerordentlichen Gnade, die dem
Prinzen George von Holstein wiederfuhr, hatte
auch das Hauß Holstein-Beck vielen Antheil.
Der Herzog Peter August ward den 20. Jan.
zum General-Feldmarschall und Gouverneur zu
Petersburg mit einem jährlichen Gehalt von
zehn tausend Rubeln und den 22sten zum com-
mandirenden General aller Feld und Garnison-
regimenter in Petersburg, Liefland und Esthland,
kurz darauf aber zum Generalgouverneur in
Esthland ernennet. Der Herzog Carl Ludwig
sein Bruder, der sonst in sächsischen Diensten
gestanden, ward ebenfalls Rußischer General-
Feld-Marschall; die Herzoginnen und Prinzeßinnen dieses Hauses aber, kriegten ansehnliche Pen-
siones und den hohen Orden von St. Catharinen.
Allein

Allein diese große Erhebung des Hauses Holstein vermehrte die Eyfersucht und den Haß der
Russen gegen den neuen Kayser. Sie sahen sich
daburch sehr verachtet und hintangesetzt; und
da er fortfuhr, seiner Gemahlin verächtlich zu
begegnen, und sein Herze gänzlich an die Comtesse
von Woronzow hängte, fiengen viele Große an,
ihre widrige Gesinnung gegen den Kayser und
seine Anhänger deutlich merken zu lassen, wodurch denn nach und nach der Grund zu dem
Complote gelegt wurde, das nachgehends zu
seinem Nachtheil glücklich ausgeführt worden.

Immittelst wollte er bey dem Antritt seiner
Regierung das Ansehen haben, als ob er in den
Fußtapfen seines Großvaters, Peters des Großen, wandelte und durch sich selbst regierte. Er
erklärte sich zum Chef aller Collegien, überließ
dem Senat blos das Département von Civilsachen und legte ein Conferenzministerium an, davon er selbst das Haupt seyn wollte. Jedoch
seine Lieblinge, der geheime Sekretair und
Etatsräth Wolkow, und der Generaladjutant
Gudowitsch, golten das meiste bey ihm. Durch
ihre Hände giengen fast alle Staatssachen, wobey seine Maitresse ihre Hand ebenfalls mit im

N   Spiele

Spiele hatte. Er wußte aber in seinen Hand-
lungen einen solchen Eyfer zu beweisen, daß
man ihm anfangs viel Großes zuschrieb, auch
davon in der Welt vielen Lärmen machte. Er
bestimmte eine gewisse Zeitordnung zu den verschiedenen Reichsgeschäften und verlangte von
dem Großkanzler Woronzow, daß er wöchent-
lich zweymal ihm von den Staatssachen Bericht
abstatten, bey bringenden Vorfällen aber zu allen Stunden mit ihm arbeiten sollte. Die Se-
natssachen sollten künftig nicht mehr durch Mi-
nisterialconferenzen abgehandelt werden, sondern
zu des Kaysers eigenen Erkenntniß und Ent-
scheidung gelangen.

Den 28. Jan. erhub er sich zum erstenmale
in den dirigirenden Senat und unterzeichnete daselbst verschiedene neue Verordnungen und Befehle, worauf er die Versammlungen der
übrigen Reichscollegien besuchte, endlich aber
sich auch bey dem heiligen Synodo, so den
Kirchenrath vorstellt, einfand, da er denn von
dem Erzbischof von Novogrod mit folgender
Rede empfangen wurde:

„Welch einen Glanz erhält dieser geheilig-
„te Ort! Es freuet sich diese geistliche Ver-
„samm-

„sammlung, und ruft ihrem theuerſten Gaſte,
„ihrem Gebieter und Oberhaupte, mit treuen
„Herzen und froher Stimme entgegen: Ge-
„ſegnet ſeyſt Du, der Du im Nahmen des Herrn
„hereintritiſt! Nähere Dich, geſegnetes Haupt!
„zu Deinen Gliedern, und ſetze Dich an die
„Stelle - Deines Großvaters, Peters des
„Großen, der dieſe Verſammlung geſtiftet und
„beſtätiget hat. Nimm Dich des Rechts und
„der Gerechtigkeit an; denn ſolches bringt den
„Königen Ehre. Sey eine Säule der Kirche
„Chriſti und unterſtütze dieſelbe. Halte die Ar-
„beiter zur Erndte an und ſchärfe ihren Eyfer,
„damit ſie das Werk des Herrn mit Furcht
„treiben. Sey ein Schrecken aller derer, die
„ſich dem Gehorſam der Kirche entziehen, und
„die dieſes geiſtliche Gerichte nicht achten; auch
„derjenigen Verleumder, die mit dem geiſtli-
„chen Gerichte ſich unzufrieden bezeugen, ſo
„werden wir, durch Dich unterſtützt, Gott
„und Dir treulich dienen. Dieſes wollen wir
„mit Freuden und nicht mit Seufzen thun, und
„alsdenn wird unſere Arbeit durch Dein Wort
„würkſamer ſeyn. Denn Dein Wort iſt kräf-
„tig, und Dein Schwerdt iſt furchtbar. Gott

N 2

„hat

„hat Dir Weißheit in Kriegs = und Staatsge=
„schäfften verliehen; er kröne Dich auch mit
„Weißheit in geistlichen Sachen, so, wie jene
„gottselige Monarchen, Constantinus, Theodo=
„sius und Justinianus, wie auch Dein Groß=
„vater, Peter, gekrönt worden, welcher letzte=
„re sowohl dem Nahmen, als der That nach
„groß gewesen. Dieses sind die eyfrigen Wün=
„sche dieser Versammlung, mit denen sie ihren
„obersten Richter in diesem geheiligten Gerichte
„bewillkommet.„

Unter andere löbliche Verordnungen, die
er bey dem Antritt seiner Regierung gab, ge=
hört auch das unwiederrufliche Gesetze, durch
welches der Preiß des Salzes auf 25 Copeken
vor ein Pud gesetzt ward. Er declarirte auch
den 16 Febr. daß alle an seinem Hofe befindli=
che Gesandten und fremden Ministri nicht nur
inskünftige eine völlige Zollfreyheit genüßen,
sondern auch in Ansehung dessen, was sie be=
reits bisher an Zollgebühren entrichtet, eine
nach ihrem Character proportionirte Entschädi=
gung bekommen sollten, worgegen er sich zu den
auswärtigen Höfen versähe, daß sie den Rußi=
schen

ſchen Geſandten und Miniſtern eine gleichmäßi=
ge Exemtion wiederfahren laſſen würden.

Wie wohl er mit dem Ruſſiſchen Adel zufrie=
den geweſen, gab er durch eine ſo genannte
Ukaſe zu erkennen, darinnen er declarirte, daß
es nicht mehr nöthig ſey, denſelben, wie bisher
geſchehen, zu einigen Dienſten zu zwingen, weil
ſolcher nunmehro geſittet genung ſey. Es hieß
unter andern in dieſer Ukaſe alſo: „Es erfor=
„derte der ehemalige Zuſtand unumgänglich,
„daß da Kayſer Peter der Große dem Ruſſi=
„ſchen Adel ausnehmende Merkmahle ſeiner
„Gnade angedeyhen ließ, er zugleich demſelben
„anbefehlen mußte, Kriegs = und Civildienſte
„anzunehmen, und die adeliche Jugend zu Er=
„lernung nützlicher Wiſſenſchaften und Künſte
„in fremde Länder zu ſchicken. — — Dieſe,
„obgleich mit einigem Zwange verknüpfte, doch
„ſehr heilſame Verordnungen, haben ſeit Peter
„dem Großen alle Beherrſcher des Ruſſiſchen
„Throns ſich zur Richtſchnur dienen laſſen.
„— — Wir ſehen auch gegenwärtig mit Ver=
„gnügen die Früchte davon, und ein jeder wah=
„rer Sohn des Vaterlands muß bekennen, daß
„dadurch ein unſäglicher Nutzen geſtiftet, die

N 3 „Sitten

„Sitten verbessert, sorglose und um das gemei-
„ne Wohl unbekümmerte Gemüther aus der
„Unwissenheit gerissen, und zu einem vernünf-
„tigen Nachdenken gebracht, der Fleiß im
„Dienste durch nützliche Kenntnisse vergrößert,
„in dem Kriegswesen erfahrne und tapfere Ge-
„nerals erzogen, zu bürgerlichen und Staats-
„geschäfften aber tüchtige und erfahrne Män-
„ner hervor gebracht worden.„

Wir werden weiter unten ein mehres von
den Veränderungen vernehmen, die der neue
Kayser bey dem Antritt seiner Regierung an
seinem Hofe und in dem Reiche vorgenommen
hat. Jetzt wollen wir zuförderst hören, wie er
sich in Ansehung des damaligen Kriegs mit dem
Könige von Preußen verhalten.

So kriegerisch er an sich selbst gesinnet war,
so war ihm doch der damalige Krieg sehr verhaßt. Er suchte daher die noch überall stark
lodernde landesverderbliche Kriegsflamme durch
einen allgemeinen Friedensschluß auf solche Weise zu löschen, daß das Gleichgewichte der Europäischen Mächte nicht allzu sehr verrückt, viel-
weniger derjenige Potentate, der bisher an
Macht und Geist sich der Welt so groß gezeigt,

von

von seinen vielen Feinden etwan klein gemacht
werden möge. Dieses war der König in
Preußen, welchem die Rußischen Waffen bis=
her den größten Schaden und Abbruch gethan
hatten. Die verstorbene Kayserin war eine
von den eyfrigsten Widersachern dieses Monar=
chens, und stund mit Oesterreich, Frankreich
und Schweden wider ihn in einem genauen
Bündnisse. Ihr Vetter, der nunmehrige Kay=
ser, war mit ihrem Bezeugen gar nicht zufrie=
den. Er war während dem ganzen Kriege gut
Preußisch gesinnt, und konnte sein Mißfallen
darüber so wenig bergen, daß er bey aller Ge=
legenheit diesem Monarchen das Wort redete,
sich aber dadurch bey den Russen desto verhaß=
ter machte. Da er nun jetzt den Scepter des
Rußischen Reichs in die Hände bekommen, war
nichts gewisser zu vermuthen, als daß das bis=
herige Kriegstheatrum eine ganz andere Gestalt
bekommen würde.

Peter III. bot dem Könige selbst den Frie=
den an, da er gleich nach dem Hintritt der
Kayserin ihm die Besteigung des Throns in ei=
nem Handbriefgen mit diesen Worten bekannt
machte: „Ich bin versichert, daß Ew. Maj.

N 4 „nicht

„nicht nur vielen Antheil an meiner Gelangung
„zum Throne nehmen, sondern daß sie auch in
„Absicht auf alles, was zur Erneuerung, Ver-
„größerung, Bestätigung und Erhaltung der
„zum Vortheil beyder Höfe gereichenden Har-
„monie und Freundschaft etwas beytragen
„kann, einerley Denkungsart mit mir haben
„werden. Wie ich meiner Seits durch die vor-
„züglichen Gesinnungen, die ich gegen Ew.
„Maj. habe, darzu veranlaßt werde, so werde
„ich auch mit Vergnügen eine jede Gelegen-
„heit ergreifen, um Ew. Maj. immer mehr zu
„überzeugen, daß es mein wahres und unver-
„änderliches Verlangen sey, diesen Endzweck zu
„erreichen.„

Hierbey blieb es nicht, sondern der Kayser
schickte auch seinen Liebling, den Brigadier und
General - Adjutanten, Andreas Gudowitsch,
an den König nach Schlesien, um ihm seine
starke Neigung zu baldiger Herstellung des Friedens deutlich zu erkennen zu geben. Es mußte
derselbe seine Reise über Stetin nehmen, wo er
mit dem Preußischen Gouverneur, Herzoge von
Bevern, sich unterredete. Von Berlin, wo er
von dem dasigen Staatsministerio und der
hohen

hohen Generalität, besonders aber von dem
Feldmarschall Lehwald, sehr freundschaftlich em=
pfangen wurde, langte er den 27. Jan. zu Mag=
deburg an, wo ihn der Großbritannische Mi=
nister, Herr Mitchel, bey der Königin von
Preußen, die damals ihre Residenz allhier hat=
te, zur Audienz einführte, als er derselben den
Tod der Rußischen Kayserin und den Regie=
rungs = Antritt des jetzigen Kaysers bekannt
machte. Er erhub sich hierauf nach Zerbst,
und hinterbrachte dem dasigen Fürsten, als des
neuen Kaysers Schwager, ebenfalls diese große
Veränderung in der Regierung, worauf er sei=
ne Reise nach Schlesien fortsetzte, und den 20.
Febr. zu Breslau anlangte. Er erhielte den
folgenden Tag eine sehr gnädige Audienz bey
dem Könige, wurde von ihm verschiedenemal
zur Tafel gezogen, und bey seiner Abreise reich=
lich beschenkt. Immittelst langte auch der
Preußische Cammerherr und Flügel = Adjutant,
Baron von Goltze, zu Petersburg an, der so=
wohl die Condolenz wegen des Absterbens der
Kayserin, als auch den Glückwunsch wegen der
Thronsbesteigung des neuen Kaysers abstattete,
zugleich aber auch bevollmächtiget war, an dem

N 5   vorhaben=

vorhabenden Frieden zu arbeiten, nachdem man
bereits sowohl alle gefangene Russen zu Mag=
deburg, als auch alle gefangene Preußische Of=
ficiers und Soldaten, die zu Riga, Königs=
berg, Petersburg und anderwerts sich befanden,
in Freyheit gesetzt hatte.

Es wollte aber Peter III. nicht nur mit dem
Könige in Preußen Friede machen, sondern gab
sich auch Mühe, den allgemeinen Frieden in
Europa herzustellen. Als er die erste Nachricht
von der Ruptur zwischen Spanien und Engel=
land erhielte, sprach er: Es ist betrübt, daß
selbst in dem Augenblick, da man mit Nach=
druck an der Herstellung des Friedens arbei=
tet, sich ein zweyter Krieg in Europa ent=
zündet. Er machte seine friedfertige Gesin=
nung durch eine Declaration bekannt, die er
den 24. Febr. zu Petersburg den anwesenden
Römisch = Kayserlichen, Französischen, Schwe=
dischen und Chur = Sächsischen Gesandten zu=
stellte. Sie lautete also:

„Se. Kayserliche Majestät, welche bey der
„glücklichen Besteigung des Throns Ihrer Vor=
„fahren es als Ihre erste Schuldigkeit betrach=
„ten, das Wohl Ihrer Unterthanen zu erwei=
„tern

„tern und zu vermehren, sehen mit dem äußer=
„sten Leidwesen, daß das gegenwärtige, seit
„sechs Jahren dauernde Kriegsfeuer, welches
„allen darinnen begriffenen Mächten schon lan=
„ge beschwerlich fällt, statt seinem Ende sich
„zu nähern, zum großen Unglück aller Natio=
„nen je länger je weiter um sich greifet, und
„daß das menschliche Geschlechte durch diese
„Plage desto mehr leiden muß, da das Schick=
„saal der Waffen, welches bis diese Stunde so
„vieler Ungewißheit unterworfen gewesen, sol=
„ches nicht weniger für die Zukunft ist. Da
„Se. Kayserl. Maj. bey solchen Umständen aus
„Gefühl der Menschlichkeit mit der unnützen
„Vergießung unschuldigen Bluts Mitleiden tra=
„gen, und Dero Seits einem solchen Uebel Ein=
„halt thun wollen: so finden Sie nöthig, den
„Alliirten von Rußland zu declariren, daß, in=
„dem Sie das erste Gesetze, welches Gott den
„Souverainen vorschreibt, nemlich die Erhal=
„tung der ihnen anvertrauten Völker, allen an=
„dern Betrachtungen vorziehen. Sie wün=
„schen, Dero Reichen den Frieden zu verschaf=
„fen, der denselben so nöthig und so kostbar ist,
„und zu gleicher Zeit, so viel möglich, darzu
„beyzu=

„beyzutragen, daß solcher in dem ganzen Eu-
„ropa hergestellt werde. In dieser Absicht sind
„Se. Maj. bereit, die in diesem Kriege durch
„die Rußischen Waffen gemachten Eroberungen
„aufzuopfern, in der Hoffnung, daß sämmtli-
„che alliirte Höfe ihrer Seits die Rückkehr der
„Ruhe und des Friedens den Vortheilen vor-
„ziehen werden, die Sie von dem Kriege er-
„warten könnten, und die nicht anders, als
„durch noch mehrere Vergießung des Menschen-
„Bluts zu erhalten stehen. Um deßwillen ra-
„then Se. Kayserl. Maj. Ihnen in der besten
„Gesinnung an, Ihrer Seits zu Vollendung
„eines so großen und heilsamen Werks alle
„Ihre Kräfte anzuwenden. St. Petersburg
„den 23. Febr. 1762.„

. Auf diese Declaration gab der König in
Frankreich durch seinen Gesandten am Rußischen Hofe, Baron von Breteuil, folgende Antwort:

„Se. Allerchristlichste Maj. declariren, daß,
„nachdem Sie genungsame Proben von Dero
„Standhaftigkeit und Großmuth gegeben, Sie
„bereit sind, die Vorschläge zu einem festen
„und anständigen Frieden ganz willig anzu-

„hören,

„hören, jedoch so, daß Sie dem ohngeachtet
„in der allervollkommensten Eintracht und Ue=
„bereinstimmung mit Dero Bundsgenossen
„standhaft verharren, und sonst keinen Rath=
„schlägen Gehöre geben werden, als welche
„mit der Ehre und Redlichkeit übereinkommen.
„Sie würden sich eines Abfalls schuldig erken=
„nen, wenn Sie sich in geheime Unterhand=
„lungen einließen. Sie wollen Ihren und Ih=
„rer Königreiche Ruhm nicht durch Verlas=
„sung Ihrer Bundsgenossen beflecken, hoffen
„aber, daß Dieselben ihrer Seits gleichen
„Grundsätzen folgen werden.„

Der Wienerische Hof stellte folgende Ant=
wort von sich: „Ihre Kayserl. Königl. Maje=
„stät haben jederzeit eyfrigst gewünschet, den
„Kriegsdrangsalen ein Ende zu machen. Sie
„verharren auch beständig bey eben den Gesin=
„nungen, wenn nur die Bedingungen, vermit=
„telst welcher man diesen Endzweck erreichen
„könnte, sowohl mit Dero eigenen Ehre, als
„mit der Ehre Dero Alliirten übereinkommen.
„Um dieser Ursache willen verlangen Ihre
„Kayserl. Königl. Majestät, daß der Rußische
„Kayser sich deßwegen deutlicher erklären, und

„ju

„zu erkennen geben möchte, auf was für Art
„und Weise Se. Czaarische Maj. zu Wieder»
„herstellung des Friedens das Ihrige beyzutra»
„gen gedenken.„

Die Antwort des Pohlnischen und Chur-
Sächsischen Hofs war am weitläuftigsten. Es
hieß darinnen unter andern also: „ Der König
„setzet auf die Freundschaft einer Macht, mit
„welcher das Haus Sachsen seit so langer Zeit
„durch die heiligsten und festesten Bande ver»
„knüpft ist, ein völliges Vertrauen. Dem Kay-
„ser aller Reußen kann nicht unbekannt seyn,
„daß Sachsen aus einem Widerwillen gegen
„seine genauen Verbindungen mit Rußland an»
„gegriffen worden, indem der König von Preuß-
„sen eben von Denselben Gelegenheit genom-
„men, Se. Pohlnische Maj. zu beschuldigen,
„daß Sie sich wider ihn in Offensiv=Tractaten
„eingelassen habe, da selbige doch nicht von die:
„ser Beschaffenheit sind, und Se. Maj. daran
„keinen Theil genommen haben, wovon Se.
„Kayserl. Maj. sich aus Dero eigenen Archiven
„überzeugen könnten. Ein so großer und alter
„Bundsgenosse von Sachsen wird dieses Land
„nicht unter seinen Ruinen versinken lassen.
„Dieses

„Dieses Land hat alle Arten von Elende ausge=
„standen, und unerschwingliche Contributionen
„bezahlen müssen. Die Einkünfte des Königs und
„der öffentlichen Fonds zu Bezahlung der Zin=
„sen, sind in Beschlag genommen. Ihre Wie=
„dererstattung ist gerecht, und die Vergütung
„des Schadens, so ferne sie sich thun lässet, ist
„es nicht weniger. Alle Mächte werden hier=
„innen bey ihrem gemeinschaftlichen Verlan=
„gen zu Wiederherstellung der Ruhe mit einan=
„der übereinstimmen. Sie werden eingestehen,
„daß der Friede nicht zuverläßig sey, wenn er
„nicht Gerechtigkeit zum Grunde hat. Das
„große Werk eines allgemeinen Friedens erfor=
„dert Zeit. Da inzwischen die Bedrückungen
„von Sachsen täglich steigen, und es mit ei=
„nem unersetzlichen Ruin bedrohen, so wäre es
„der Leutseligkeit und Großmuth Sr. Maj. des
„Kaysers aller Reußen gemäß, von nun an
„und durch die Ihnen am bequemsten zu seyn
„scheinenden Mittel eine schleunige Räumung
„der Sächsischen Staaten zu veranstalten, um
„den Fortgang so vieles Schadens zu hem=
„men, dessen Ersetzung bey dem Frieden ge=
„recht ist.„

Allein

Allein so gut es Peter III. mit seiner Friedens = Declaration zu meinen schiene, so that sie
doch nicht die gehoffte Wirkung. Der Krieg
hatte seinen Fortgang; nur Schweden ließ sich
bewegen, mit dem Könige in Preußen nach dem
Exempel Rußlands Friede zu machen.

Der Pohlnische und Chur=Sächsische Hof
konnte am wenigsten mit Peter III. zufrieden
seyn, weil er den Herzog Biron nicht nur aus
seinem Exillo zurücke berief, sondern ihn auch
für den rechtmäßigen Herzog von Curland erkannte, auch die Abgeordneten der Curländi-
schen Stände versicherte, daß sie bey allen ihren Gerechtigkeiten, Prärogativen und Immu-
nitäten kräftigst geschützt werden sollten. Es
wurde hierdurch dem Königl. Pohlnischen Prinzen Carl, der bereits von seinem Vater, dem
Könige August III. und der Republik Pohlen mit
dem Herzogthum Curland belehnt worden, alle
Hoffnung genommen, den wirklichen Besitz von
diesem Herzogthum zu erlangen. Der junge
Kayser war überhaupt diesem Prinzen nicht gewogen, und schiene einen Personalhaß gegen
ihn zu tragen. Die eigentlichen Ursachen sind
nicht bekannt. Man spürte schon zu der Zeit
zwischen

zwischen beyden eine große Gleichgültigkeit, da
der Prinz Carl nach Petersburg kam, der Kayserin Elisabeth aufzuwarten. Insgemein wird
vorgegeben, daß ein Rangstreit daran Ursache
sey. So viel ist gewiß, daß sobald Peter III.
den Thron bestiegen, man auch den Pohlnischen
Prinzen Carl am Rußischen Hofe gänzlich aus
der Acht gelassen. Vermuthlich war es bey
dem neuen Kayser wegen Curland mehr auf den
Prinzen George von Holstein, als auf den Herzog Biron abgesehen. Man wollte diesen zwar
in alle seine Rechte einsetzen, er sollte aber hernach zum Besten des jetztgedachten Prinzens auf
Curland Verzicht thun, und sich durch ein Aequivalent entschädigen lassen. Jedoch die bald
darauf erfolgte Dethronisation des Kaysers zer-
nichtete alle dißfalls gefaßten Anschläge.

Es erwarb sich aber der Kayser durch die
Begnadigung der vielen verbannten Standspersonen einen großen Ruhm. Er that dieses nach
dem Verlangen seiner Tante, der letztverstorbe-
nen Kayserin, welcher er solches auf ihrem
Todbette hatte versprechen müssen. Es wurden
hierdurch etliche tausend betrübte Personen von
dem Elende ihrer Verbannung befreyet. Diese

O   Gnade

Gnade wiederfuhr nun sonderlich dem Herzo=
ze Biron von Curland nebst seinen beyden
Prinzen, dem alten Feldmarschall, Grafen
von Münnich und dessen Sohn, dem gewe=
senen Oberhofmeister der ehemaligen Groß=
fürstin Anna, dem gewesenen Cammer = Präsi=
denten, Baron von Mengden und dessen Fa=
milie, dem Baron von Stresnew, dem 70.
jährigen Grafen von Lestock nebst vielen an=
dern Standspersonen, die nach einem lang=
wierigen Exilio aus Siberien zurücke berufen,
und zum Theil wieder in ihre vorher beklei=
deten Würden, Ehren und Güter eingesetzt
wurden.

Die Regung der Freude und Zärtlichkeit,
welche die Ihrigen bey deren Zurückkunft spü=
ren ließen, war nicht zu beschreiben. Der
Prinz George von Holstein wurde bey Er=
blickung des alten Feldmarschalls, Grafens
von Münnich, dergestalt gerührt, daß er ihm
die erkaltene Stelle eines Generalissimi über
alle Rußische Trouppen, die der Feltmarschall
ehedessen bekleidet, freywillig wieder anbot, die
aber dieser nicht annehmen wollte. Hingegen
ertheilte ihm der Kayser die Würde eines wirk=
lichen

lichen Geheimen Raths und General-Feldmar-
schalls, ließ ihn auch seinen vormaligen Sitz in
dem Senate einnehmen, und die vormals gehabten Ritterorden wieder anlegen. Dem Herzog von Curland hienge er, als er ihm am
Palm-Sonntage bey Hofe vorgestellt wurde, in
eigener Person den St. Andreasorden wieder
um, und ließ ihm und seinen beyden Söhnen,
denen man den Titel Prinzen beylegte, die Degen wieder geben, wobey jeder mit Empfahung
eines Regiments zum Generalmajor, und zwar
der älteste von der Cavallerie, und der jüngste
von der Infanterie, ernennet wurde. Der jüngere Graf von Münnich erhielte den Rang
eines General-Lieutenants. Den alten Grafen von Lestock, der mit seiner Gemahlin, einer gebohrnen Baronesse von Mengden, in seinem Exilio die armseligste und niederträchtig-
ste Lebensart führen müssen, beschenkte der Kayser mit einem goldenen Degen, und gab ihm
seine confiscirten Güter wieder. Er begnadigte
auch den Grafen von Tottleben, der aus Rußland mit Schimpf verbannet worden, und setzte
den Preußischen Obristen, Grafen von Hordt,
den die Schweden als einen Staatsgefangenen

ausgelie-

ausgeliefert haben wollten, in völlige Freyheit. Nur der gewesene Großkanzler, Graf von Bestuchew, und der Herzog Anton Ulrich von Braunschweig blieben mit ihren Familien von aller Begnadigung ausgeschlossen.

Der letztere war des unglücklichen jungen Czaars Ivan III. leiblicher Vater. Dieser Prinz wurde mit seinen Aeltern in der Kindheit von Riga nach Orenburg in das Land der Baschkiren gebracht und allda ohne allem Unterricht erzogen. Als man nach einigen Jahren die Aeltern von dar nach Kolmogori führte, ließ man ihn zu Orenburg zurücke. Ein Mönch entführte ihn von dar nach Smolensko, wo er aber entdeckt und heimlich nach Schlüsselburg gebracht wurde, wo er bis an seinen Tod geblieben. Seine Wohnung war in den Casematten der Bestung. Die kleinen Fenster des Gewölbes, in welches man ihn eingesperrt, waren so verschlossen, daß kein Tagesglicht hinein scheinen konnte, daher der Prinz stets Licht brennen lassen mußte. Weil er weder eine Uhr hatte, noch einen Seiger schlagen hörte, wußte er zwischen Tag und Nacht keinen Unterschied zu machen. Ein Hauptmann und ein Lieutenant, die mit ihm eingeschlossen worden, waren

seine

seine Wächter, die den schriftlichen Befehl hatten, bey Entstehung einer Empörung, die zum
Besten des Prinzens geschähe, wenn solche anders nicht als durch den Tod desselben gestillt
werden könnte, ihn zu ermorden. Diese Officiers durften vielmals weder mit ihm sprechen,
noch ihm antworten. Da er nun sonst keinen
Menschen zu sehen, viel weniger zu sprechen
kriegte, er auch weder lesen noch schreiben gelernet, war er gewohnt, blos seinen eigenen Phan-
tasien tiefsinnig nachzuhängen. So lange die Kayserin Elisabeth gelebt, ist er nur ein einzig mal
aus dem Gefängnisse ans Tageslicht gekommen.
Man brachte ihn in einem verdeckten Wagen
nach Petersburg, wo ihn die Kayserin erstlich
in des Großkanzlers Woronzow und hernach in
des Grafens Peter Schuwalow Hause sahe,
auch einige Worte mit ihm sprach, ohne daß er
wußte, wer die Person sey, die mit ihm redete.
Er hatte eine weiße Haut, und ließ den Bart,
als er herfür kam, wachsen, aus welchem er
auch viel machte.

Nachdem Peter III. den Thron bestiegen, war
dieser ebenfalls begierig, diesen unglücklichen
Prinzen zu sehen. Er reisete um deßwillen eines

D 3   Tages

Tages im März frühe in Gesellschaft des Generals von Korf, des Etatsrath Wolkow und einiger andern Herren mit Fuhrmannspferden
nach Schlüsselburg, welches so geheim zugien-
ge, daß selbst des Kaysers Oncle, der Prinz
George von Holstein, es nicht eher als des Mittags erfuhr, daß der Kayser verreiset sey. Er
gab sich für einen Officier aus und wieß einen
Befehl von ihm selbst, als Kayser, an den Com-
menbanten auf, um ihm alles Merkwürdige in
der Vestung zu zeigen. Er gieng hierauf mit seinen Gefährten zu dem Prinzen Ivan in die Casematten, worinnen er sich aufhielte, und fand
die Wohnung erträglich und mit nothdürftigen,
obwohl schlechten, Hausrathe versehen. Die
Kleidung und Wäsche des Prinzen war zwar ge-
geringe, aber nicht zerrissen, auch ganz reinlich.
Man befand ihn äußerst unwissend und er redete
sehr verwirrt. Bald sagte er, er wäre der Kayser Ivan, bald aber versicherte er, es sey derselbe nicht mehr in der Welt, dessen Geist aber
sey in ihn gefahren. Als er zum erstenmale auf
Befragen: wer er sey? zur Antwort gab; er sey
der Kayser Ivan; fragte man ihn weiter: wie
er sich denn einbilden könnte, ein Prinz, ja der
Kayser

Kayſer zu ſeyn? woher er ſolches wiſſe? ant=
wortete er: das wiſſe er von ſeinen Aeltern
und den Soldaten. Man fuhr fort, ihn zu fra=
gen: Was er von ſeinen Aeltern wiſſe? worauf
er verſicherte, daß er ſich derſelben gar wohl
noch erinnere; er klagte aber ſehr, daß die
Kayſerin Eliſabeth ihn ſowohl als ſeine Aeltern
ſchlecht unterhalten ließ, wobey er erzählte, daß
als er noch bey ſeinen Aeltern geweſen, hätten
ſie einige Jahre unter der Aufſicht und Vorſorge
eines Officiers geſtanden, der der einzige gewe=
ſen, welcher Güte und Liebe an ihnen bewieſen.
Hier ſchlug dem General von Korff, welcher die=
ſer Officier geweſen, das Herz. Er fragte den
Prinzen: ob er dieſen Officier noch kenne? Nein,
antwortete er, ich kenne ihn nicht mehr, denn
es iſt ſchon lange, und ich war dazumal nur
noch ein Kind; allein ſeinen Namen habe
ich wohl behalten; er hieß Korff; wobey der
General weichmüthig wurde.

Der Prinz hatte auch von dem Großfürſten,
nunmehrigen Kayſer, und deſſen Gemahlin ge=
hört, und weil er verſicherte, daß er wieder auf
den Thron zu kommen hofte, wurde er gefragt:
was er alsdenn mit dem Großfürſten und der

Groß=

Großfürstin machen wollte? antwortete er, er
würde sie hinrichten lassen. Dieses verdroß zwar
den Kayser; er faßte aber den Entschluß, für
diesen unglücklichen Prinzen ein kleines Hauß in
der Vestung bauen zu lassen und ihn in demselben auf einen bessern Fuß zu unterhalten.

Sein Oncle, Herzog Friedrich August von
Holstein, rieth ihm, den Prinzen nebst seinem
Vater, Herzog Anton Ulrichen und dessen übrige Kinder in Freyheit zu setzen, sie nach Deutschland zu schicken und ihnen eine ansehnliche Pension zu geben. Allein der Kayser wollte diesem
Vorschlage kein Gehör geben. Nach seinem
Todte schlug der heil. Synodus diesen blödsinni-
gen Prinzen der jetztregierenden Kayserin zum
Gemahl vor. Sie ließ ihn hierauf nach Kex-
holm bringen, aber nach einigen Wochen schafte
sie ihn wieder nach Schlüsselburg, wo er den
5. Aug. 1764 in der Nacht von den wachtha-
benden Officiers, im Schlafe jämmerlich ersto-
chen wurde, da ein gewisser Lieutenant, Na-
mens Mirowitsch im Begriff war, den gefaßten
Anschlag, ihn mit gewaffneter Hand in Freyheit zu setzen, auszuführen.

Peter

Peter III. ließ im März an dem Frieden mit dem Könige in Preußen stark arbeiten. Den sechzehnten wurde zu Stargard in Pommern von dem General, Fürsten Wolkonskoi, als Rußisch-Gevollmächtigten, und dem Herzoge von Bevern, als Preußis. Gevollmächtigten eine Convention geschloßen, die aus neun Artikeln bestunde. Kraft derselben hörten alle Feindseligkeiten zwischen den Preußisch. und Rußisch. Trouppen gänzlich auf, doch blieben sie in den Gegenden, wo sie sich befanden, ruhig stehen, wobey ausgemacht wurde, daß wenn ein Theil die Kriegsoperationes wieder anfangen wollte, solcher es dem andern Theile vierzehn Tage vorher bekannt machen sollte.

Mit Großbrittannien wurde das gute Vernehmen gleich anfangs völlig hergestellt. Der Kayser begegnete dem Engelländischen Gesandten, Herrn Keith, mit besonderer Achtung an seinem Hofe. Er beehrte ihn den 27. Jan. in eigener Person mit einem halbstündigen Besuche, zog ihn den neun und zwanzigsten an seine Tafel und speisete hinwiederum den dreyßigsten Abends bey ihm in seinem Hotel. Es hieß, es würde zwischen beyden Höfen an einem Subsidientractate gearbeitet, der aber nicht zu Stande gekommen.

D 5   Der

Der Kayser suchte überhaupt mit allen Europäischen Mächten in gutem Vernehmen zu stehen, und da ihm sonderlich die Nachbarschaft der Ottomannischen Pforte Sorge machen konnte, wenn er nicht der Freundschaft derselben versichert wäre, so schickte er den Fürsten Daschkow als Gesandten nach Constantinopel, um dem Großsultan seine Besteigung des Rußischen Throns zu notificiren und ihn aller nachbarlichen Freundschaft zu versichern.

Er ließ auch ein lateinisches Notificationsschreiben an die zu Regenspurg versammleten Stände des heil. Röm. Reichs gleich nach dem Antritt seiner Regierung ergehen und es durch seinen Residenten, Paul Lewaschew, überreichen. Der Titel den er sich in demselben beylegte, lautete also: „Von Gottes Gnaden, Wir Peter III. Kayser „und Selbstherrscher aller Reußen, souverainer „Herr zu Moscau, Kiow, Wlodimer und No-„vogrod, Czaar in Casan, Astracan und Sibe-„rien, Herr zu Pleskow, Großfürst zu Smo-„lensko, Herzog von Esthland, Liefland und Ca-„relen, von Tweer, Jngermannland, Permien, „Wiatka und Bulgarien, Großfürst zu Nie-„der-Novogrod, Czernikow, Resan, Rostow, „Jaros-

„Jaroslau, Bielofero, Udarien, Obdorien,
„Condinien, Herr und Beherrscher der ganzen
„mitternächtigen Gegend, Herr der Landschaft
„Jwerien, der Carthalinischen und Grußini-
„schen Czaaren und der Cabardinischen, Czir-
„kaßischen und Mantanischen, auch anderer
„Fürsten, Erbe zu Norwegen, Herzog von
„Schleßwig Holstein, der Stormarn und Dit-
„marschen, Graf von Oldenburg und Del-
„menhorst."

Diesen weitläuftigen Titel hatte noch kein
Rußischer Monarche in den neuern Zeiten geführt; gleichwohl machte sich Peter III. in den
Augen seiner Vasallen und Unterthanen kleiner
als alle seine Vorfahren. Und dieses geschahe
durch seine unanständige Aufführung. Er hielte
Abends Gesellschaft mit vielen schlechten Leuten,
spielte in solcher auf der Violine und rauchte
stark Tobak. Er gieng des Nachts bisweilen
mit seiner Gesellschaft, wenn die Witterung angenehm war, mit Musik und brennender To-
bakspfeife durch die Gassen der Stadt und sahe
nach dem Frauenzimmer, das sich an den Fen-
stern blicken ließ. Er exercirte seine Soldaten
selbst, nicht anders als ein Corporal und vergaß

gaß dabey seinen Rang, als die höchste Person
im Volke. Die Preobrazinßkische Garde führte
er öfters in eigener Person auf und ab, und
achtete es nicht, wenn es gleich stark regnete.
Mit den Soldaten machte er sich so gemein, daß
er auch einsmals einem Musquetier mit eigener
Hand, zum größten Aergerniß aller, die es gesehen, die Rockklappe, die ihm aufgegangen
war, wieder zuknöpfte. Wenn der Hoffourier
des Abends die Nummern zur Tafel ausrief,
sprach er ihm öfters in deutscher Sprache nach
und fluchte bisweilen dazu, wenn es nicht hur-
tig genung geschahe.

Seiner Gemahlin, der Kayserin, begegnete er sehr schnöde und verächtlich, seinen Sohn,
den jungen Großfürsten, aber konnte er gar
nicht leiden. Die Russen waren ihm äußerst verhaßt. Er liebte nur die Deutschen und besonders die Holsteiner, und schätzte sein Holsteini-
sches Leibregiment höher, als alle seine Russen.
Er führte die ungeräumte Subordination ein,
daß der Prinz George von Holstein der Chef von
allen Trouppen und er nur desselben Generallieutenant seyn sollte. Er wollte hierinnen dem
Exempel des großen Peters, seines Großvaters,

nach-

nachahmen, aber er hatte darzu weder deſſen
Kopf, noch ſolche Umſtände, die es erforderten.
Er ſprach bisweilen: Mein Großvater ſoll
mich regieren und Carl der Zwölfte ſiegen ler⸗
nen. Aber er hat beyden großen Meiſtern nichts
abgelernet.

Es wurde ihm von den Rußiſchen Magnaten
übel gedeutet, daß er den Preußiſchen Monar⸗
chen allzuſehr erhub und eine übertriebene Zu⸗
neigung gegen ihn hegte. Als er den Ritteror⸗
den des ſchwarzen Adlers, welchen die verſtor⸗
bene Kayſerin getragen hatte, zurücke ſchickte,
gab er zu erkennen, daß er dieſes Band der
Freundſchaft ebenfalls zu tragen wünſchte. Als
ihm nun der König darauf dieſen Orden mit den
verpflichteſten Worten überſendete, nahm er
ihn aus den Händen des Prinzens George von
Holſtein und ſteckte ihn mit vieler Ehrerbietung
in die Taſche, wobey er ſprach: Ich will mich
dieſes großen Ordens erſt recht würdig ma⸗
chen. Als er ſolchen nach einiger Zeit zum er⸗
ſtenmale anlegte, ließ er alle in Petersburg be⸗
findliche Preußiſche Cavaliers zu einem großen
Feſte nach Hofe einladen. Bey der Tafel wur⸗
de zuerſt die Geſundheit des Königs in Preußen,

als

als Großmeisters des Ordens, getrunken, worauf die Gesundheit des Kaysers und sodenn aller Ritter dieses Ordens folgte. Bey jeder Gesundheit wurden hundert und dreyßig schwere Kanonen abgefeuert. Der Kayser pflegte auch einen Ring am Finger zu tragen, auf welchem des Königs Bildniß mit kleinen Diamanten eingefaßt, zu sehen war, mit den Worten: *C'est l'amitié, qui en fait le prix;* d. i. die Freundschaft macht ihn schätzbar.

Man konnte mit Recht von Peter III. sagen, er sey nicht nur ein großer Freund des Königs in Preußen gewesen, sondern habe sich aus Liebe zu ihm ganz und gar in einen Preußen verwandelt. Er nahm nicht nur alle Gesinnungen und Eigenschaften dieses Monarchen an, sondern suchte auch viele von dessen Einrichtungen in dem Civil- und Kriegswesen in seinem Reiche einzuführen, wobey er aber nicht zulängliche Klugheit und Vorsichtigkeit bewieß. Es war diese große Zuneigung zu dem Preußischen Monarchen bey dem Rußischen Kayser um so vielmehr zu verwundern, da er ihn in seinem Leben niemals gesehen hatte. Es wurden auch alle Preußische Officiers und Generals einer vorzüg-

lichen

lichen Achtung von ihm gewürdiget. Dieses
wiederfuhr sonderlich dem Preußischen Generallieutenant Werner, welcher in Pommern zum
Kriegsgefangenen gemacht worden und bisher
sich zu Königsberg aufgehalten hatte. Der Kayser trug ein besonderes Verlangen, ihn von Person kennen zu lernen. Er wurde daher befehli-
get, nach Petersburg zu kommen. Der Monarch empfieng ihn mit besonderer Achtung,
fuhr mit ihm öffentlich in einem Wagen und
beschenkte ihn bey seiner Abreise mit tausend Ducaten. Er erwieß auch an allen andern Preuß-
sischen Kriegsgefangenen viele Großmuth und
Gnade.

Die Feindseligkeiten zwischen den Preußischen und Rußischen Trouppen hatten zwar
durch den geschlossenen Waffenstillstand ein
Ende genommen. Allein da die Fourage-
und Proviantlieferungen nicht aufhörten, die
Rußischen Trouppen aber keine Ordre zum Ab-
marsch erhielten, auch die Preußischen Stände
dem neuen Kayser huldigen mußten, Colberg von
den Russen besetzt bliebe und die Rußische Cavallerie remontirt wurde, so hatte es eine Zeitlang
noch ein gar schlechtes Ansehen zu einem Parti-
culars

cularfrieden zwischen Rußland und Preußen,
bis sich endlich alles völlig entwickelte. Den
24. März verließ der General, Graf Czernichew, mit seinem Corpo die bisherigen Quartiere in der Grafschaft Glatz, nachdem ihm zu
Breslau und Berlin 200000 Thaler angewiesen
worden. Es kam bey dem Aufbruch zwischen
den Oesterreichischen und Rußischen leichten
Trouppen von den Worten zum Handgemenge,
welches aber noch zu rechter Zeit durch die Officiers gestillt wurde. Der Marsch gieng durch
Schlesien mitten durch die Preußische Armee
nach der Warta zu. Die Trouppen wurden bis
nach Striegau aus den Oesterreichischen und
von dar bis an die Pohlnische Grenze aus
den Preußischen Magazinen verpfleget. Der
Graf Czernichew machte nebst verschiedenen andern Generals und Staabsofficiers zu Breslau
bey dem Könige seine Aufwartung, der ihn sehr
gnädig empfieng, zur Tafel zog und den schwarzen Adlerorden ertheilte. Den 30. März gieng
dieses Corps bey Leubus über die Oder und
langte den 4. April auf der Pohlnischen Grenze
an. Der Marsch wurde durch Pohlen und
Pohlnisch-Preußen fortgesetzt und nachdem es
bey

bey Thorn die Weichsel paßirt, in dieser Gegend einquartirt.

Immittelst wurde zu Petersburg stark fortgefahren, an dem Frieden zu arbeiten. Der Preußische Obristlieutenant bey der Königl. Garde, Baron von der Goltze, hatte die Ehre, dieses wichtige Werk zu Stande zu bringen. Er hatte den Legationsrath von Distel, der im April von Magdeburg zu Petersburg anlangte, zum Beystande. Ihm wurde der Königl. Flügeladjutante, Graf von Schwerin, der sich ehedessen als Kriegsgefangener in Rußland befunden und des damaligen Großfürstens persönliche Huld genossen, nachgeschickt. Es fiel diesen Bevollmächtigten die Friedensstiftung nicht schwer, weil der Kayser selbst daran arbeitete. Es gieng aber damit sehr geheim zu. Niemand hat den eigentlichen Inhalt der Friedenspunkte erfahren. Es wurden zwar zu Anfang des Märzes in einigen Zeitungen einige Friedenspräliminarien bekannt gemacht, die aber nicht für zuverläßig gehalten werden. Ehe aber der Friede noch würklich geschlossen wurde, mußte der Rußische Gesandte zu Wien, Fürst Galliczin, den 9. April dem Kayserl. Königl. Hofe eine Schrift überreichen,

P   darin-

darinnen ihm der bevorstehende Friede mit Preuſ-
ſen notificiret wurde.   Sie war alſo abgefaßt:

„Die ſchon von Kayſer Peters des Erſten
„Zeiten her zwiſchen den Kayſerlich-Ruſſiſchen
„und Königlich-Preußiſchen Höfen geflogene
„Freundſchaft habe in den letztern Jahren bloß
„durch zufällige Vorfallenheiten und einige Ver-
„änderungen in dem Syſtem von Europa eine
„Erſchütterung erlitten.   Da nun aber der da-
„durch ausgebrochene Krieg weder ewig dauern
„kann, noch die durch ſolchen erlangten Vor-
„theile die Freundſchaft einer Macht hindan zu
„ſetzen vermöchten, welche ſo viele Jahre hin-
„durch ein nützlicher Bundesgenoſſe geweſen
„und noch künftig ſeyn könne, ſo hätten Se.
„Ruſſiſch Kayſerl. Maj. ſich vorgeſetzt, mit dem
„Könige von Preußen nicht alleine einen dauer-
„haften Frieden, ſondern auch nach Erforde-
„rung ihres Intereſſe annoch einen weitern Al-
„lianz-Tractat zu ſchließen.   Die Urſachen,
„welche Se. Ruſſiſch-Kayſerl. Maj. haben, um
„ſolches zu beſchleunigen, bedürfen keiner weit-
„läuftigen Erklärung, indem leichte zu erwei-
„ſen iſt, daß man einen ſo allgemeinen Frieden,
„wie der Weſtphäliſche geweſen, von den un-
„end-

„endlichen Veränderungen der Waffen und den
„so unterschiedenen Absichten nicht zu erwarten
„habe und derselbe nicht dauerhaft seyn könne.
„Bey dem Westphälischen Frieden hätten einem
„jeden die schon erworbenen Besitzungen ver-
„sichert werden müssen; jetzt aber komme es auf
„Prätensiones an, welche erst aus dem Kriege
„entstanden und nicht wohl zu vereinbaren wä-
„ren, da man, zumal zu Anfang dieses Kriegs,
„mehr darauf bedacht gewesen, mehrere Mäch-
„te in selbigen hinein zu ziehen, als daß man
„überleget, wo die vielen, so eilfertig errichte-
„ten, Tractaten und Verbindungen hinausge-
„hen würden. Der Rußisch-Kayserl. Hof sey
„alleine jederzeit auf der Nothwendigkeit bestan-
„den, die von einander so unterschiedenen In-
„teressen und Forderungen erst zu vereinbaren,
„ehe ein General-Congreß angestellt würde.
„Der Wienerische Hof habe solches zu begreifen
„geschienen, daher er, aber ohne jemals directe
„auf die Rußisch-Kayserl. Gesinnungen zu ant-
„worten, sich nur kurz auf die, zu seinem Vor-
„theil genommene, Abrede berufen, und indem
„er die andern Forderungen mit Stillschweigen
„übergangen, alles von dem möglichen Glücke

P 2   „der

„der Waffen erwartet. Frankreich habe in de-
„nen, durch Rußisch-Kayserl. Vorschub enta-
„mirten Negotiationen einen bloß eigennützigen
„Frieden so sehr versucht, daß, wie aus des
„Kayserl. Königl. Bothschafters, Grafens von
„Mercy, Mittheilung zu Petersburg erweißlich,
„der Wienerische Hof nur darauf bedacht gewe-
„sen, zu verhindern, daß nicht directe etwas
„wider ihn geschlossen werden möchte, welcher
„Hof es daher auch den großen Forderungen
„Engellands zu verdanken habe, daß er von
„diesem Besorgnisse befreyet worden. Der
„zeither zwischen Engelland und Spanien hin-
„zugekommene Krieg vermehre das allgemeine
„Elend und biete kein Mittel dar, den Krieg in
„Deutschland zu hemmen, wenn auch Engel-
„land zur See alles anwende. Schweden, wel-
„ches ohne Nutzen und Hoffnung, ja mit Ver-
„lust seines eigenen Ruhms erschöpfet, scheine
„weder den Krieg fortsetzen, noch endigen zu
„dürfen. Da nun alle, an dem gegenwärtigen
„Kriege Theilhabende, Höfe nur abzuwarten schie-
„nen, wer den ersten und größten Schritt zu
„Herstellung des Friedens nehmen würde und Se.
„Rußisch-Kayserl. Maj. jetzo darzu aus wahrem
„Erbar-

„Erbarmen und in Erwegung der Gefälligkei-
„ten, die Ihnen von des Königs in Preußen
„Maj. bezeigt würden, alleine im Stande wäre,
„so komme Ihnen auch zu, erst gedachten Schritt
„um so mehr zu thun, da Sie solche Gesinnungen
„gleich bey dem Antritt Ihrer Regierung unterm
„23sten Febr. allen Höfen eröffnet hätten. Die-
„ses habe also der Fürst Gallizin dem Wieneri-
„schen Hofe wiederholt vorzustellen und den
„Rath hinzuzufügen, daß dieser solchem Bey-
„spiele folgen und denen, aus weiterer Fort-
„setzung des Kriegs entstehen könnenden üblen
„Spiten vorkommen möchte." ꝛc.

Den 5ten May wurde der Friede zu Petersburg geschlossen und solcher von dem Kayser ei-
genhändig unterzeichnet. Den 10ten ward derselbe der, bey Hofe sich versammleten, Generalität und andern Standspersonen von dem
Großkanzler, Grafen Woronzow, welcher eben
zu der Zeit aus den innern Apartements des
Kaysers heraus trat, als ein ewiger Friede bekannt gemacht; worauf der Kayser, der kurz
hernach ebenfalls erschien und die Glückwünsche annahm, große Tafel hielte, wobey er die
Gesundheit des Königs in Preußen unter Lösung

P 3   der

der Kanonen trunk. Der Friede wurde darauf
in der ganzen Stadt proclamirt.

Den 22ſten langte auch ein Courier unter
Vorreutung dreyßig blaſender Poſtillons zu Berlin an, der die Nachricht von dem geſchloſſenen
Frieden überbrachte. Es wurde darauf zu Berlin mit großem Frolocken folgende Friedenspro-
clamation öffentlich abgeleſen:

„Nachdem es dem grundgütigen Gott, der
„die Herzen derer Großen nach ſeinen weiſen
„Rathſchlüſſen lenket und führet, in Gnaden
„gefallen, die zwiſchen Sr. Königl. Maj. un-
„ſerm allergnädigſten Herrn, und des Kayſers
„von allen Reußen Maj. bisher gepflogene Frie-
„denshandlung mit einem ſo glücklichen Erfolg
„zu ſegnen, daß der Friede zwiſchen beyderſeits
„Majeſtäten geſchloſſen, und der deßhalben er-
„richtete Tractat den 24. April alten und 5ten
„May neuen Styls zu St. Petersburg gezeich-
„net worden, wodurch nicht alleine alle Irrun-
„gen und Feindſeligkeiten zwiſchen beyden ho-
„hen Theilen und Ihren Landen und Untertha-
„nen gehoben worden, und gänzlich aufhören,
„ſondern Se. Königl. Maj. Unſer allergnädig-
„ſter Herr, auch zu dem geruhigen Beſitz Dero
„Preußiſchen und Pommeriſchen Lande wieder
„gelangen; als wird ſolches zu jedermanns
„Wiſſenſchaft und Achtung, nicht weniger zur
„Freude

„Freude und Beruhigung Dero sämmtlichen
„Königl. Unterthanen hiermit öffentlich bekannt
„gemacht. Der Allerhöchste wolle die Herzen
„aller übrigen Kriegführenden Mächte derge=
„stalt regieren, daß sie diesem großmüthigen
„und rühmlichen Beyspiele folgen mögen, und
„dadurch ein allgemeiner redlicher Friede bal=
„digst erhalten werde. Er wolle Sr. Königl.
„Maj. dahin abzielende heilsame Absichten und
„Bemühungen fernerhin segnen, und Hochdie=
„selbe als Unsern allertheuersten und vor Unser
„Wohl unablässig wachenden Landesvater nebst
„dem gesammten Königl. Hause bey beharrli=
„chem hohen Wohlergehen bis in die spätesten
„Zeiten erhalten, den Königl. Thron je länger
„je mehr befestigen und verherrlichen, und un=
„ter Dero weisen und beglückten Regierung
„uns fernerhin einer unverrückten Ruhe und
„Wohlstandes genießen lassen. Es lebe der Kö=
„nig, Unser allergnädigster Herr! Es lebe Se.
„Rußisch=Kayserl. Majestät!„

Der Friedenstractat selbst ist der Welt nie=
mals bekannt gemacht worden. So viel wird
versichert, daß beyde Monarchen einander in
solchem den Besitz aller ihrer Staaten, wie sie
ihn vor dem Ausbruche des gegenwärtigen
Kriegs gehabt, garantirt, und dabey wegen
Herstellung des Friedens im deutschen Reiche

P 4   alle

alle möglichen Mittel verabredet hätten, die
allenfalls in 20000 Mann Hülfstrouppen für
Se. Preußische Maj. und in einem eben so star=
ken Corps für die alliirte Armee bestehen sollten,
im Fall die gütliche Vermittelung nicht hinrei=
chend befunden werden möchte. Se. Rußische
Maj. wollten hiernechst Preußen und Pommern
zwey Monate nach Zeichnung des Tractats, und
also den 5. Jul. von dero Völkern räumen
lassen, und diese Provinzen in dem Zustande,
worinnen sie sich jetzo befänden, an Se. Preußi=
sche Maj. zurücke geben, bis dahin die Ruß=
schen Trouppen Colberg und Königsberg zu ih=
ren Waffenplätzen behalten, und indessen für
ihr Geld zehren sollten. Ueberdiß wollten Se.
Rußische Maj. alle mögliche Mühe anwenden,
den Frieden zwischen Er. Preußischen Maj. und
der Kayserin Königin zu befördern.

Die Hochachtung des Kaysers gegen den
König in Preußen stieg indessen aufs höchste.
Er überschickte ihm zwey kostbare Zobelpelze
zum Geschenke, und bat ihn dabey, ihm eines
von seinen Infanterieregimentern zu ertheilen.
Der König gab ihm hierauf das Regiment von
Syburg, das vorher der General Itzenplitz
gehabt;

gehabt; es blieb aber unter dem Nahmen Kayser
Peter noch ferner in Preußischen Diensten. Es
hatte bisher blau und blaßgelbe Uniform gehabt,
bekam aber nunmehro goldene Schleifen auf
der Montur, und goldene Borten auf den Hü-
ten. Da die Uniform fertig war, gieng den
24. May ein Courier von Breslau nach Petersburg, der dem Kayser ein Kleid von dieser Uniform mit einem prächtig gestickten Stern auf
der Brust nebst einem Hute mit einer goldenen
Borte überbrachte, welche Uniform hernach derselbe die meiste Zeit zu tragen pflegte. Er wollte selbst der Chef von diesem Regimente heißen,
und der commandirende General desselben, Herr
von Syburg, hatte Ordre, von allem, was bey
dem Regimente vorfiele, monatlich an den Kayser Bericht zu erstatten. Dieser ertheilte hierauf dem Könige von Preußen wiederum das
Schuwalowische Dragonerregiment, dessen Tapferkeit derselbe in der Schlacht bey Zorndorf
bewundert hatte. Es kriegte bey der Rußischen
Armee den Nahmen König Friedrich. Es ist
merkwürdig, daß eben dieses Regiment mit dem
General Tottleben zu Berlin gewesen, und das
Königl. Schloß besetzt gehabt, das Syburgi-

sche

sche Regiment aber dasjenige gewesen, welches
sich in der Schlacht bey Kunnersdorf gegen die
Russen durch seine Tapferkeit am meisten herfür
gethan hatte.

Den 1. Jul. (st. n.) ward zu Petersburg ein
großes Friedensfest mit vielen Solennitäten gefeyert, wobey der Kayser sowohl vor, als nach
dem Gottesdienste die paradirenden Regimenter in eigener Person anführte, und hernach
große Tafel hielte. Es wurden zugleich alle
Stabs- und Oberofficiers von der Garde, nebst
den Stabsofficiers von den Feldregimentern in
Gesellschaft vieler Dames und Cavaliers in den
nechsten Paradezimmern an verschiedenen Tafeln, zusammen 440 Personen, gespeiset, wobey
die hohen Gesundheiten unter Abfeuerung der
Kanonen und unter Trompeten- und Pauken-
Schall getrunken wurden. Der Kayser trank
des Königs von Preußen Gesundheit unter Lösung der stärksten Carthaunen stehend, und erwog hierbey nicht die Würde seiner hohen Person. Der Pocal wurde auch der Kayserin zu-
gebracht, die diese Gesundheit auch trank, aber
nicht stehend, sondern dabey sitzen bliebe. Als
dieses der Kayser gewahr wurde, rief er dem
Briga-

Brigadier Gudowitsch, und befahl ihm, der
Kayserin deßhalben seinen Unwillen zu bezeugen.

Den zweyten wurde dieses Fest fortgesetzt,
und sonderlich ein sehr schönes Feuerwerk vor
dem Kayserlichen Schlosse auf dem Newa-
Strom abgebrannt, davon man folgende Be-
schreibung zu sehen bekommen:

Nach dem gewöhnlichen Artillerie-Signal
und darzwischen spielenden starken Chören von
Trompeten, Pauken und übrigen Feldmusic erschien durch den plötzlichen Aufflug einer Giran-
dole von tausend Raqueten auf einmal das
himmlische Zeichen des Bundes und der Ver-
söhnung, der Freundschaft und des Friedens,
nämlich ein Regenbogen, den eine Menge Luft-
kugeln mit spielenden Glücksssternen in der hohen Luft begleiteten. Durch diese Erleuchtung
entdeckte sich mitten auf dem Newastrom vor
dem Kayserl. Palais eine mit Palmbäumen be-
wachsene Insel, die mit zwölf perspectivischen
Durchschnitten von hinten, und mit einem
prächtigen Geländer von vorne eingefaßt, in
der Mitten aber ringsum mit marmornen Pfei-
lern besetzt war, auf welchen so, wie auf den

Piedesta-

Piedeſtalen des Geländers, lauter Trophäen
oder Waffengeſtelle und Siegszeichen aufge-
richtet ſtunden. Im Vorgrunde auf dieſer
Inſel zeigte ſich der Urſprung der erneuerten
Freundſchaft und Vereinigung und des daraus
entſproſſenen Friedens; nämlich im lichten
Glanzfeuer ſtellte ſich auf einem prächtigen
Schilde, mit Wehr und Waffen umgeben, der
mit der Kayſerl. Krone geſchmückte Nahme Sr.
Majeſtät, des Kayſers, am Stamme eines
Palmbaums dar, deſſen weit ausgebreiteten
Zweige ſich über die zu beyden Seiten mit
Siegszeichen umſteckten Wappenſchilder des
Rußiſchen Reichs und des Königreichs Preußen
erſtreckten und gleichſam beyde gemeinſchaftlich
überſchatteten. Nachdem dieſe drey verſchiedenen Prachtſchilder ſich im vollen Glanze gezeigt
hatten, verwandelten ſie ſich auf derſelben
Stelle in Luntenfeuer auf folgende Weiſe:
nämlich aus dem mitlern entſtund eine verzier-
te Vaſe mit einer jungen Oelbaumspflanze;
aus dem zur Rechten erſchien *Ruthenia*
in ihrem gewöhnlichen Schmucke, und
aus dem zur linken *Boruſſia* im Königl. Mantel. Beyde Perſonen erhuben ſich
von

von ihren Stellen nach der Vase, und indem
sie sich die rechte Hand gaben, und zugleich aus
einer Schaale mit der linken Hand die junge
Pflanze begossen, schoß dieselbe im schönsten
grünen Feuer allmählig dermaßen auf, daß sie
augenscheinlich zum erwachsenen Oelbaum vol=
ler Zweige, Blätter und Früchte wurde. Zu=
gleich war an der Vase eine Inschrift in fol=
genden Worten des Virgilii zu lesen: *Prisca
fides invictaque bello.* Hierauf erschien mitten
auf dem grünen Platze der Insel ein, mit Säu=
len und Bildern verziertes, Gebäude, so den of=
fenen Friedenstempel vorstellte, und in demsel=
ben Irene oder die Göttin des Friedens, die mit
einem Kranze von Blumen und Kornähren ge=
schmückt einen Oelzweig in der einen Hand, und
das Horn des Ueberflusses unter dem Arme
führte, mit der andern Hand aber die auf ei=
nem alten Römischen Bündnißaltar aufgestell=
te Nahmens = Schilder Ihro Majestäten, des
Kaysers und des Königs, mit einem blauen und
einem orangengelben Bande wechselsweise ver=
band und vereinigte. Ueber dem Eingange des
Tempels in einem mit Lorbeer = und Oelzwei=
gen umflochtenen Schilde stund geschrieben:

Nestun.

Nectuntur foedere amico. Die zweyte Handlung beſtunde in verſchiedenen künſtlichen Ma-
ſchinenfeuern. Die dritte aber war alſo be-
ſchaffen: Im Hintergrunde des Gartens ſtund
als ein prächtiges Garten- und Luſthaus, das
Schloß der ſtolzen Ruhe, auf deſſen Gipfel Mi-
nerva ſtunde, neben dem Frontón aber über
dem Eingange die Zufriedenheit und die Glück-
ſeligkeit ſaßen. Tauſenderley hüpfende, auf-
fliegende, ſpringende und flatternde Schwärmer
und Tobefeuer ſchwärmten um daſſelbe herum,
um, wo es möglich wäre, daſſelbe und ſeinen
Luſtgarten in Schrecken, Unordnung und Unruhe zu bringen. Selbſt über demſelben ſtürz-
ten ein ganzes Heer donnernder und krachen-
der Luſtgranaten, und ganze Feuerregen herab.
Das Schloß der Ruhe aber blieb unbewegt in
ſeinem Glanze, und ſein Luſtgarten bey allem
dieſen unter- und oberirdiſchen Getümmel in ſeinem Flor. Zur Abſchreckung und Tilgung aller
dieſer vergeblichen Verſuche einiger Beunruhi-
gung erhub ſich hinter dem Sitze der Ruhe ein
plötzlich aufſteigender Strahl von mehr als tau-
ſend Raqueten, der den ganzen Horizont bedeckte, und die vorigen Feuerſchwärmereyen
mit

mit Donnern und Prasseln vertrieb; worauf eine Generalsalve der Artillerie den Beschluß des gesammten Feuerwerks machte.

Peter III. ließ an diesem Tage alle seine Kayserliche Pracht sehen, und sonderlich den Donner seines groben Geschützes stark hören. Er bezeugte sich ungemein lustig, und vergaß dabey seine Kayserl. Würde fast gänzlich. Er spielte unter andern mit der Prinzeßin Charlotte von Holstein=Beck und der Gräfin von Woronzow in der Karte. Mitten im Spiele erblickte er den Schwedischen Gesandten, Grafen Poße, dem er sofort mit diesen Worten zurief: Herr Gevatter, will er nicht mitspielen? Diese Herablassung machte bey allen anwesenden Standspersonen einen widrigen und ganz unerwartenden Eindruck. Er machte sich auch lächerlich, da er an eben diesem Feste diese Gesundheit ausbrachte: Es lebe dreymal drey! Seine Hofleute mußten rathen, was diese witzige Formel anzeige. Endlich kam die Auflösung an den Tag. Dreymal dreye sollten die drey Potentaten seyn: Peter der Dritte, George der Dritte, und Friedrich der Dritte. Ob nun wohl darwider eingewendet wurde, daß der

König

König in Preußen Friedrich der Zweyte wäre,
ließ er doch diese Einwendung nicht gelten, son=
dern es mußten die geschlungenen Nahmen Pe=
ter III. George III. und Friedrich III. bey dem
Feuerwerke brennen.

Es gründete sich aber sein Friede, den er
mit dem Könige in Preußen geschlossen hatte,
gar nicht auf eine ächte Menschenliebe, vielwe=
niger auf eine zärtliche Begierde, dem Jammer
und Elende der Bedrängten ein Ziel zu setzen.
Die vielfältige Vergießung des unschuldigen
Bluts machte ihm keinen großen Kummer.
Nichts als eine übertriebene Achtung und Liebe
gegen den König in Preußen und die kochende
Rache wider Dännemark hießen ihn einen
Schritt thun, der ihm das Ansehen eines Frie=
bensstifters gab. Allein er machte auf eine un=
besonnene Weise Friede, weil er alle Vorthei=
le der Rußischen Waffen gleichsam aus den
Händen warf, und dabey nicht das Ansehen ei=
nes Siegers, sondern eines Ueberwundenen
hatte. Es hatte der bisherige Krieg dem Ruß=
schen Reiche über 36 Millionen Rubeln und ei=
ne sehr große Menge Menschen gekostet. Die
Russen hatten stets sehr tapfer gefochten, und
sich

sich in den Besitz verschiedener schönen Land-
schaften gesetzet. Sie konnten daher bey einem
Frieden Gesetze vorschreiben. Allein plötzlich
war der Friede geschlossen, und Rußland gieng
dabey leer aus. Es war zwar ein Glücke für
die übrigen Europäischen Kronen, daß die
Macht des Rußischen Reichs nicht vergrößert
wurde. Allein die Großen in Rußland dachten
hierbey ganz anders. Peter hatte die Vergrößerung seiner deutschen Lande vor Augen; aber
die Russen waren dieser auswärtigen Vergrößerung desto abgeneigter, jemehr sie den Ruhm
ihres Reichs in Erwegung zogen.

Es war überhaupt der Klugheit nicht gemäß, daß Peter III. sich einen kleinen Theil von
Holstein mehr zu Herzen nahm, als daß er sich
auf dem Throne von Rußland feste zu setzen
suchte. Ein Unglück war es, daß dieser Fürst
den weisen Rathschlägen seiner getreuesten und
verständigsten Minister kein Gehör gab, und
sich nicht überreden wollte, daß es Menschen
gebe, die edelmüthiger als er dächten. Er glaubte, er habe die Herzen aller derjenigen auf seine Seite gebracht, denen er ihre vorigen Be-
leidigungen vergeben gehabt. Er hatte noch

Ω nicht

nicht von allen seinen Unterthanen den Huldigungseyd eingenommen, auch sich noch nicht
krönen lassen, welche Solennität allererst im
künftigen Jahre zu Moscau mit der ersinnlich-
sten Pracht geschehen sollte. Die Nation hatte
kaum angefangen, die Süßigkeiten des Friedens zu schmecken, seine Staaten selbst aber
hatte er noch nicht gesehen, und er eilte schon,
sich davon zu entfernen, und von neuem Blut zu
vergießen. Er wollte dem Exempel des Königs von Preußen nachfolgen, der seine Regierung mit einem ähnlichen Kriege anfienge. Allein dieser große Fürst war mitten unter seinen
Unterthanen, wenn sie auch treulos seyn wollten, weit sicherer, als ein Kayser in Rußland
mitten unter seinen besten Lieblingen zu seyn
pfleget.

Der König in Dännemark hatte schon lange sich zu Peter dem Dritten nichts gutes versehen. Er that noch kurz vor dem Hintritt der
Kayserin den Vorschlag, demselben, da er noch
Großfürst war, gegen die völlige Abtretung seines prätendirten Antheils an Schleßwig, und
die Entsagung der Ansprüche auf das übrige
dieses Landes die Grafschaften Oldenburg und

Delmen-

Delmenhorſt zu überlaſſen, um hierdurch dieſe
Irrungen zu Ende zu bringen, ehe der Großfürſt den Rußiſchen Thron beſtiege. Allein da
dieſer die Saiten zu hoch ſpannte, der Dähniſche Hof aber deſſen Vorſchläge nicht vor genehm hielte, beſonders da man die Erſetzung aller bisher gehobenen Einkünfte von den ſtreiti-
gen Domainen forderte, blieb die Sache bis an
den Tod der Kayſerin unausgemacht.

Allein der Dähniſche Hof hielte ſich ſtets
auf einem ſtark gerüſteten Fuße, und ſuchte
durch dieſe Vorſichtigkeit zu verhindern, daß er
nicht überrumpelt würde. Er ließ eine Obſer-
vations-Armee im Jun. 1758 in dem Herzogthum Holſtein verſammlen, die zu Bedeckung
der Schleßwig-Holſteiniſchen Lande bis an den
Tod der Kayſerin ſtehen bliebe. Als nun Peter
III. den Rußiſchen Thron beſtieg, durfte der König in Dännemark nicht zweifeln, daß nicht der
neue Kayſer ſeine Anſprüche auf Schleßwig mit
gewaffneter Hand ausführen würde, zumal da
er ſich aus dem Preußiſchen Kriege heraus wi-
ckelte, und durch einen Particulierfrieden ſich
auf dieſer Seite in Sicherheit ſetzte. Er machte auch ſolche Bewegungen, daß die Dähniſchen

Q 2 Troup-

Trouppen zu Anfang des Märzes in Holstein
näher zusammen rückten, und in der Gegend
von Segeberg und Oldesloh einen Cordon zo=
gen, hierdurch aber die benachbarte Stadt Lü=
beck nicht wenig beunruhigten. Sie rückten
auch den 17. Jun. mit einem starken Corps in
das Gebiete der Stadt Hamburg ein, und ver=
langten ein so genanntes Darlehn von einer
Million Bancothaler, so ihnen auch gegeben
werden mußte, wollte die Stadt anders diese
fremden Gäste loß seyn. Ein gleiches betraf
auch die Stadt Lübeck, die zugleich Travemün=
de den Dähnen einräumen mußte.

Die Russen, die in Pommern stunden, und
aus Pohlnisch = Preußen Verstärkung erhalten,
sollten den Dähnen die Spitze bieten. Der Ge=
neral Romanzow hatte die Ehre, diese Armee
zu commandiren. Er ließ bey Waren im Her=
zogthum Mecklenburg ein Lager vor 40000
Mann abstecken, in welches aber nur die Vor=
trouppen unter dem Generalmajor Czetnew
einrückten. Die übrigen Trouppen blieben in
der Gegend von Stetin stehen, wo sich auch
der General Romanzow selbst befand, und den
Ausgang des zu Berlin angestellten Congresses
abwar=

abwartete. Die Dähnische Armee hatte ihr Hauptquartier zu Mecklenburg, eine Stunde von Wismar, wo der Graf von St. Germain das Commando führte. Auf der Rhede von Colberg erschien eine Rußische Flotte, die eine Menge von Proviant, Munition und Artillerie auf vielen Transportschiffen bey sich hatte. Die Dähnische Escadre unter dem Admiral Fonte-nay kreuzte auf der Höhe von Rostock, Kiel und Neustadt, um der Rußischen Armee die Zu-fuhre zu Wasser abzuschneiden; doch kam es nicht so weit, daß die beyderseitigen Schiffe wirklich gegen einander einige Feindseligkeiten ausübten.

Im Herzogthum Holstein war man indes-sen voller Furcht, weil man sich in kurzen lau-ter blutige Auftritte besorgte. Man nahm deß-halben überall solche Maaßregeln, wie es die damaligen Umstände erforderten. Man schaffte Rußischer Seits das Archiv und die besten Sa-chen von Kiel nach Hamburg, und wer nicht nöthig hatte, im Lande zu bleiben, der flüch-tete aus demselben hinweg. Der Kayser ließ seine Trouppen in diesem Lande auf sechs Regi-menter zu Pferde, und sieben Regimenter zu Fuß

Q 3 verstär-

verstärken, keine Lebensmittel aus dem Lande
führen, und in möglichster Geschwindigkeit star=
ke Korn= und Mehl = Magazine errichten, auch
das zu Ende gehende Cartel mit Dännemark
aufheben. Er selbst wollte die Armee an der
Seite des Prinzens George von Holstein com=
mandiren, und deßhalben den 20. Jul. zu Stet=
tin anlangen.

Mitlerweile wurde zu Berlin unter Königl.
Preußischer Vermittelung zwischen Rußland
und Dännemark an einem Vergleiche gearbei=
tet. Es geschahe in dem Hause des Preußischen
Staatsministers, Grafens von Finckenstein,
der im Nahmen seines Königs die Stelle eines
Mediateurs vertrat. Die Gevollmächtigten
bey diesem Congresse waren Rußischer Seits der
Baron von Korff, Gesandter am Dähnischen
Hofe, und der Conferenzrath von Saldern,
Dähnischer Seits aber der Gesandte am Preuß=
sischen Hofe, Graf von Ahlefeld, und der Herr
von Asseburg. Der Congreß wurde den 19.
Jul. eröffnet, man hatte aber kaum einige Con=
ferenzen gehalten, als die erstaunenswürdige
Zeitung von der Dethronisation des Kaysers
aus

auß Petersburg einlief, wodurch der ganze
Congreß auf einmal ein Ende hatte.

Ehe wir diese außerordentliche Begebenheit
erzehlen, wollen wir Petern III. noch auf seiner guten Seite betrachten und anführen, wie
er sich während seiner kurzen Regierung in Ansehung des innerlichen Zustandes seines Reichs
verhalten habe.

Er hatte kaum den Thron bestiegen, so war
er unaufhörlich beschäfftiget, große Veränderungen in allen Theilen seiner Regierung vor-
zunehmen. Sein meistes Augenmerk hatte er
auf die Armee und den Kriegsstaat gerichtet,
den er auf den allerbesten Fuß zu setzen besorgt
war. Er erwehlte die Preußische Kriegsver-
fassung für allen andern zum Muster, und trug
deßhalben dem Prinzen George von Holstein
auf, bey allen Regimentern die Preußischen
Exercitia und Manoeuvres einzuführen, und
überhaupt alles bey der sämmtlichen Rußischen
Armee auf den Preußischen Fuß zu setzen. Die
Cosacken sollten ihre Bärte ablegen, und sich
einer uniformen Kleidung bedienen. Die Regimenter sollten nach Preußischer Art gekleidet,
und ihre Benennungen nach den Provinzen, auf-

Q 4

gehoben,

gehoben, dargegen nach dem Nahmen ihrer
Chefs benennet werden. Ein jedes Regiment
sollte sich auch künftig durch seine Uniform un=
terscheiden, da bisher alle Regimenter einan=
der gleich gesehen; doch sollte die grüne Farbe
bey der Infanterie und die blaue bey der Ca=
vallerie durchgängig zu den Oberröcken behal=
ten werden. Die erste neue Uniform eines je=
den Regiments wurde dem Geschmack seines
neuen Chefs überlassen, nachher aber sollte sie
auf immerdar bey dem Regimente beybehalten
bleiben. Also erwehlte z. E. der General Ro=
manzow für das, ihm zu Theil gewordere, Re=
giment einen grünen Oberrock mit rothen Auf=
schlägen und Klappen sammt einer weißen We=
ste, beydes mit silbernen oder weißen Balletten
ausgemacht.

Es wurde auch die Benennung eines Gene=
rals en Chef und eines Brigadiers aufgehoben,
und sollte die erste Stelle schlechtweg mit dem
Nahmen eines Generals, wie bey den Preußi=
schen und andern Trouppen gewöhnlich; belegt
werden, die Erhöhung vom Obersten aber
gleich zum Generalmajor geschehen. Damit
auch alle sklavische und niederträchtige Gesin=
nung

nung aus den Gemüthern der Soldaten ver=
bannet würde, wurden die bisher in Rußland
gewöhnlich gewesenen Strafen der Podoggen,
der Katz und der Knute unter den Soldaten
gänzlich aufgehoben, und statt derselben der
Stock und die Fuchtel zu gebrauchen anbefoh=
len. Der Kayser ließ ein Corps von 15000
Mann bey Petersburg lagern, um, wie es hieß,
auf Preußische Art exercirt zu werden. Er er=
richtete auch den 23. Jan. zu besserer Aufnah=
me des Kriegswesens eine besondere Kriegscom=
mißion, bey welcher unter des Kaysers Vorsitz
folgende zu Mitgliedern ernennet wurden: 1)
der Prinz George von Holstein, 2) der Feld=
marschall, Fürst Trubezkoi, 3) der Prinz Pe=
ter von Holstein=Beck, 4) der General=Feld=
Zeugmeister Vilbois, 5) der General=Procura=
tor und General=Kriegs=Commissarius Glebow,
6) der General=Lieutenant Melgunow, und
7) der General=Adjutant, Baron von
Ungern.

Er dankte die ansehnliche Leibcompagnie
der verstorbenen Kayserin ab, weil er dafür
hielte, daß sie sowohl den Einwohnern zu Pe=
tersburg, welche derselben frey Quartier geben

Q 5   mußten,

mußten, als auch dem Reiche selbst beschwer=
lich sey, indem sie demselben jährlich auf zwey
Millionen Rubel gekostet, ohne einige Dienste
geleistet zu haben. Dargegen kriegte das Hol=
steinische Leibregiment des Kaysers zu Pferde,
das er schon als Großfürst gehabt, die Vorzü=
ge eines Kayserl. Leib=Garderegiments. Den
20. März kriegte der Prinz George das Com=
mando als Obrister darüber. Der Kayser ließ
auch in dem Herzogthum Holstein den Kriegs=
Etat auf sieben Regimenter zu Fuß, und sechs
Regimenter zu Pferde setzen, auch darinnen ein
besonderes Artillerie=Bataillon errichten.

An dem adelichen Cadetencorps zu Peters=
burg hatte er ein besonderes Vergnügen. Er
war bisher als Großfürst Chef und Directeur
davon gewesen, übergab aber solches den 25.
März dem General=Lieutenant, Ivan Schu=
walow. Vorher wohnte er dem, auf seinen
Befehl angestellten, öffentlichen Examen der Un=
terofficiers und Cadets in den Sprachen und
andern Wissenschaften, in Gesellschaft der Gene=
ralität und einer großen Menge anderer vor=
nehmen Personen, von neun Uhr Morgens bis
zu Mittage bey. Er sahe sie darauf speisen,
und

und nahm selbst an einer Tafel von 105 Couverts in dem dasigen Saale das Mittagsmahl
ein. Nach der Tafel erhub er sich zu dem auf
dem Paradeplatze versammleten Cadetencorps,
commandirte daffelbe in eigener Person, und
übergab sodenn das Commando darüber dem
obgedachten General. Er ließ hierbey eine
Schrift ablesen, darinnen er seine Zufriedenheit
bezeugte, daß seine bisher angewendete Sorgfalt bey diesem Corps nicht vergebens gewesen,
indem es sich zum Dienste des Vaterlandes und
zu Bekleidung wichtiger Aemter und Bedienungen geschickt gemacht. Er begab sich hierauf
wieder in den Saal, wo die Cadets ihre Ge-
schicklichkeit in Tanzen, Fechten, Voltagiren
und Exerciren zeigten. Zuletzt ließ er 125 Cadets vortreten, die er ihrer besondern Geschick-
lichkeit wegen zu Oberofficiers erklärte.

Er richtete auch seine Sorgfalt auf die Verbesserung des Rußischen Seewesens, und wollte
zu dem Ende verschiedene Engelländische Seeofficiers bey der Marine in Dienste nehmen, auch
die Schiffsbauwerfte von Petersburg nach Cronstadt verlegen. Den 16. May hatte er das
Vergnügen, in Gesellschaft der Kayserin und
des

des ganzen Hofs zwey große neugebaute Kriegs-
schiffe von 70 Kanonen zu Petersburg auf einer,
in der Admiralität besonders hierzu erbaueten,
und mit rothen Tuch belegten Gallerie vom Sta-
pel laufen zu sehen. Das erste Schiff empfieng
den Nahmen König Friedrich, und das andere
Prinz George. Sobald jedes unter einem dreymaligen Vivatrufen der Schiffleute ins Wasser
kam, wurden die Kanonen von der Admiralität
und den Kayserl. Jagden abgefeuert. Der Kayser setzte sich alsdenn auf eine prächtige Scha-
luppe, und fuhr in Begleitung vieler andern Scha-
luppen die Newa hinauf bis nach der Vestung,
von da er zurück kehrte und sich unter Abfeuerung der Kanonen und einem dreymaligen Vivatrufen an Bord des ersten Schiffs erhub, da
indessen die Kayserin mit den Prinzeßinnen von
Holstein und andern Damen, nachdem sie sich
noch einige Zeit auf der Gallerie aufgehalten,
nach dem Kayserl. Palais zurücke kehrten. Der
Kayser speisete zu Mittage in der Admirals-
Cajüte, die andern Standspersonen aber in den
andern Cajüten an verschiedenen Tafeln zusammen von 110 Converts, wobey die Gesundheiten unter Abfeuerung der Kanonen getrunken
wurden.

wurden. Nach der Tafel kam die Prinzeßin von
Holstein-Gottorp, des Prinzens George Gemahlsin und die Gemahlin des Prinzens von Holstein-Beck an Bord, die unter Lösung der Kanonen und mit der Seemusik bewillkommt wurden. Der Kayser nahm darauf eine große Veränderung unter den Admirals und Seeofficiers vor.

In den Regierungssachen wurde dem Senat bloß das Departement von Civilsachen überlassen, mit Staatssachen aber sollte derselbe ferner nichts zu thun haben, welches dem bisherigen Ansehen desselben einen großen Abbruch that. An dessen statt wurde ein sogenanntes Conferenzministerium angeordnet, das unter des Kaysers Aufsicht die, zum Nutzen und Ruhme des Reichs und zur Wohlfarth der getreuen Unterthanen abzielenden Entschlüßungen, wie es in der Ukase hieß, zur Erfüllung bringen sollte. Zu Mitgliedern dieses Conferenzministerii wurden ernennet: 1) Der Prinz George von Holstein-Gottorp, 2) der Prinz Peter von Holstein-Beck, 3) der Feldmarschall, Graf von Münnich, 4) der Feldmarschall, Fürst Trubezkoi, 5) Der Großkanzler, Graf von Woronzow,

ronzow, 6) der Feldzeugmeister von Vilbois,
7) der Generallieutenant Fürst Wolkonskoi,
8) der Generallieutenant von Melgunow und
9) der würkliche Staatsrath und geheime Sekretair, Demetrius Wolkow.

Damit aber die Person des Kaysers bey der
Wichtigkeit und Menge seiner Geschäfte nicht
durch unzählige Sollicitationes möchte ermüdet
und hintergangen werden, befahl er, vermittelst
einer dem Senat unterm 28. Febr. ertheilten
Ukase, daß zufolge derer unter den vorigen Regierungen deßhalben ergangenen Verordnungen,
niemand, er sey wer er wolle, sich von nun an
unterfangen sollte, wegen seiner Beschwerden
und Forderungen Ihro Kayserl. Maj. Bittschriften zu überreichen, sondern wenn er ein rechtmäßiges Ansuchen habe, solches bey den verordneten Unter- und Obergerichten vorzubringen;
würde alsdenn jemand durch das Urtheil der
Oberinstanzen sich gravirt befinden, so sollte ihm
erlaubt seyn, sich supplicando an Se. Maj. zu
wenden und die wahre Beschaffenheit der Sache
vorzustellen; wogegen aber diejenigen, die sich
erkühnen würden, Sr. Kayserl. Maj. unrecht-
mäßige Dinge vorzubringen, nach Dero Gutbe-
finden

finden auf das schärfste bestraft werden sollten, wobey zugleich ernstlich befohlen wurde, keine Bittschriften um Begnadigungen mit Lehngütern, Gelde und Charakters Sr. Maj. zu überreichen, sondern allenfalls sich dieserwegen bey den Vorgesetzten zu melden.

Er richtete auch seine Aufmerksamkeit auf die Verbesserung des Policeywesens und verbot deßhalben vermittelst einer Ukase das Gold= und Silbertragen, wie auch die feinen Spitzen, um den ausschweifenden Ausgaben in diesen Dingen, dadurch viele Familien ihr Vermögen erschöpfen, auf einmal zu steuern. Von diesem allgemeinen Verbote sollte nur die Zeit der bevorstehenden Krönung ausgenommen seyn. Er ernennte den Generallieutenant von Korff, der ihn ehedessen aus Holstein nach Rußland begleitet hatte, zum Generalpoliceymeister von Petersburg, den Generalrequetenmeister aber, Ritter Diwow, zum General= policeymeister von Moscau, wobey er verordnete, daß dieser unter dem Generalpoliceymeister von Petersburg stehen, in den übrigen Landstädten aber gar kein Policeymeister mehr seyn, sondern die Besorgung des Policeywesens in diesen

sen Städten den Gouvernementsprovincial - und
Weywodscanzeleyen aufgetragen werden, die
Oberpoliceymeistercanzeley aber eben so, wie die
übrigen Collegia und Canzeleyen unter der Ge=
richtsbarkeit des dirigirenden Senats stehen
sollte; doch sollte der Generalpoliceymeister von
Korff für seine Person und wegen des Petersbur=
ger Generalpoliceyamts lediglich von Sr. Maj.
abhangen.

Eine von seinen Hauptsorgen schien auf das
Commercienwesen gerichtet zu seyn. Er suchte
die Handlung in dem ganzen Reiche durch Frey=
heiten, Sicherheit, Privilegien, Verbesserung
des Ackerbaues und der Schiffarth, und durch
Abschaffung der Monopolien und alles Zwangs
aufs neue zu beleben, die Einwohner zum Fleiß
und zur Arbeit aufzumuntern, und, so viel als
möglich, das Reich blühend und gesegnet zu ma=
chen, zu welchem Ende er ein eigenes Commer=
ciencollegium anlegen und dabey Ausländer von
gründlicher Einsicht in diesen Dingen gebrau=
chen wollte. Er gab unter dem 27. März eine
weitläuftige Ukase ans Licht, darinnen viele
Punkte zu Verbesserung des Handels und derer
Commercien anbefohlen wurden. Es sollte
                                          nämlich

nämlich 1) der Kornhandel von nun an aus allen Seehäfen frey gehen und nur halb so viel
Zoll, als in Riga, Reval, Pernau und Oesel
genommen werden; 2) sollte aus allen Seehäfen
nicht nur allerhand gesalzenes Fleisch, sondern
auch lebendiges Vieh ausgeschifft werden und
nur halb so viel Zoll als an den Ukrainischen
Grenzorten davon genommen werden; 3) weil
dem Ukrainischen Viehhandel nicht wenig dadurch Abbruch geschehe, daß aus Neuservien
Vieh und andere Waaren ganz zollfrey ausgeführt würden, so sollte zwar allen Fremden,
welche sich in Neuservien niederlassen wollten,
erlaubt seyn, in ihren Wohnsitzen zollfrey zu
handeln, aber doch von allen ein- und ausgehen-
den Waaren ohne Ausnahme daselbst eben der
Zoll, wie an andern Orten, erlegt werden;
4) sollte der Thranhandel in dem Gouvernement
von Archangel auf demjenigen Fuße bleiben,
wie er vorher gewesen und dem Generalfeldmarschall, Grafen Schuwalow von der verstorbenen Kayserin 1748 verliehen worden; 5) sollte
der Hafen zu Archangel eben die Vorrechte, wie
der zu Petersburg haben, und daher die Ein-
und Ausfuhre aller Waaren ungehindert, je-

R   doch

doch mit gleichem Zoll, erlaubt seyn, obwohl kein besonder Commerciencomtoir daselbst gehalten werden sollte; 6) zu Erhaltung der Wälder sollte nichts von Bauholze, als was zum Schiffbau gehöret, ausgeführt werden; 7) das Verbot der Handlung von der Rhebarber und andern Waaren sollte aufgehoben, doch die Zollgaben von selbigen merklich vermindert werden; 8) alle Zollfreyheiten, besonders die in Ansehung der Zucker= und Zitzfabriken ertheilt worden, sollten aufgehoben und niemanden ferner zugestanden werden; es sollten auch 9) die Handlungscompagnien, besonders die Persische, aufgehoben und dagegen den Fremden, die sich zu Astracan und in der Gegend niederlassen würden, auf zehn Jahr Freyheit von allen Abgaben zugestanden und zugleich Erlaubniß gegeben werden, allerley Fabriken und Manufacturen anzulegen, ohne in seinem Gewerbe von jemand abzuhangen; und endlich sollten 10) den Herrn Nikita, Schemäkin und Sawa Jakowlew auf ihr Ansuchen die sämmtlichen Reichszölle wieder auf zehn Jahre verpachtet werden, jedoch unter gewissen Einschränkungen und Bedingungen.

Er

Er errichtete auch, um dem Ackerbau und
der Handelschaft bestomehr aufzuhelfen, eine
Leihbank, von welcher jeder Edelmann oder
Handelsmann, der zu Verbesserung seiner Ländereyen und seines Gewerbes eines Capitals be-
nöthiget wäre, die erforderliche Summa, erste-
rer ohne allen Zinsen, der andere aber zu vier
pro Cent in Kupfermünze und mit dem Beding
geliehen kriegen sollte, daß er sie nach zehn bis
sechzehn Jahren, da die Leihbank wieder aufgehoben werden sollte, in Silbergelde wieder zurücke zahlen möge. Denen, durch den am
10. Jul. 1761 entstandenen großen Brand ver-
unglückten, Rußischen Kaufleuten zu Petersburg
sollte die Hälfte ihres Verlusts von diesem Gelde
auf zehn Jahr ohne alle Zinse, jedoch unter der
Bedingung, ihre Handlung wieder anzufangen,
vorgestreckt werden.

Seine neuen Einrichtungen erstreckten sich
auch auf den geistlichen Stand, welche ihm
aber am meisten fatal gewesen. Er ließ eine
Verordnung ergehen, nach welcher die gesammte
Rußische Geistlichkeit hinführo keine liegenden
Güter mehr besitzen, sondern lauter baare Be-
soldung empfangen sollte. Der Kayser hielte es

dem

dem Staate für zuträglicher, daß eine so große
Menge von Ländereyen, welche bisher ein Eigenthum des geistlichen Standes gewesen und wovon manches Kloster bis auf zehn tausend
Bauern besessen, von der Regierung selbst übernommen und dargegen den Geistlichen ein jähr-
licher Gehalt an Gelde aus den Kayserl. Caßen
gereichet würde. Er befahl demnach, daß ein
jeder der vornehmsten Bischöfe jährlich fünf
tausend, jeder der übrigen drey tausend, ein
Abt von der ersten Claße fünf hundert, von der
zweyten drey hundert und von der dritten hundert und funfzig Rubel erhalten sollte. Anbey
wurde allen und jeden Klöstern untersagt, jemanden vor seinem dreyßigsten Jahre in einen
geistlichen Orden aufzunehmen. Peter I. hatte
schon im Jahr 1704 alle geistlichen Güter eingezogen, er fand aber für gut, der Clerisey den
größten Theil derselben 1711 wieder zu geben.
Endlich gab die Kayserin Elisabeth 1744 auch
alles übrige derselben wieder zurück.

Peter III. ließ es hieran nicht genung seyn,
sondern die Reforme bey der Geistlichkeit sollte
sich auch auf ihre Sitten und Kirchengebräuche
erstrecken. Im Junio zeigte der Kayser dem

Erz-

Erzbischofe von Novogrod, welcher den höchsten Rang unter der Rußischen Geistlichkeit hat,
an, wie sein Wille sey, daß man 1) die erschreck-
liche Menge Bilder in den Rußischen Kirchen
bis auf das Bild vom Kreuze Christi und der
Jungfrau Maria abschaffte; und 2) daß die
Priester sowohl ihre langen Bärte als langen
Oberröcke ablegten, und sich wie die Prediger der
reformirten Kirche trügen. Es ist aber beydes
nicht erfolget, weil der Erzbischof von Novogrod die nachdrücklichsten Vorstellungen darwider gethan, wodurch die Sache Aufschub bekommen. Er widersetzte sich auch dem Bau einer
Lutherischen Kirche, die der Kayser für seine
Holsteinischen Bedienten in seinem Palaste zu
Oranienbaum aufführen lassen wollte, weßhalben er aber auf acht Tage aus Petersburg verwiesen wurde. Der Kayser beförderte auch die
neuen Schulanstalten bey der evangelischen Pe-
terskirche zu Petersburg, die den 1. Oct. eröf-
net werden sollten. Es war diese Schule als ein
Collegium Academicum anzusehen und folglich
in den Augen der Rußischen Geistlichkeit etwas
sehr verhaßtes.

R 3 Der

Der Rußische Adel kriegte durch eine Ukase
vom 18 Febr. die Freyheit und Erlaubniß auch
bey andern Europäischen Mächten, die mit Rußland in Freundschaft lebten, Dienste zu nehmen;
auch sollte künftig niemand vom Rußischen Adel
wider seinen Willen zu dienen gezwungen werden. Damit es aber niemals an guten Edelleuten fehlen möchte, sollten die adelichen Aeltern ihre Kinder, wenn sie zwölf Jahre erreicht,
in dem Heroldscomtoir oder in den Gouverne-
ments, Provinzen und Städten angeben und dabey anzeigen, was sie bisher gelernet und wie
sie ihre Studia weiter fortzusetzen gedächten;
dargegen sollte sich niemand bey schwerer Ungnade unterstehen, seine Kinder ohne einigem Unterricht in den Wissenschaften, die dem Adel an-
ständig sind, aufwachsen zu lassen. Diesem zufolge wurde allen Edelleuten befohlen, die nicht
über tausend Bauern besäßen, ihre Kinder in
das adeliche Cadetencorps einschreiben zu lassen,
allwo sie in allem demjenigen, was einem Edel-
man zu wissen nöthig ist, mit allem Fleiß unterrichtet und nach vollbrachten Studien jeder
nach Verdienst mit einem anständigen Charakter dimittiret werden sollte.

In

In Justizsachen war dieses das Merkwür-
digste, daß der Kayser den 18. Febr. in dem
Senat declarirte, das von nun an keine geheime Canzeley in Criminalsachen mehr statt finden, sondern dieselbe völlig aufgehoben werden
sollte. Damit aber diese Gnade ihre völlige
Wirkung habe und nicht gemißbraucht werde,
gab der Kayser seinen Willen dißfalls in einer
Ukase vom 21. Febr. umständlicher zu erkennen.
Unter andern wurde jedermann der gehäßige
Ausdruck, das Wort und die Sache wissen
(welches diejenigen, so eine Person zur Inquisition führen, zu sagen pflegen) zu gebrauchen
verboten; wüßte aber jemand würklich etwas
wider des Kaysers Leben und Person, oder von
einer Verschwörung und Aufruhr, sollte er solches in dem nächsten Gerichte oder bey dem nächsten Militairchef schriftlich oder mündlich anzeigen; doch sollte kein wegen Diebstahl, Mord und
anderer Uebelthat verurtheilter, ins Exilium
verwiesener oder in Ketten geschlossener ein Ankläger seyn können, auch deßhalben von solchen
Leuten keine Anklage angenommen werden; Lüg-
ner und falsche Ankläger sollten mit aller Strenge bestraft, eine wahre Anklage aber belohnt

werden.

werden. Ueberhaupt sollte der Senat alle Gerichte und besonders die entlegenen Oerter mit
gemessenen Instructionen versehen, wie es am
besten und füglichsten die Ankläger darzu zu
bringen, daß sie ohne Tortur die würkliche
Warheit und selbst freywillig gestünden, daß
ihre Anklage falsch und erdacht sey.

In dem Hofceremonial gieng auch eine Veränderung vor, indem der neue Kayser von allen auswärtigen Gesandten verlangte, daß sie
dem Prinzen George von Holstein die erste
Visite geben sollten, weil er ihn als den ersten
Prinzen von Geblüte in seinem Hause betrachte-
te. Es wurde ihnen so lange die Audienz verweigert, biß sie sich darzu entschlossen. Es gab
dieses mit den Höfen von Wien, Versailles und
Madrit zu einigen Mißhelligkeiten Anlaß, weil
sich die Gesandten derselben zu dieser ersten Visite nicht verstehen wollten. Der Kayserliche
Gesandte, Graf von Mercy, war der erste, der
sich darzu bequemte. Er erhielte von seinem
Hofe den Befehl, diese Visite gegen hinlängli-
che Reversalien, daß die Rußischen Gesandten
zu Wien künftig eben dieses Ceremoniel in Ansehung

ſehung der Prinzen vom Oeſterreichiſchen und
Lothringiſchen Hauſe beobachten ſollten, ab=
zulegen.

Von dem franzöſiſchen Geſandten, Baron
von Breteuil, erhielte der Kayſer dieſe Gefälligkeit nicht. Sein König billigte ſein Verfah-
ren in Anſehung dieſes Punkts und drohete, ihn
eher zurücke zu berufen, als ihm die gedachte
erſte Viſite zu geſtatten. Als auch die frem=
den Geſandten vom Rußiſchen Hofe eingela=
den wurden, bey Jhro Kayſerlichen Majeſtäten
die Glückwünſche wegen ihrer Thronsbeſteigung
abzulegen, bezeugte der Franzöſiſche Geſandte,
daß zwar ſeine Gemahlin vor Regulirung des,
in dergleichen Fällen zu beobachtenden und noch
zur Zeit unbeſtimmten, Ceremoniels der Kayſe=
rin hierbey nicht aufwarten könnte; da aber ſeit
dem Todte der Kayſerin Eliſabeth ſein Charakter
bis zu Anlangung der neuen Crebentialien gleich=
ſam aufhöre, folglich er als eine Particulairper=
ſon anzuſehen ſey, ſo wäre es ihm ein reizender
Vorzug, Jhro Majeſtäten ſeine Ehrfurcht zu be=
zeugen, und ſeine Gemahlin wünſchte nichts
mehr, als der Kayſerin die Hand zu küſſen.

R 5　　　Dieſes

Dieſes kluge Bezeugen fand an dem ganzen Hofe einen vollkommenen Beyfall.

An dem Franzöſiſchen Hofe ereignete ſich auch wegen des Kayſerlichen Titels eine Irrung, die die Kaltſinnigkeit zwiſchen beyden Höfen vermehrte. Der Rußiſche Geſandte zu Paris, Graf von Czernichew, hatte bemerkt, daß ſo ofte in der Franzöſiſchen Hofzeitung des Rußiſchen Kayſers gedacht wurde, derſelbe niemals anders als Se. Czaariſche Maj. genennet würde. Dieſerwegen fragte er bey dem damaligen Staatsminiſter, Grafen von Choiſeul, an, ob dieſes auf Befehl des Hofs geſchähe, oder ob es ein Verſehen des Verfaſſers wäre? Das erſtere könnte er nicht glauben, weil der Franzöſiſche Hof die Souveraine des Rußiſchen Reichs ein vor allemal als Kayſer erkannt hätte. Der Graf von Choiſeul antwortete hierauf im Namen des Königs, daß die Kron Frankreich die Souveraine von Rußland niemals anders als unter dem Titel Czaare gekannt; es hätten zwar Se. Allerchriſtl. Maj. der verſtorbenen Kayſerin 1745 aus Gefälligkeit den Titel Er. Kayſerl. Maj. beygelegt, Sie hätten aber hierüber einen Revers erhalten, daß dieſe Gefällig-

keit

keit das zwischen beyden Höfen bisher beobachtete Ceremoniel in keinem Stücke aufheben sollte.
Se. Allerchristl. Maj. wären zum Beweiß ihrer
aufrichtigsten Neigung zu aller guten Harmonie geneigt, Ihro Czaarischen Maj. eben diesen
Kayserl. Titel beyzulegen, wenn Dieselben zuvor
den Revers von 1745 erneuern wollten. Der
Graf von Czernichew declarirte hierauf, daß da
er von Sr. Majestät, dem Kayser aller Reussen,
an dem Französischen Hofe accreditirt sey, seine
Verrichtungen an demselben auf solche Weise aufhören müßten; daher er den Hrn. Grafen von Choi-
seul bäte, ihn bey Sr. Allerchristl. Maj. wegen
der Unmöglichkeit, Höchst Deroselben ferner seine
Ehrerbietung zu bezeugen, zu entschuldigen.

Den Tag vor Ostern bezog Peter III. den
neuerbauten prächtigen Kayserl. Palast und ließ
einige Tage vorher alle hölzernen Häuser und
Buden, deren einige hundert auf dem neuen Paradeplatze stunden, dem Volke Preiß geben, welches denn in wenig Minuten mit Wegschaffung
derselben fertig war. Den 20. April wohnte
der Kayser den Exequien der verstorbenen Kayserin in der katholischen Kirche bey, nach deren
Endigung er den Plan einer neuzuerbauenden
katholi-

katholischen Kirche, der ihnen von den Paters vorgelegt wurde, genehmigte. Den dreyzehn-ten besahe er die, unter Direction des Cammer-herrn von Breßan stehende, Häute = und Baße-licefabrik, und bezeugte über die Portraits, die den besten Gemählden berühmter Mahler an Farbe, Dauer und Aehnlichkeit vollkommen gleichten, seinen Beyfall.

Die Domainen der verstorbenen Kayserin, deren Einkünfte sich jährlich auf ohngefähr 40000 Rubel belaufen, ertheilte er seiner Gemahlin der Kay-serin. Den 8. May begab er sich nach dem Reichslotteriesaale, um das daselbst in Parade gestellte Invalidencorps in Augenschein zu neh-men und der Eröffnung der dritten Classe der zum Besten dieses Corps errichteten Reichslot-terie beyzuwohnen. Er besahe die sämmtlichen, in Fächern aufgestellten, Gewinnste dieser Lot-terieclasse und legte mit eigner Hand das größte Loos in das Lotterierad, worauf die Ziehung ih-ren Anfang nahm.

Den 5. Jul. wurde der, mit dem Könige in Preußen geschlossene Friede zu Königsberg mit vielen Solennitäten unter Läutung aller Glocken

Glocken bekannt gemacht. Nachdem zwey He=
rolde an den öffentlichen Plätzen der Stadt eine
gedruckte Schrift von diesem Frieden öffentlich
abgelesen hatten, wurden die abgenommenen
Preußischen Adler unter dem Gesang geistlicher
Danklieder und dem Klange von Trompeten und
Pauken überall wieder aufgesetzt, worauf den
achten nachstehendes Patent publicirt wurde:

„Auf allerhöchsten Befehl Ihro Kayserl.
„Maj. von allen Reußen, meines allergnädig=
„sten Herrn, habe ich Foedor von Wóyekow,
„bestallter Generallieutenant von Ihro Kayserl.
„Maj. Armeen, und des weißen Adlers und
„St. Alexanderordens Ritter, den sämmtlichen
„Einsassen des Königreichs Preußen sowohl geist=
„lichen als weltlichen Standes hierdurch be=
„kannt machen wollen: welchergestalt es durch die
„allerweiseste Vorsicht des Höchsten dahin gedie=
„hen, daß die seit einigen Jahren zwischen den Ruf=
„sischkayserl. und Königl. Preußischen Höfen fort=
„gedauerte und zu einem blutigen Kriege ausge=
„brochene Irrungen zwischen Ihro Kayserl.
„Maj. meinem allergnädigsten Herrn, und Sr.
„Maj. dem Könige von Preußen glücklich geho=
„ben

„ben und durch einen feyerlich geschlossenen
„Tractat zwischen beyden allerhöchsten Höfen
„ein ewiger Friede hergestellt und das seit vie-
„len Jahren bestandene Freundschaftsband aufs
„neue kräftigst verknüpft worden, auch zufolge
„gedachten Friedenstractats Sr. Maj. der König
„in Preußen seit dem letztverwichenen 24. Jun.
„(5. Jul. st. n.) in den völligen Besitz dieses König-
„reichs zurücke getreten. Es haben demnach Ihro
„Kayserl. Maj. mein allergnädigster Herr, mir
„anzubefehlen geruhet, bey Bekanntmachung
„dieses glücklich geschlossenen Friedens die
„sämmtlichen Einsassen dieses Königreichs, wes
„Standes oder Würden sie seyn mögen, von
„dem Huldigungseyde und andern Pflichten, wo-
„mit sie seit der Einnahme dieses Landes Ihro
„Kayserl. Maj. verbunden gewesen, völlig loß zu
„zählen, welches denn zu Erfüllung gedachten al-
„lerhöchsten Befehls hiermit aufs feyerlichste ge-
„schiehet und alle und jede angewiesen werden,
„Sr. Maj. dem Könige in Preußen den Gehor-
„sam und diejenige Treue, welche sie Allerhöchst
„Deroselben als ihrem angebohrnen Landesherrn
„schuldig sind, in alle Wege zu leisten. Königs-
„berg, den 27. Jun. (8. Jul.) 1762.“

Jn-

Immittelst war auch der Graf von Czernichew mit seinem Corps, welches durch verschiedene Trouppen verstärkt worden, auf Befehl
des Kaysers wieder nach Schlesien aufgebrochen,
um zu der Preußischen Armee zu stoßen und dem
Könige wider die Oesterreicher Hülfe zu leisten.
Es bestund dieses Corps aus zwanzig Battail-
lons zu Fuß, zehn Escadrons zu Pferde, einer
Escadron Husaren und zwey Pulck Cosacken,
welches zusammen über funfzehn tausend Mann
ausmachte. Den 21. Jun. brach dieses Corps
von Posen auf, und nachdem es den dreyßigsten
bey Auras über die Oder gegangen, rückte es in
zwey Colonnen in das bey Lissa abgestochene Lager, allwo es der König in Augenschein nahm.
Er trug den großen Rußisch.St.Andreasorden, als
er diese Trouppen bey sich vorbey marschiren sahe,
und bezeugte über dieselben seine Zufriedenheit.
Er ließ zu Lissa die sämmtlichen Generals und
vornehmsten Staabsofficiers mit sich speisen,
worauf er sich wieder nach Breslau in sein Hauptquartier verfügte.

Peter III. befand sich indessen in seinem geliebten Oranienbaum, wohin er sich den 5. Jul.
kurz nach dem Friedensfeste begeben hatte. Das
große

große Mißverständniß, darinnen er damals mit seiner Gemahlin lebte, hinderte dieselbe, ihm dahin zu folgen, ob ihr gleich sonst dieses Lustschloß sehr angenehm war, sie auch fast alle Sommer sich einige Zeit daselbst aufgehalten hatte. Jetzt führte sie ihr Schicksal nach Peterhof, welches ansehnliche Lustgebäude, am Ufer der Ostsee am Oranienbaumischen Wege, drey Meilen von Petersburg liegt und von der Kayserin Elisabeth ehedessen fleißig besucht worden. Einige Tage zuvor, ehe der Kayser nach Oranienbaum abreisete, ließ er frey und öffentlich diese Worte von sich hören: In einigen Tagen werde ich meine Gemahlin in solche Umstände setzen, daß sie mir nicht mehr hinderlich fallen soll; welche Drohung ihr nicht verborgen blieb.

Ihm waren alle Großen des Hofs und alle ausländische Minister nach Oranienbaum gefolgt. Sein Entschluß war, die Armee wider Dännemark selbst zu commandiren, jedoch wollte er den Prinzen George von Hollstein allezeit an seiner Seite haben. Der Oberhofmarschall, der Großkanzler, drey Cammerherern und einige Glieder des Staatsraths sollten ihn begleiten, der Vicekanzler Fürst Galliczin, aber sollte des abwesen-

abwesenden Großkanzlers Stelle vertreten. Es wurde auch den fremden Gesandten, nur den Französischen und Spanischen ausgenommen, zu erkennen gegeben, daß der Kayser gerne se= hen würde, wenn sie ihn auf dieser Reise beglei= teten. Aus besonderer Vorsicht, die Ruhe und Ordnung zu Petersburg in seiner Abwesenheit zu erhalten, befahl er, auf allen öffentlichen Plätzen und Märkten Wachthäuser zu erbauen und in allen Gassen Ketten und Gatter anzule= gen. Die Auszahlung der Pensionen und Be= soldungen, wie auch der Bau an den angefan= genen Werken sollte bis zu seiner Rückkunft ein= gestellt bleiben. Die Reise sollte über Königs= berg geschehen, wo zu seinem Empfang von dem Könige in Preußen große Anstalten gemacht wurden. Der Königl. Prinz Ferdinand sollte ihn im Namen des Königs daselbst bewillkom= men und aufs prächtigste bewirthen, zu welchem Ende dieser Prinz eine große Suite von Cava= liers, Bedienten und Köchen mit sich nehmen sollte. Den 15. Jul. wollte der Kayser von Oranienbaum aufbrechen und den zwanzigsten zu Stetin anlangen, von dar er eine Reise nach Berlin thun, alsdenn aber bey der Armee, die

S   indessen

indeſſen ihre Kriegsoperationes im Mecklenbur-
giſchen gegen die darinnen ſtehenden Dähnen au-
fangen ſollte, ſich einfinden.

Während dieſer Anſtalten genoß er auf ſeinem Luſtſchloſſe Dranienbaum ſeine gewöhnlichen
Ergötzlichkeiten und war von allen auswärtigen
Miniſtern und vielen Großen des Reichs von
beyderley Geſchlechte umgeben. Er ließ die
neue lutheriſche Kirche für ſeine deutſchen Hofleute einrichten und wohnte ſelbſt allen Cercmo-
nien des Lutheriſchen Gottesdienſtes bey, kam
aber dargegen ſehr ſelten in die griechiſche Kirche, worüber die Ruſſen große Augen machten.
Alle Zurüſtungen zur bevorſtehenden Reiſe des
Kayſers waren gemacht, und alle, die ihm folgen ſollten, hatten ſich in Bereitſchaft geſetzt,
als er ſich vornahm annoch das Peter-Paul-Feſt,
welches auf den 9. Jul. ſt. n. fiel, zu feyern und
alsdenn von Dranienbaum abzureiſen, wenn er
vorher noch bey ſeiner Gemahlin zu Peterhof einen Beſuch abgeſtattet hätte. Zwey Tage vor
dieſem Feſte gieng der Prinz George von Holſtein mit ſeiner Familie nach Petersburg zurücke, um noch einige nöthige Befehle daſelbſt
auszurichten, ehe der Abmarſch von Dranienbaum

kaum in der Armee geschähe, dem er mit Zu-
rücklassung der Seinigen beywohnen sollte. Die
ganze Stadt genoß damals eine stille Ruhe, die
aber sich gar bald veränderte.

Denn kaum war der 9te Jul. angebrochen,
so entstund in der Stadt ein wütender Lärmen,
der über die ganze Gegend und alle umliegen-
de Oerter ein allgemeines Schrecken verbreite-
te. Um sieben Uhr war schon ein großer Theil
der Stadt in völliger Bewegung. Die Garde
lief in vollem Lauf und ohne Ordnung durch alle
Gassen. Ein erschreckliches Getümmel, mit einem
unvernehmlichen Geschrey vermischt, kündigte
einen allgemeinen Tumult an. Mitten unter
diesem heftigen und fürchterlichen Getümmel
sahe man die Kayserin kommen, die von einer
Menge Gardereuter begleitet wurde, welche ihre Carosse umgaben. Man führte sie unter
dem beständigen Vivatgeschrey der Garde und
des Volks aus der Kirche von Casan, worinnen sie sich ein wenig aufgehalten hatte, in den
neuen Palast, von dar sie in den alten Winterpalast zurücke fuhr, welchen die Garde in ge-
doppelten Reyhen umgab, und ohne Unterlaß

S 2   schrie:

ſchrie: Es lebe unſere Mutter, die Kayſerin
Catharina!

Niemand wußte, was er von dieſem Lärmen denken ſollte. Das Volk ſelbſt, das den
Palaſt umgab, und ohne Aufhören ſchrie, wußte
ſelbſt die Urſache nicht. Endlich hieß es, der
Kayſer habe auf der Jagd das Unglück gehabt,
vom Pferde zu fallen; er ſey todt, und man lei-
ſte der Kayſerin Catharina den Huldigungseyd,
als Vormünderin des Großfürſtens, ihres Sohnes. Ob nun wohl ſolches keine unmögliche
Sache war, ſo konnte doch Niemand begreifen,
wohin alle dieſe Anſtalten, die in den Gaſſen
vorgenommen wurden, zielen ſollten. Der
Eingang in den Palaſt wurde mit geladenen
Kanonen verwahrt, und die vielen Piquen und
Waffen vermehrten das Schrecken und die Be-
ſtürzung. Mitten in dieſem Getümmel ſahe
man den Prinzen George von Holſtein ganz
alleine ohne Degen in einem elenden Aufzuge,
von einer Menge Gardereuter umgeben, vorbey
führen, welches keine gute Vorbedeutung des
gegenwärtigen Lärmens war.

Dieſer Prinz, der ohne Zweifel bey dem erſten Getümmel die wahre Urſache errathen,

hatte

hatte sich sogleich zu Pferde gesetzt, um zum Kayser nach Oranienbaum zurücke zu eilen. Niemand in seinem Quartier hatte ihn heraus gehen sehen. Ein einziger Husar begleitete ihn.
Allein, da er einige Schritte von seinem Quartier weg war, hielte ihn ein Haufe von der be-
rittenen Garde an. Solcher vergaß alle Ehrerbietung gegen den Oncle des Kaysers, und befahl ihm trotzig, er sollte vom Pferde steigen;
und es fehlte wenig, daß ihm nicht einer von
diesen Leuten den Kopf einschlug, wenn ihn nicht
ein anderer noch daran verhindert hätte. Man
ließ ihn in ein elendes Fuhrwerk steigen, das
sich zur Stelle fand, und führte ihn in solchem
bis zum Kayserl. Palaste. Hier wollte er aus-
steigen, aber es kam Befehl, daß man ihn in
sein Quartier zurücke führen, und daselbst mit
seiner ganzen Familie bewachen sollte. Als er
zurücke kam, fand er das Quartier völlig aus-
geplündert. Man hatte alle Bedienten gar sehr
gemißhandelt und in einen Keller gesperrt. Alle Thüren hatte man aufgeschlagen, und die
sämmtlichen Gemächer ausgeleeret. Man hatte sogar die jungen Prinzen nicht geschont, sondern ihnen die Sackuhren und Goldbeurfen ge-

S 3   raubt,

raubt, die Ordenszeichen genommen, und sogar
die Einfassungen ihrer Regimentsmonturen ab-
gerissen. Nichts als die Schlafkammer ihrer
Mutter, der Prinzeßin, hatten sie aus Ehrerbietung verschont, nachdem ein Unterofficier das
Gemach wider alle Anfälle vertheidiget, und die
Räuber zurücke gehalten. Die Muth des Prinzens war hierbey groß, als er sein Quartier in
diesem greulichen Zustande antraf. Er schäum-
te für Zorn, da er sich weder rächen, noch dem
Kayser zu Hülfe kommen konnte. Er wollte
anfangs solchen an einigen Bösewichtern aus-
lassen, wurde aber durch empfangene Stöße genöthiget, davon abzustehen, und den Ausgang
seines Schicksaals gedultig zu erwarten.

Immittelst kriegten alle Collegia Befehl, sich
in dem Palaste zu versammlen, um der Kayserin den Huldigungseyd zu leisten. Man konnte
in den Angesichtern der Versammleten vielerley Gemüthsbewegungen wahrnehmen. Einige
ließen Schrecken, andere Verwunderung und
wieder andere Mißvergnügen und Traurigkeit
spüren. Einer sahe den andern an, und aller
Augen waren auf die neue Landesregentin gerichtet. Niemand aber unterstunde sich, nach

der

der Entwickelung deſſen, was vorgieng, zu fragen, obgleich jederman vor Begierde brannte,
davon Nachricht zu erhalten. Endlich publicirte man ein Manifeſt, welches die Gründe der
neuen Regierung vorſtellte. Als dieſe Feyerlichkeiten bey Hofe vorgiengen, nahm man alle
diejenigen in Verwahrung, die verdächtig waren; das gemeine Volk aber beſchäfftigte ſich damit, daß es alle Wirthshäuſer ausleerte. Es
wird in ſolchen Vorfällen dem Pöbel in der
Stadt gemeiniglich die Erlaubniß hierzu gegeben, um ihn dadurch zu verhindern, daß er ſich
nicht um dasjenige bekümmere, was vorgehet.
Die Wuth des aufgebrachten liederlichen Volks
gieng ſo weit, daß es öffentliche Drohungen
ausſtieß, alle Ausländer niederzumachen. Die
Fremden blieben daher insgeſammt in ihren
Quartieren, und waren entſchloſſen, ſich bis
auf den letzten Blutstropfen zu vertheidigen.

Man wußte indeſſen immer noch nichts in
der Stadt von dem Schickſaale des Kayſers bis
gegen Abend, da ſich die Kayſerin mit den
Garderegimentern und einem großen Zug von
groben Geſchütz aufmachte, um ſich ihres Gemahls zu bemächtigen, und deſſen Holſteiniſche

S 4 Troup-

Trouppen zu entwaffnen. Nunmehro konnte man vermuthen, daß der Kayser noch am Leben sey; doch bildete man sich nichts gewisser ein, als daß ein großes Blutbad erfolgen würde, weil man glaubte, der Kayser würde sich aufs äußerste wehren. Auf solche Weise endigte sich dieser grausame Tag mit Furcht und Schrecken, ohne von der Beschaffenheit der Revolte recht unterrichtet zu seyn.

Diese Revolte war eine Würkung des großen Mißverständnisses, das sich schon seit geraumer Zeit zwischen dem Kayser und seiner Gemahlin geäußert hatte. Die Kayserin stunde in dem Argwohn, daß ihr Gemahl entschlossen sey, sie gefangen zu nehmen, und in ein Kloster einzusperren. Er wollte entdeckt haben, daß seine Gemahlin durch Antrieb und Hülfe einiger Treulosen darauf gefallen sey, nach Moscau zu gehen, und sich daselbst krönen zu lassen, sobald er aus dem Reiche gegangen seyn würde. Er befürchtete auch, man möchte während seiner Abwesenheit auf Mittel denken, sich von ihm gänzlich loß zu machen. Setzt man nun voraus, daß der Kayser von allem eine zuverläßige Nachricht gehabt, so war es von ihm

eine

eine große Unvorſichtigkeit, daß er entſchloſſen
war, ſein Reich zu verlaſſen, ohne vorher ſeine
Gemahlin und alle verdächtige Perſonen außer
Stand zu ſetzen, ihre gemachten Anſchläge auszuführen.

So viel iſt gewiß, daß von etlichen Großen
zum Beſten der Kayſerin allerdings ein Complot wider Petern III. geſchmiedet worden, welches aber nicht eher zum Ausbruche kommen
ſollte, als bis der Kayſer bey der Armee in
Deutſchland angelangt ſeyn würde. Die Perſonen, die vornemlich Theil daran hatten, waren die Fürſtin Daſchkow, der Feldmarſchall,
Graf Kirilla Raſumowski, Feldherr der Co-
ſacken, der Oberhofmeiſter des jungen Großfürſtens, Nikita Panin, der General und Obriſt-
Lieutenant von dem Garderegimente zu Pferde,
Fürſt Wolkonskoi, der Feldzeugmeiſter Villbois, der Cammerherr, Gregorius Orlow,
und deſſen Brüder, Alexius und Födor Orlow, davon jener Major bey der Preobraſchinskiſchen Garde und Generalmajor, der andere aber Capitain bey der Semonowskiſchen
Garde war. Die Fürſtin Daſchkow, eine Dame von 29 Jahren, war der Kayſerin eben ſo

S 5   ergeben,

ergeben, als es ihre Schwester, die Comteſſe
von Woronzow, dem Kayſer war. Bey ihr
wurden die geheimen Unterredungen gehalten.
Damit auch die Verschwornen im Fall einer
Verrätherey oder Entdeckung ſich deſto eher in
Sicherheit ſetzen könnten, hatte jeglicher derſelben einen unbekannten Kundſchafter in ſeinem
Gefolge, welcher ihm alsbald Nachricht geben
mußte, wenn einer von ihnen arretirt würde.

Es wieß ſich in kurzen aus, daß dieſe Vorſichtigkeit nöthig geweſen.   Denn der Lieutenant Paßik von der Preobraſchinskiſchen Garde, der unter den Verſchwornen war, wurde
durch die unvorſichtigen Reden eines Soldaten
von ſeiner Compagnie verrathen, und den 8.
Jul. arretirt.   Hierzu kam, daß der Kayſer, da
er den Abend vor ſeinem unglücklichen Tage bey
einem von ſeinen Miniſtern ſpeiſete, einige be-
denkliche Worte in Gegenwart gewiſſer Perſonen, die darzu beſtimmt waren, auf alles, was
er that und redete, Acht zu haben, hören ließ.
Die Fürſtin Daſchkow hatte nicht ſobald die
Gesinnung des Kayſers gegen ſeine Gemahlin
erfahren, als ſie noch in derſelben Nacht der
Kayſerin zu Peterhof Nachricht davon geben
ließ.

ließ. Diese hatte nunmehro keinen Augenblick
zu verlieren. Die Gefangennehmung des obgedachten Officiers hatte ihr schon Anlaß gegeben, zu glauben, daß ihr Gemahl von ihrem
Vorhaben Nachricht bekommen hätte. Dieser
selbst hatte ihr wissen lassen, daß er den folgenden Tag mit ihr zu Peterhof Tafel halten wollte, da sie denn nicht anders glauben konnte, als
daß er sich ihrer an diesem Tage bemächtigen
würde. Diese Zeit rückte heran, und es war
höchst nöthig, den Streich, den sie sich vorgenommen hatte, ohne Verzug zu wagen. Sie
konnte dadurch nichts verlieren, wenn er ihr
auch nicht gelunge, hingegen gewann sie sehr
viel, wenn sie ihn glücklich ausführte.

Sie hatte kaum durch die junge Fürstin
Daschkow von des Kaysers Vorhaben Nachricht bekommen, als sie sich in den, von ihr zugleich abgeschickten, bedeckten Wagen setzte, und
eiligst in ihrem Nachthabite nach Petersburg
fuhr. Sie langte sehr frühe in einem Kloster
nahe bey der Stadt an, wo sie anfieng, sich der
vornehmsten Officiers der Garde zu versichern,
welche zu dieser Unternehmung bereits gestimmt
waren, unter welchen der Major Alexius Or-
lew

low der vornehmste war. Um ſieben Uhr lang=
te ſie mit ihrer Svite an dem Thore von Pe=
tersburg in dem Quartiere der Jsmaelowiſchen
Garde an, welcher ſie ſich zu erkennen gab, da
denn die zur Revolution geneigten Soldaten
und Einwohner ſie als Kayſerin Catharina die
Zweyte ausriefen, und für die einzige Beherr=
ſcherin von Rußland, ihren Sohn aber, den
jungen Großfürſten, zum Nachfolger im Rei=
che erklärten. Hierüber wurde alles in der
Stadt rege, ohne daß es zu einem würklichen
Aufſtande kam.

Um neun Uhr führte der Feldmarſchall,
Graf Kirilla Raſumowski, die Kayſerin in
Begleitung der Officiers, Soldaten und vielen
Volks in die Kirche von Caſan, wo der Erzbi=
ſchof von Novogrod mit den vornehmſten Glie=
dern der Geiſtlichkeit das Te Deum laudamus
anſtimmte. Man brachte hierauf noch einen
guten Theil des Tages damit zu, die Kayſerin
auf dem beſtiegenen Throne feſte zu ſetzen. Man
verſammlete zu dem Ende die Trouppen, und
ließ unter andern die drey Regimenter, die auf
dem Marſche nach Narva begriffen waren, um
ſich zu der Armee in Deutſchland zu begeben,

eiligſt

eiligſt zurücke kommen. Indeſſen wurde folgendes Manifeſt bekannt gemacht:

„Von Gottes Gnaden Wir Catharina II.
„Kayſerin und Selbſtherrſcherin aller Reuſ-
„ſen ꝛc. Allen wahren Söhnen Rußlands hat
„die große Gefahr in die Augen geleuchtet, wo-
„mit das ganze Rußiſche Reich bedrohet wor-
„den. Zu allerförderſt iſt der Grund unſerer
„orthodoxen Griechiſchen Religion erſchüttert
„worden, und ihre Satzungen ſind einem gänz-
„lichen Umſturze nahe geweſen, ſo, daß man
„äußerſt befürchten müſſen, den von Alters her
„in Rußland herrſchenden rechten Glauben ver-
„ändert, und eine fremde Religion eingeführt
„zu ſehen. Hernach iſt der Ruhm von Ruß-
„land, der mit Verluſt ſo vielen Bluts durch
„ſeine ſiegreichen Waffen zur höchſten Stufe
„gebracht war, in dem neulich geſchloſſenem
„Frieden den Feinden ſelbſt gänzlich aufge-
„opfert, und zugleich die innere Verfaſſung,
„auf welcher das Wohl und die Grundveſte un-
„ſers Vaterlands beruhet, völlig über den
„Haufen geworfen worden. Durch dieſe, allen
„unſern getreuen Unterthanen bevorſtehende
„Gefahr ſind Wir endlich gedrungen worden,
„ju

„zu Gott und seiner Gerechtigkeit Unsere Zu-
„flucht zu nehmen; und da Wir das ungeheu-
„chelte Verlangen aller Unserer getreuen Un-
„terthanen darzu wahrgenommen, so haben
„Wir Unsern souverainen Rußisch-Kayserl.
„Thron bestiegen, und darüber von allen Un-
„sern getreuen Unterthanen die feyerliche Ey-
„desleistung empfangen. Petersburg den 9.
„Jul. 1762.„

(L. S.)

Catharina.

Zu gleicher Zeit wurde den fremden Ministern folgende Nota zugestellt:

„Nachdem Ihre Kayserl. Majestät auf ein-
„müthiges Verlangen und inständiges Bitten
„aller Dero getreuen Unterthanen und wah-
„ren Patrioten des Reichs heute den Kayserl.
„Thron aller Reußen bestiegen, so haben Al-
„lerhöchst Dieselbe befohlen, allen, an Dero
„Hofe residirenden fremden Herren Ministern
„Nachricht davon zu geben, und dieselben zu
„versichern, daß Ihre Kayserl. Maj. unverän-
„dert gesonnen sind, die gute Freundschaft mit
„den Souverains derselben zu unterhalten.
„Man wird den fremden Herren Ministern
„ehestens

„eheſtens den Tag anzeigen laſſen, da ſie die
„Ehre werden haben können, Ihro Kayſerl.
„Maj. Cour zu machen, und ihre Glückwün-
„ſche abzuſtatten. Petersburg den 9. Jul.
„1762.„

Nachmittags um ſechs Uhr zeigte ſich die
Kayſerin in der alten Uniform der Garde zu
Pferde in voller Kriegsmontirung, über wel-
cher ſie den St. Andreasorden hängen hatte.
Sie hielte unter einem freudigen Zuruf die Re-
vue über die Trouppen, und brach alsdenn an
der Spitze von 15000 Mann auf, um ſich der
Perſon ihres Gemahls, des Kayſers Petri III.
zu bemächtigen. Sie hatte die junge Fürſtin
Daſchkow zur Begleiterin, in ihrem Gefolge
aber befanden ſich der Feldmarſchall Räſu-
mowski, der Fürſt Wolkonskoi, der General
Villbois, die Orlowe und andere vornehme
Herren. Sie hatte auch einen anſehnlichen
Train von Artillerie bey ſich, und marſchirte
gerade auf Oranienbaum zu.

Inmittelſt da dieſe grauſamen Umſtände die
Ruhe aller Einwohner zu Petersburg ſtörten,
hatte der Kayſer zu Oranienbaum eine ganz
ruhige Nacht gehabt. Nichts als ſeine vorhabenden

benden großen Unternehmungen beschäfftigten
sein Gemüthe. Sein Geist war bemühet, die
sichersten und verborgensten Mittel aufzusuchen,
um sich der Person seiner Gemahlin zu versi=
chern, da indessen diese schon über die Sicher=
heit dieses unbedachtsamen Fürstens triumphir=
te, und ihm ein härteres Gefängniß bestimmte,
als er für sie ausgedacht hatte. Aus besonde=
rer Vorsicht hatte man alle Wege nach Ora=
nienbaum besetzen lassen, damit Niemand dem
Kayser von dem, was man gegen ihn vorhatte,
Nachricht geben könnte. Er begab sich daher
in aller Sicherheit den 9. Jul. frühe nach Pe=
terhof, in der Absicht, daselbst zum letzten ma=
le mit seiner Gemahlin zu Mittage zu speisen.
Aber wie groß war seine Bestürzung, als er
sie daselbst nicht mehr fand. Es war ihm nicht
schwer zu errathen, was dieses zu bedeuten hät=
te. Ihre geschehene Entfernung machte ihn
unruhig, und er versprach sich davon nichts
gutes. Es kam nunmehro darauf an, hurtige
Maasregeln zu nehmen. Er schickte eine Staf=
fette nach der andern nach Petersburg, um sich
nach dem Aufenthalte der Kayserin zu erkundi=
gen. Sie wurden aber alle angehalten. Es
fanden

fanden aber doch etliche Männer, die vormals
Grenadiers gewesen, Mittel, in Bauerkleidern
aus der Stadt zu kommen, und dem Kayser
sein Schicksaal kund zu machen. Er schickte
alsdenn auf allen Seiten Expresse ab, die die
in den hiesigen Gegenden cantonirenden Trouppen versammlen sollten. Allein diese Abgeschickten könnten theils nirgends durchkommen,
theils hatten diese Trouppen schon der neuen
Souverainin den Eyd der Treue geschworen.

Der Kayser war anfangs entschlossen, mit
seinen deutschen Trouppen seinen Feinden entgegen zu gehen. Allein der alte Feldmarschall,
Graf von Münnich, der sich bey ihm befand,
widerrieth es ihm. Er stellte deutlich für, wie
es unmöglich wäre, daß ein so kleiner Haufen
von etwan 600 Mann einer Armee von Rebellen die Wage halten könnte, wobey zu befürchten stünde, daß eine Gegenwehr ein allgemeines Blutbad unter den Ausländern zu Petersburg verursachen möchte. Er schlug ihm dargegen drey Wege für, die in dem gegenwärtigen Fall für die besten zu halten wären. Er
sollte entweder gerade nach Petersburg gehen,
oder sich nach Cronstadt begeben, oder sich nach

T   der

der Ukraine wenden. So viel den ersten Vor=
schlag anbetrifft, zweifle ich gar nicht, sprach
dieser alte und erfahrne General, daß man das
Volk hintergangen habe, welches, ob es gleich
mit falschen Nachrichten unterhalten wird, doch
sich öffentlich für Ew. Maj. erklären würde, so=
bald Sie sich sehen lassen würden. Gehen Sie
nach Cronstadt, so sind Sie Meister von der
Flotte, wie auch von der Vestüng, und folglich
im Stande, die Rebellen zu zwingen, daß sie
sich zum Ziel legen. Der dritte Vorschlag war:
der Kayser sollte sich mit seinem Holsteinischen
Regimente in aller Eil nach der Ukraine wen=
den, unterweges aber die zurücke kommenden
und andere Trouppen an sich ziehen, und sich
alsdenn so gut behaupten, als er könnte; auf
solche Weise behielte er auf allem Fall den Weg
nach Holstein offen. Der Feldmarschall setzte
hinzu, daß sich unterweges viele Unterthanen
in seine Dienste begeben, und seine Trouppen
nicht wenig verstärken würden.

Der letzte Vorschlag schiene vor den Kayser
der beste zu seyn. Denn wäre er auch nicht
Kayser von Rußland geblieben, so hätte er doch
das Herzogthum Holstein behaupten können.
Allein

Allein sobald dieses die Comtesse von Wo,
ronzow und das übrige Frauenzimmer, das
er um sich hatte, erfuhr, erfüllten sie alles
mit Weinen, wodurch sie dem Kayser das Her,
ze nahmen und ihn bewogen, diesen Vorschlag
fallen zu lassen. Er erwehlte daher lieber den
andern Vorschlag, und ließ die deutschen
Trouppen zurücke gehen, mit dem Befehl, sich
sofort zu ergeben, wenn man sie angreifen
würde. Er selbst stieg mit allem seinem Ge=
folge in ein Jagdschiff, und fuhr nach Cron=
stadt über. Verschiedene Damen, deren Män=
ner in Petersburg waren, wollten ihn nicht
verlassen, sondern folgten ihm. Er kam ge=
schwinde nach Cronstadt, ward aber daselbst
gar schlecht empfangen. Die Wache sagte ihm
ins Gesichte, daß er nicht mehr Kayser wä=
re, und daß Catharina II. die Beherrscherin
aller Russen sey. Man sagte ihm zugleich, er
möchte zurücke gehen, oder man würde sofort
aus allen Kanonen des Hafens Feuer auf ihn
geben, wenn er sich nicht geschwinde davon
machte.

Es war eine halbe Stunde vor seiner An=
kunft ein Officier aus Petersburg zu Cronstadt
T 2   ange=

angelangt, der dem Commendanten von allem, was vorgegangen war, gehörige Nachricht ertheilt und ihn vermocht hatte, mit der ganzen Besatzung der Kayserin den Eyd der Treue zu schwören. Der Commendant war ein ehrlicher Mann, der seinem Landesherrn getreu seyn wollte. Er wurde aber durch die Zeitung so sehr überrumpelt, daß er vergaß, was seine Schuldigkeit von ihm forderte. Diese zu erfüllen, hätte er den Officier, der ihm dergleichen Ansinnen vorgetragen, sogleich gefangen nehmen und darauf Bericht davon an den Kayser erstatten sollen. Er fieng zwar an, Einwendungen darwider zu machen; aber der Officier, der sich hurtiger und herzhafter zu fassen wußte, machte sich den Mangel seiner Entschließung so zu Nutze, daß er den Commendanten durch seine eigenen Leute in Arrest nehmen ließ und noch darzu trotzig sagte: Mein Herr, ich nehme Sie gefangen, weil Sie das Herze nicht gehabt, mich gefangen zu nehmen. Hierdurch wurde derselbe anders Sinnes und erkannte Catharina II. vor seine rechtmäßige Souveraine.

Das

Das Jagdschiff gieng darauf mit dem Kayser wieder zurücke und langte um vier Uhr von
neuen zu Oranienbaum an, wo derselbe noch etliche hundert Holsteiner zu seinen Diensten bey
sich hatte. Er ließ eiligst eine Anzahl Bauern
versammlen und einige Verschanzungen aufwer-
fen. Allein da er hörte, daß die Kayserin mit
einem Corps Trouppen und vieler Artillerie im
Anzuge nach Peterhoff sey, entfiel ihm der Muth.
Er schickte ihr zwey Schreiben nach einander
entgegen. In dem ersten bat er um Erlaubniß,
sich nach Holstein zu begeben, in dem andern
aber erbot er sich, auf die Krone Verzicht zu
thun, wenn man ihn mit der Comtesse von
Woronzow nach seinem Vaterlande entlassen
wollte. Allein es wurde ihm auf beyde Schreiben nicht geantwortet. Es langte vielmehr der
Generalmajor Ismailow mit einer Vollmacht
bey ihm an, ihn zu arretiren, nachdem er vorher
genöthiget worden, eine Acte zu unterschreiben,
dadurch er sich der Regierung des Rußischen
Reichs begeben. Er wollte zwar anfangs solches zu thun sich weigern. Aber da seine Holsteinischen Trouppen das Gewehr streckten, der
Graf von Münnich aber, der sich noch bey

T 3 ihm

ihm befand, ihm rieth, sich zu Rettung seines
Lebens gefangen zu geben und die Renunciationsacte zu unterschreiben, übergab er dem gedachten General sowohl seinen Degen als die Ritterorden und unterschrieb die vorgelegte Schrift,
worauf man ihn nach Peterhoff führte und allda in das Zimmer einschloß, das er als Großfürst sonst bewohnt hatte. Es durfte niemand
mit ihm reden, auch ihm auf seine Fragen keine
Antwort geben.

Es war seine Gefangengebung der übereil-
teste Schritt, den Peter III. in seinem Leben gethan hat. Oranienbaum liegt drey Meilen von
Peterhoff. Er hätte also Zeit genung gehabt, sich
in Sicherheit zu setzen. Die Dragoner und Husaren, so er noch bey sich hatte, besaßen Herz
genung, ihm zu folgen und ihr Blut bis auf
den letzten Tropfen für ihren Herrn zu wagen.
Der Weg nach Liefland stund ihm offen. Eine
Armee, der er sich anvertrauen konnte, erwartete ihn in Deutschland. Die Rußische Garde
konnte ihn nicht einholen, weil er wenigstens
fünf Stunden voraus hatte. Niemand würde
ihn unterweges aufgehalten haben; und gesetzt,
es hätten ihn einige kleine Besatzungen in Liefland

land aufhalten wollen, so wäre sein Gefolge
stark genung gewesen, ihn zu vertheidigen. Er
wußte dabey selbst gar wohl, daß alle Trouppen, die im Lande umher lagen, auf seiner Seite waren. Gleichwohl ergab er sich bey allen
diesen Vortheilen an seine Feinde auf so eine
Art, die ärger als der Tod selbst war.
Er unterschrieb eine Schrift, darinnen er
nicht nur auf seinen Thron Verzicht that, sondern auch sich selbst für unfähig zum Regieren
erklärte. Diese Schrift war also abgefaßt:

„Während der kurzen Zeit meiner unum-
„schränkten Regierung des Rußischen Reichs
„habe ich in der That erfahren, daß meine
„Kräfte für eine solche Last und Beschwerde nicht
„zureichend sind und daß ich zu schwach bin, es
„sey, auf was Weise es wolle, und noch viel
„weniger mit einer unumschränkten Macht, das
„Rußische Reich zu beherrschen. Ich habe auch
„selbst die Zerrüttung des innern Zustandes des-
„selben wahrgenommen, welche den Ruin des
„Reichs nach sich gezogen und mir zur ewigen
„Schande gereicht haben würde. Nachdem ich
„also dieses bey mir reiflich überlegt, so bezeuge
„ich hiermit ungezwungen und auf das feyerlich-

T 4 „ste

„ſie vor dem ganzen Rußiſchen Reiche und aller
„Welt, daß ich der Regierung des Rußiſchen
„Reichs auf meine ganze übrige Lebenszeit entſage
„und weder mit unumſchränkter Macht, noch ſonſt
„auf einige Weiſe in meinem Leben über das
„Rußiſche Reich zu herrſchen begehre, auch nie-
„mals mich bemühen werde, darzuzu gelangen,
„durch was für Hülfe es auch geſchehen könnte,
„welches ich aufrichtig vor Gott und der ganzen
„Welt mit einem Eydſchwur bekräftige. Dieſe
„Entſagung habe ich mit eigener Hand unter-
„ſchrieben, den 28. Jun. (9. Jul. ſt. n.) 1762.‟

Sobald man den abgeſetzten Kayſer in einer
Kutſche mit der Woronzowin und ſeinem Liebling
Gudowitſch nach Peterhoff gebracht, ſo trennte
man ihn von dieſen beyden Perſonen und brachte
ihn gefangen nach Robſch, einem alten Schloſſe
ſechs Meßen von Petersburg. Es war keinem einzigen von ſeinen Bedienten erlaubt, ihm zu folgen,
und obgleich einer von ſeinen Kammerdienern die
Dreuſtigkeit hatte, ſich hinten auf die Kutſche
ſeines Herrn zu ſetzen, ſo durfte er ihm doch nicht
aufwarten, ſondern wurde den folgenden Tag
nach Petersburg zurücke geſchickt. Die Kayſerin

rin feyerte indeſſen das Peter = Paul = Feſt zu Pe=
terhoff und kam den folgenden 11. Jul. ſt. n.
nach der Hauptſtadt zurück, wo die Nachricht
von der Gefangennehmung Peters III. ſchon
durch die ganze Stadt ſich verbreitet hatte, die
Ruhe aber wieder hergeſtellt war.

Jedoch ein großer Theil des Volks, das bis=
her faſt durchgehends des Kayſers Untergang
gewünſcht, fieng nunmehro an, die vorgefallene
Staatsveränderung in Betrachtung zu ziehen.
Das klägliche Schickſaal ihres bisherigen Mon=
archens rührte viele Herzen und das Mißver=
gnügen, ſo auf die bisherige Wuth folgte, nahm
viele Perſonen ſo ein, daß nur ein beherzter An=
führer fehlte, um Petern mit eben der Geſchwin=
digkeit wieder auf den Thron zu ſetzen, mit wel=
cher er herunter geſtoßen worden. Es erhob
ſich auch eine Zwietracht unter der Garde, wel=
che dem unglücklichen Kayſer hätte nützlich ſeyn
können, wenn ſie eher geſchehen wäre. Es fien=
gen viele von ihnen an, ſich ihrer Treuloſigkeit
zu ſchämen und empfanden die Strafwürdigkeit
ihres Verbrechens ſo lebhaft, daß ſie ſich deshal=
ben an ihren Mitgenoſſen rächen wollten. Dieſe
Streitigkeiten wurden ſo ernſthaft, daß es eini=

T 5   gen

gen das Leben kostete und die Officiers sie mehr
als einmal aus einander treiben mußten. · Die
Furcht, welche allezeit die Strafwürdigen begleitet, hatte ihnen allen die Herzhaftigkeit ge-
genommen; gleichwohl waren sie sehr schwürig
und die Kayserin schlief in den ersten Nächten ihrer Regierung sehr unruhig. Sie soll zweymal
aus dem Bette in einer Nacht gestiegen seyn und
sogar einmal den Palast verlassen haben, aus
Furcht, daß einige den Kayser befreyen und ihn
in den Stand setzen möchten, an seinen Feinden
Rache auszuüben.

Dieser unglückliche Prinz war indessen zu
Robsch von allen seinen Freunden und Domestiquen abgesondert und in einem besondern Ge-
mache eingesperrt. Wie man mit ihm umge-
gangen, bleibt zur Zeit der Welt verborgen.
So viel ist gewiß, daß er den 17. Jul. st. n. und
also acht Tage nach seiner Dethronisation gestorben. Es hieß, er hätte durch den Genuß einer
Melone sich eine so heftige Hämorrhoidalcolicke
zugezogen, daß er davon mit großen Schmerzen seinen Geist aufgeben müssen. Als man seinen Leib geöffnet, haben die darzu verordneten
Aerzte das Urtheil gefällt, daß er nach der Be-
schaffen=

schaffenheit seiner Eingeweide länger nicht, als
etwan noch sechs Monathe hätte leben können.

Als der Kayser todt war, brachte man seinen Leichnam in der Nacht vom 18. zum 19. Jul.
von Robsch nach dem Kloster Newski bey Petersburg, wo er in Holsteinischer Uniform mit
dem Ringkragen, Stiefeln und Sporen bekleidet zwey Tage nach einander in einem Sarge
auf einer Estrade zur Schau ausgesetzt wurde,
um welchen, anstatt der Ordenszeichen, nichts
weiter als vier Wachslichter gestellt waren.
Den ein und zwanzigsten wurde er in diesem
Kloster ohne Gepränge beerdiget. Vier Hofbedienten trugen den Leichnam in die Gruft, worinnen er zwischen der unglücklichen Großfürstin
Anna und derselben kleinen Prinzeßin zu liegen
kam. Die Kayserin sollte sich vorgesetzt haben,
seinem Leichenbegängnisse beyzuwohnen. Aber
der Oberhofmeister von Panin habe solches verhindert, da er durch den dirigirenden Senat,
der sich deßhalben in corpore zu ihr in Dero in-
neres Apartement verfüget, sie durch ernstliche
Vorstellungen zu Veränderung ihres Entschlus-
ses bewogen hat. Es hieß, es sey das großmü-
thige und versöhnliche Herz Ihro Maj. durch den

so

so unvermuthet sich ereigneten Todesfall des ge=
wesenen Kaysers äußerst gerührt worden, und
sie hätte sich solchen so sehr zu Gemüthe gezogen,
daß sie von dem Augenblick an, da sie diese un=
erwartete Nachricht vernommen, gleichsam in
Thränen zerflossen. Um nun alle, vor Dero
theuerste Gesundheit zu besorgenden unangeneh=
men Folgen zu verhüten, hätte sich der Herr
von Panin vorher selbst mit dem Hetmann Ra=
sumowski zu ihr begeben und ihr von ihrem ob=
gedachten Vorhaben ernstlich, aber vergebens,
abgerathen.

Dieses war das traurige Ende Peters des
Dritten, dessen ganzes Leben man füglich einen
Zusammenhang von mancherley Zerstreuungen
nennen kann. Die Hälfte seines Lebens, das
sich nicht viel über vier und dreyßig Jahr er=
streckt, brachte er in einer beschwerlichen Er=
wartung zu, und die Erfüllung seiner Wünsche
schien für ihn das Siegel seines Untergangs zu
seyn. Er wurde in seiner ersten Jugend genö=
thiget, sein Vaterland zu verlassen und sich nach
Rußland zu wenden, ohne mit seinem Verstan=
de so weit durchzudringen, daß er die ihm dro=
hende Gefahr merken könnte. Er wurde bewo=

gen,

gen, seine väterliche Religion zu verlassen, ohne noch die Einsicht zu haben, sein Gewissen hierbey zu Rathe zu ziehen. Er wurde zum Thronfolger in Schweden erwählt, und durfte doch
diese angebotene Krone nicht annehmen. Er
wurde vermählt, ehe er zu den Jahren des Ver-
standes gelanget war und eine wahre Neigung
zu dem ehelichen Leben verspürte. Er war ein
regierender Deutscher Reichsfürst und der Erbe
einer Kayserkrone, und wurde doch so eingeschränkt, als ob er nur ein bloßer Vasall wäre.
Er bestieg den Thron und wurde nach einem
halben Jahre von demselben wieder verstoßen,
da er am festesten darauf zu sitzen vermeynte.
Er starb endlich eines schnellen Todtes, da er
sich einbildete, allererst die Süßigkeiten des ir-
dischen Lebens zu genüßen.

Der Scepter des Rußischen Reichs befand
sich nunmehro wieder in der sanften Hand einer
Frau, dergleichen in diesem Seculo schon verschiedene die glücklichsten Regentinnen dieses
großen Kayserthums abgegeben. Catharina II.
wird den Ruhm des weiblichen Regiments nicht
vermindern. Um ihre Thronsbesteigung vor
aller Welt zu rechtfertigen, gab sie nicht lange

nach

nach dem Antritt ihrer Regierung ein Manifest heraus, darinnen der abgesetzte Kayser auf seiner schwachen Seite nicht zum Besten abgebildet wird. Es verdienet solches allhier eine Stelle, und lautet also:

„Wir von Gottes Gnaden Catharina
„die Zweyte, Kayserin und Selbstherrscherin
„aller Reußen ꝛc. ꝛc. Thun hiermit allen Un=
„sern getreuen Unterthanen, sowohl Geistlichen
„als Militair= und Civilstandes kund und zu
„wissen: Unsere Gelangung auf den Rußisch=
„Kayserl. Thron ist ein Beweiß der Wahrheit,
„daß die Hand Gottes würke, wenn die Herzen
„der Menschen das Gute auszuüben suchen. Es
„ist weder unser Vorsatz und Wunsch jemals
„gewesen, auf eine solche Art zur Regierung zu
„gelangen, wie Gott nach seinem allweisen
„Rathschluß bestimmt, daß Wir den Rußisch=
„Kayserl. Thron besteigen sollten. Nachdem
„Unsere in Gott ruhende Allerdurchlauchtigste
„und geliebteste Muhme, die Kayserin Elisabeth
„Petrowna, das Zeitliche mit dem Ewigen ver=
„wechselt hatte, hofften alle wahre Söhne des
„Vaterlandes und nunmehro Unsere getreue
„Unterthanen, die durch den Verlust ihrer
„theuer=

„theuerſten Landesmutter äußerſt niedergeſchla-
„gen waren, wenigſtens darinnen einigen Troſt
„zu finden, daß ſie durch den Gehorſam, den
„ſie ihrem Neveu und von ihr ſelbſt ernannten
„Thronfolger leiſten würden, ihre Erkenntlich-
„keit gegen dieſelbe beweiſen könnten.' Man
„wurde zwar an ihm ſeine wenige Fähigkeit,
„ein ſo großes Reich zu regieren, bald gewahr;
„jedoch ſchmeichelte man ſich mit der Hofnung,
„daß er dieſes ſelbſt erkennen würde und man
„bewarb ſich unterdeſſen um Unſere Landesmüt-
„terliche Beyhülfe in den Regierungsgeſchäften.
„Da aber die unumſchränkte Macht, woferne
„ſie in einem regierenden Herrn nicht von der
„Menſchenliebe und andern löblichen Eigenſchaf-
„ten vergeſellſchaftet wird, ein Uebel iſt, aus
„welchem unmittelbar viele unheilbare Folgen
„zu entſpringen pflegen, ſo warb auch gleich
„nach der Thronsbeſteigung des geweſenen Kay-
„ſers Unſer Vaterland in Furcht und Zittern
„geſetzt, indem es einen Herrn und Regenten
„über ſich ſahe, der, ehe er noch angefangen,
„auf das Wohl des ihm anvertrauten Reichs
„zu denken, zuallerförderſt ſich befließ, allen ſei-
„nen Leidenſchaften auf eine knechtiſche Weiſe
„ein

„ein Genüge zu thun und auch mit solchen Ge-
„sinnungen auf den Thron gestiegen war. Schon
„als Großfürst und Erbnehmer des Rußischen
„Throns, fügte er seiner Muhme und Monarchin
„mancherley Herzeleid zu, und verursachte ihr
„viele Sorgen und Bekümmerniß, wie solches
„Unserm ganzen Hofe bekannt ist. Er verstellte
„sich zwar in seinem äußerlichen Betragen, so
„viel ihm möglich war, da ihn noch einige
„Furcht vor die hochselige Monarchin zurücke
„hielte, sahe aber im Herzen die Liebe, die sie
„als seine Blutsfreundin vor ihn hegte, als den
„äußersten Zwang und eine Sklaverey an, und
„enthielte sich auch schon damals nicht, allen
„Unsern getreuen Unterthanen öffentliche Merk-
„maale seiner sträflichen Undankbarkeit, theils
„durch Verachtung ihrer Person selbst, theils
„durch seinen Haß gegen das Vaterland blicken
„zu lassen; ja, die Gefälligkeit gegen seine Lei-
„denschaften gieng endlich so weit, daß er al-
„len Wohlstand und Würde eines Thronfolgers
„von einem so großen Reiche außer Augen setzte.
„Mit einem Worte, man sahe auch schon da-
„mals in ihm sehr wenig Merkmaale von einer
„auch nur mittelmäßigen Ehrbegierde. Was
„war

„war die Folge davon? Kaum war er verſi-
„chert, daß ſeine Muhme und Wohlthäterin
„ſich ihrem Ende näherte, ſo hatte er ſchon ihr
„Andenken aus ſeinem Herzen verbannet, ehe
„noch Gott ihre Seele zu ſich genommen hatte.
„Ihren erblaßten Körper würdigte er entweder
„gar keines Anblicks, oder wenn er bey Gele-
„genheiten, da das Ceremoniel ſeine Gegen-
„wart erforderte, ſich deſſen nicht entziehen
„konnte, ſahe er ihren Sarg mit freudigen Au-
„gen an und ſtieß dabey allerhand undankbare
„Reden aus.   Ja, es wäre der Körper dieſer
„großen und leutſeligen Monarchin nicht ein-
„mal mit den gewöhnlichen Ehrenbezeugungen
„zur Erde beſtattet worden, wenn nicht das
„Band der Verwandſchaft, wodurch Wir mit
„ihrem Geblüte vereiniget worden, ſo, wie Un-
„ſere zärtliche Zuneigung vor ſie und ihre gegen-
„ſeitige außerordentl. Liebe vor Uns, dieſe Pflicht
„Uns auferlegt hätte. Es dünkte ihm, die höchſte
„Gewalt, die er nunmehro als Monarch in Händen
„hatte, habe nicht ihren Urſprung von Gott, ſey
„auch nicht zum Beſten und Wohl ſeiner Unter-
„thanen eingeſetzt, ſondern ohnfehlbarer Weiſe
„ihm zum Gefallen, um ſeine Begierden vergnü-

U   „gen

„gen zu können. Er vereinigte also seine un-
„umschränkte Macht mit seinen unüberlegten
„Trieben, um Neuerungen im Reiche zu ma-
„chen, so, wie sie sein schwacher Geist zur Krän-
„kung der Nation nur ersinnen konnte. Da er,
„wie man deutlich gesehen, keine Spur der
„wahren Griechischen Religion (ob er wohl
„in derselben genugsam unterrichtet worden) in
„seinem Herzen hegte, so suchte er zu allerför-
„derst den von Alters her in Rußland einge-
„führten wahren Glauben, durch seine unum-
„schränkte Gewalt unter dem Volke auszurot-
„ten, und entzog sich selbst dem Hause Gottes,
„bezeugte auch sonst nicht die geringste Andacht;
„und wenn gewissenhafte Personen von seinen
„Unterthanen, die seine wenige Ehrerbietung
„gegen die Heiligen und seine Verachtung oder
„vielmehr Verspottung der Kirchengebräuche
„sahen und dadurch geärgert wurden, sich er-
„kühnten, ihm solches mit aller Ehrfurcht vor-
„zustellen, so entgiengen sie kaum den üblen
„Folgen, die bey einem eigensinnigen, zügellosen
„und keinem menschlichen Gerichte unterworfe-
„nen Regenten allemal zu befürchten sind. End-
„lich fieng er sogar an, auf die Zerstörung der
„Kirchen

„Kirchen selbst zu sinnen, und hatte schon wirk=
„lich den Befehl gegeben, einige derselben nie=
„der zu reißen; vorher war aber schon denjeni=
„gen, die ihrer schwächlichen Gesundheit halber
„die öffentlichen Kirchen nicht besuchen konnten,
„und dennoch in ihren Häusern Gott ihr Gebeth
„darbringen wollten, ein vor allemal von ihm ver=
„boten worden, keine Kapellen in ihren Häusern zu
„haben. Also wollte er über rechtgläubige Chri=
„sten herrschen und suchte gleichwohl die Furcht
„Gottes, die uns in der heil. Schrift als der
„Anfang der Weißheit angedeutet wird, bey
„demselben zu ersticken. Mit dieser wenigen Lie=
„be zu Gott und der Hindansetzung seines Ge=
„setzes trat er auch alle natürliche und weltliche
„Gesetze, mit Füßen, indem er den von Gott
„Uns verliehenen einzigen Sohn, den Groß=
„fürsten Paul Petrowitz, sogleich bey seiner Ge=
„langung auf den Rußischkayserl. Thron nicht zu
„seinem Nachfolger erklären wollte, sondern nach
„seinem Eigensinn einen Vorsatz im Herzen heg=
„te, der auf Unsern und Unsers Sohns Untergang
„abzielte, nämlich entweder das von seiner Muh=
„me auf ihn vererbte Recht der Nachfolge übern
„Haufen zu werfen, oder gar das Vaterland in

U 2   „fremde

„fremde Hände zu liefern, ohne sich des Satzes
„in dem Naturrechte zu erinnern, daß niemand
„sein Recht weiter ausdehnen könne, als er es
„selbst empfangen. Ob Wir nun gleich mit be=
„kümmerten Herzen diese seine Absicht wahr=
„nahmen, so vermutheten Wir doch nicht, daß
„seine Verfolgung wider Uns und Unsern gelieb=
„testen Sohn sich in der That so weit, als ge=
„schehen, erstrecken würde. Es bemerkten aber
„alle getreue Unterthanen, daß sein wildes Be=
„streben Unsern und Unsers Erben Untergang
„zu befördern, schon würklich auszubrechen an=
„fieng. Die so edlen als frommen Herzen aller,
„bey denen die Wohlfarth ihres Vaterlandes ei=
„nen wahren Eindruck gemacht hatte, geriethen
„darüber in die äußerste Unruhe, besonders da
„sie sahen, mit wie vieler Gedult Wir alle diese
„Verfolgungeu über Uns ergehen ließen. Sie
„riethen Uns in Geheim vielfältig und mit allem
„Eyfer auf die Rettung Unsers Lebens bedacht
„zu seyn, und suchten Uns dadurch zu Ueber=
„nehmung der Regierungslast zu bewegen. In=
„dessen da der Ausbruch des allgemeinen Unwil=
„lens wider ihn schon, so zu sagen, unvermeidlich
„war, unterließ er dennoch nicht, das Reich
„ꝛc

„je mehr und mehr zu kränken, indem er alles
„dasjenige umkehrte, was der große Monarche
„und wahre Vater seines Vaterlands, Unser
„geliebtester Anherr, Kayser Peter der Große,
„hochsel. und unsterblichen Andenkens, in Ruß=
„land eingeführet und durch seinen unermüde=
„ten Fleiß während seiner dreyßigjährigen Re=
„gierung zu Standte gebracht hatte. Die Ge=
„setze verlohren ihre Kraft. Die Gerichte und
„ihre Geschäfte wurden verachtet; ja, man
„wollte nicht einmal, daß ihrer erwähnet wür=
„de. Die Einkünfte des Reichs wurden zu un=
„nützen und noch darzu dem Lande schändlichen
„Ausgaben verschwendet. Nach einem blu=
„tigen Kriege rüstete man sich bereits zu einem
„neuen, der eben so unzeitig, als dem wahren
„Vortheil des Rußischen Reichs wenig gemäß
„war. Gegen die Garderegimenter, welche
„seinen geheiligten Vorgängern auf dem Thro=
„ne allezeit mit der vollkommensten Hochachtung
„zugethan gewesen, faßte er einen Haß und
„fieng an, bey denselben solche unerträgliche
„Neuerungen einzuführen, die, anstatt den krie=
„gerischen Muth zu erheben, vielmehr in den
„bekümmerten Herzen seiner mit allem Eyfer

U 3 „für

„für die Religion und das Vaterland fechtenden
„und ihres Bluts nicht schonenden getreuen Un-
„terthanen, die schmerzhaftesten Empfindungen
„erregten. Die Armee sonderte er durch seine
„neuen Einrichtungen in lauter kleine Haufen
„ab, so, daß es schiene, als gehörten sie nicht
„einem Herrn; woraus nichts anders hätte er-
„folgen können, als daß einer den andern im
„Felde für seinen Gegner würde angesehen und
„ihn aufgerieben haben. Die Regimenter beka-
„men zu gleicher Zeit ein fremdes, und einige
„darunter ein ganz verkehrtes Ansehen, statt des
„vormaligen, wo die Einförmigkeit auch zugleich
„der Grund der Einigkeit unter denselben war.
„Sein unabläßiges, obwohl unüberlegtes, Bemü-
„hen in dergleichen, dem Reiche schädlichen Neue-
„rungen, machte zuletzt die Gemüther der Rußi-
„schen Nation und ihre Treue von dem Gehor-
„sam gegen ihn dergestalt abwendig, daß keiner
„übrig blieb, der nicht mit lauter Stimme oh-
„ne alle Scheu und Erzittern eine Unzufrieden=
„heit über ihn bezeugte und nicht bereit war,
„Rache an seiner Person selbst auszuüben. Jedoch
„das göttliche Geboth, welches in den Herzen
„Unserer getreuen Unterthanen wohnet und sie
„in der Ehrfurcht gegen ihre Obrigkeit erhält,

hat

„hat es nicht zu einem solchen Unterfangen kom-
„men lassen, sondern statt dessen ihnen die Hof-
„nung eingeflöset, daß die Hand Gottes ihn
„selbst treffen und durch seinen Fall das be-
„drängte und niedergeschlagene Volk wieder auf-
„richten werde. Bey allen diesen, der ganzen
„unpartheyischen Welt vorgelegten Umständen,
„mußte Unser Gemüthe in der äußersten Unruhe
„schweben, da Wir den Untergang des Vater-
„landes vor Augen sahen, und Wir selbst sammt
„Unsern geliebtesten Sohn und angebohrnen
„Thronerben des Rußisch. Reichs von dem kayserl.
„Hause gleichsam ausgeschlossen und verdrängt
„waren, so, daß auch bereits diejenigen, die
„Uns am eifrigsten zugethan waren, oder bes-
„ser zu sagen, die sich die wenigste Mühe gaben;
„ihre Zuneigung zu Uns zu verbergen, (denn
„unter der ganzen Nation haben Wir keinen
„bemerkt, der Uns nicht wohl gewollt und sich
„nicht bestrebt hätte, Uns von seiner Ergeben-
„heit zu überzeugen) wenn sie dem Wohlstande ge-
„mäß, Uns, als ihrer Kayserin, die schuldige Ach-
„tung erweisen wollten, in Gefahr stunden, ihr Le-
„ben oder wenigstens ihr Glücke zu verscherzen.
„Endlich nahm sein Bestreben zu Unserm Ver-

U 4   „derben

„derben dergestalt zu, daß wie ein wider Un=
„sere Person von ihm abgezieltes, Unternehmen
„unter dem Volke ruchtbar wurde, und er, der
„gewesene Kayser, das allgemeine Murren dar=
„über, zu dem er doch selbst die Ursache gege=
„ben hatte, Uns zur Last legte, seine Anschläge
„wider Uns sich deutlich offenbarten; welche
„dahin giengen, Uns völlig zu vertilgen und
„des Lebens zu berauben. Da nun solches durch
„einige Unserer getreuesten, die zur Rettung des
„Vaterlands ihr eigenes Leben in die Schanze
„schlugen, Uns auf das eiligste hinterbracht
„ward, so trugen Wir weiter kein Bedenken,
„in der festen Zuversicht auf den Beystand des
„Allerhöchsten Uns aller Gefahr so muthig ent=
„gegen zu stellen, als Unser geliebtes Vater=
„land für seine Zuneigung gegen Uns von Un=
„serer Großmuth nur verlangen konnte. Nach=
„dem Wir also den allmächtigen Gott um sei=
„nen Schutz angeflehet, und zu seiner göttlichen
„Gerechtigkeit Unsere Zuflucht genommen hat=
„ten, entschlossen Wir Uns, entweder ein Opfer
„für das Vaterland zu werden, oder es von
„der innerlichen Zerrüttung zu erretten, und ein
„grausames Blutvergießen von ihm abzuwen=
                                        „den.

„den. Kaum hatten Wir auch durch das auf
„Gott geſetzte Vertrauen Uns darzu ausgerü=
„ſtet, und Unſere Einwilligung denen von der
„Nation an Uns abgeordneten getreuen Unter=
„thanen zu erkennen gegeben, ſo ſahen Wir
„bereits das allgemeine Verlangen, Uns mit
„Treue und Unterthänigkeit zugethan zu ſeyn,
„welches auch alle und jede vom Geiſtlichen=
„Militair=und Civil=Stande durch die willig=
„ſte und freudigſte Eydesleiſtung bekräftiget.
„Nach Unſerer angebohrnen Menſchenliebe und
„zärtlichen Vorſorge für Unſere getreue Unter=
„thanen, blieb Uns nun noch übrig, denen Ent=
„ſchließungen vorzubeugen, zu welchen dieſer
„geweſene Regent unüberlegter Weiſe und im
„Vertrauen auf die vermeinte Stärke ſeiner
„Holſteiniſchen Trouppen in Oranienbaum,
„(allwo er damals aus Liebe zu denſelben mit
„Hindanſetzung der nothwendigſten Reichsge=
„ſchäffte ſeine Zeit mit Müßiggang zubrachte)
„hätte ſchreiten und dadurch ein Blutvergießen
„gegen ſich erregen können, dem Unſere Garden
„und übrige Regimenter aus Eyfer für die Re=
„ligion, für das Vaterland, für Uns und Un=
„ſern Sohn ſich auszuſetzen bereit waren. Wir

U 5   „ſahen

„ſahen es alſo als eine von Gott Uns gegen
„Unſere Unterthanen aufgelegte Pflicht an,
„durch gute und heilſame Veranſtaltungen allem
„dieſem unverzüglich zuvor zu kommen, und
„nachdem Wir. Uns ſelbſt an die Spitze der
„Garden, des Artilleriecorps und der übrigen
„zu ſelbiger Zeit in der Reſidenz anweſenden
„Feldregimenter geſtellt, brachen Wir von Pe-
„tersburg auf, um ſeine Abſichten zu vereiteln,
„von denen Wir bereits zuverläßig unterrichtet
„waren. Kaum aber waren Wir aus der
„Stadt gerückt, als er Uns zwey Briefe nach
„einander zuſchickte. Den erſten, worinnen er
„Uns erſuchte, ihn nach Holſtein als ſeinem
„Vaterlande abzulaſſen, überbrachte Unſer Vi-
„cecanzler, der Fürſt Galliczin, und den zweyten
„der Generalmajor Michaila Ismailow. In
„dieſem letztern erbot er ſich freywillig, ſich ſei-
„nes Rechts auf die Krone zu begeben, und ver-
„langte weiter nicht über Rußland zu herrſchen,
„ſondern bat Uns nur, daß wir ihn mit der
„Eliſabeth Woronzow und dem Gudowitſch
„nach Holſtein entlaſſen möchten. Beyde mit
„vielen ſchmeichelhaften Ausdrücken angefüllte
„Briefe erhielten Wir einige Stunden zuvor,
                                            „da

„da er wirklich den Befehl gegeben hatte, Uns
„das Leben zu nehmen, welches mit den größ-
„ten Betheuerungen von denjenigen selbst hin-
„terbracht worden, denen diese Mordthat an
„Uns auszuüben aufgetragen war. Diese frey-
„willige und eigenhändige Aeußerungen hatten
„Wir zwar in Händen; er war aber noch im
„Stande, mit seinen Holsteinischen Trouppen
„und einigen bey sich befindlichen kleinen Com-
„mandos von den Feldregimentern sich wider
„Uns zu rüsten, und Uns manche, Unserm Va-
„terlande nachtheilige, Bedingungen abzuzwin-
„gen, zumal er verschiedene vornehme Perso-
„nen Unsers Hofs von beyderley Geschlechte in
„seiner Gewalt hatte, deren Untergang Unsere
„Menschenliebe niemals gestattet hätte, so, daß
„Wir Uns vielleicht würden haben bewegen
„lassen, durch einen einzugehenden Vergleich
„einen Theil des vergangenen Uebels wieder
„hergestellt zu sehen, um nur die, in seinen
„Händen befindlichen, Personen zu befreyen,
„deren er sich nach erhaltener Nachricht von
„dem, was zur Errettung des Vaterlands wi-
„der ihn unternommen worden, in dem Palais
„von Oranienbaum als Geißel versichert hatte.

„Wir

„Wir würden dieſerwegen von allen damals
„bey Unſerer Perſon gegenwärtigen getreuen
„Unterthanen vornehmen Standes gedrungen,
„an ihn zu ſchreiben und ihm den Antrag zu
„thun, daß, woferne er wirklich ſo, wie er ſich
„geäußert, geſinnet wäre, er Uns eine freywil=
„lige und ungezwungene, mit ſeiner eigenen
„Hand und in der gehörigen Form geſchriebene,
„Entſagung des Rußiſch=Kayſerlichen Throns
„zur allgemeinen Beruhigung zuſenden ſollte.
„Wir fertigten damit den Generalmajor Is=
„mailow an ihn ab, und erhielten zu Folge deſ=
„ſen, als eine Antwort, nachſtehende Schrift von
„ſeiner eigenen Hand:

Während der kurzen Zeit meiner ſouve=
rainen Beherrſchung ꝛc. ꝛc.

„Auf dieſe Art haben Wir alſo, Gott Lob!
„den ſouverainen Thron Unſers geliebten Va=
„terlandes ohne Blutvergießen beſtiegen, wo=
„bey Gott alleine und Unſer Vaterland durch
„ihre Erwehlten Unſere Gehülfen geweſen.
„Wir verehren dieſe unerforſchliche Führung
„Gottes, und verſichern hiermit alle Unſere ge=
„treuen Unterthanen auf das allergnädigſte,
„daß Wir nicht unterlaſſen werden, Gott Tag
„und

„und Nacht anzusehen, damit er Uns helfen
„möge, den Scepter zur Erhaltung Unserer
„rechtgläubigen Kirche, zu Befestigung und
„Vertheidigung Unsers geliebten Vaterlands
„zu Unterstützung der Gerechtigkeit und zu Aus=
„rottung aller Boßheiten, Ungerechtigkeiten
„und Drangsalen zu führen, und daß er Uns
„zu allem Guten Kraft und Stärke verleihen
„wolle. Und gleichwie Unser wahrer und un=
„geheuchelter Vorsatz dahin gehet, in der That
„zu zeigen, wie sehr Wir wünschen, die Liebe
„Unsers Volks zu verdienen, um deßwillen Wir
„Uns auf den Thron erhoben zu seyn erkennen,
„so geloben Wir auf das feyerlichste bey Un=
„serm Kayserl. Wort, solche Anordnungen im
„Reiche zu machen, nach welchen die Regie=
„rung Unsers geliebten Vaterlands in ihrer
„Kraft und in den gehörigen Grenzen beständig
„erhalten, auch einem jeden Departement im
„Reiche für alle Zeiten seine Schranken und
„Gesetze zu Beobachtung der guten Ordnung in
„allen Dingen bestimmt werden können. Wir
„hoffen dadurch die Grundverfassung des Reichs
„und Unserer souverainen Macht, die durch
„das vergangene Unglück einigermaßen erschüt=
                                    „tert

„tert worden, wieder zu versichern; die für ihr
„Vaterland treu und redlich gesinnte aber aus
„ihrer bisherigen Kleinmüthigkeit und Be-
„drängniß heraus zu reißen. Wir zweifeln auch
„nicht, es, werden alle Unsere getreuen Unter-
„thanen zu ihrem eigenen und des wahren
„Glaubens Besten den von Gott Uns geleiste-
„ten Eyd heilig halten, so, wie Wir ihnen mit
„Unserer allerhöchsten Kayserl. Gnade und
„Huld unveränderlich zugethan verbleiben.
„Gegeben zu St. Petersburg den 16. Jul.
„1762.„

(L. S.)

Catharina.

Als der abgesetzte Kayser kurz darauf starb,
gab die Kayserin folgendes Manifest heraus,
darinnen sie ihm aber nicht die Ehre anthut, ihn
ihren Gemahl zu nennen. Es lautete also:

„Wir Catharina die Zweyte, von Gottes
„Gnaden Kayserin und Selbstherrscherin
„aller Reußen ꝛc. Als Uns am siebenden Ta-
„ge nach Unserer Gelangung zum Thron von
„allen Reußen die Nachricht zugekommen, daß
„der vorige Kayser, Peter der Dritte, von ei-
„ner sehr heftigen Hemorrhoidal-Colic, womit

„es

„er zuweilen behaftet war, abermals befallen
„worden, so verfügten Wir zufolge Unserer
„christl. Pflicht und des Geboths, das Uns zu
„Erhaltung des Lebens unsers Nächsten ver=
„bindet, alsbald mit allen nöthigen Hülfsmit=
„teln den gefährlichen Folgen dieses Zufalls
„vorzubeugen, und seiner Gesundheit durch
„Arzeneyen aufzuhelfen. Allein zu Unserm
„großen Leidwesen erhielten Wir gestern Abends
„den Bericht, daß der Allmächtige über sein
„Leben verhänget, und ihn aus dieser Zeitlich=
„keit abgerufen habe. Daher haben Wir be=
„fohlen, seinen Leichnam in das Kloster News=
„ki zu bringen und daselbst beyzusetzen. Zu=
„gleich laden Wir alle Unsere getreue Untertha=
„nen ein, und ermahnen sie durch Unser Kay=
„serl. mütterliches Wort, daß sie alles vergan=
„gene Uebel vergessen, dem Leichnam die letzte
„Ehre erweisen, und um die Ruhe seiner See=
„len aufrichtig zu Gott bitten, zu gleicher
„Zeit auch diese unvermuthete Begebenheit als
„eine besondere Würkung der Vorsehung des
„Allerhöchsten ansehen sollen, welche aus uner=
„forschlichen Absichten Uns, Unserm Throne
„und dem ganzen Vaterlande Wege zubereitet,
„die

„die nur alleine seinem heiligen Willen bekannt
„sind. Gegeben zu St. Petersburg den 18ten
„Jul. 1762.„

(L. S.)

Catharina.

Man kriegte nicht lange nach der Dethroni=
sation Peters III. ein Schreiben aus Peters=
burg zu lesen, worinnen die Schuld dieser
großen Revolution einzig und alleine dem
üblen Character dieses Prinzens zugeschrieben
wurde. Es heißt in diesem Schreiben unter
andern also:

„Was sollte das Rußische Volk denken, da
„es sahe, daß Peter III. nachdem er sich in sei=
„ner Jugend die Zeit mit lustigen Räthen ver=
„trieben hatte, den Thron bestieg; daß er zwar
„die ersten Wochen über, so lange er sich näm=
„lich bey der Kayserin Raths erholte und ih=
„rem Rathe folgte, große Hoffnung von sich
„machte, aber in kurzen sein gegebenes Wort,
„sich auf die Staatsgeschäffte zu legen, auf
„einmal vergaß, und sich in mancherley Aus=
„schweifungen und Schwelgerey stürzte. Was
„sollte dieses Volk denken, da es sahe, daß
„das berüchtigte Edict von der Freyheit,

„worüber

„worüber die Nation anfänglich ganz trunken
„vor Freuden geworden, gleichsam weiter nichts
„war, als eine Lockspeise, damit man sie an-
„kirrte; daß man alle Augenblicke Mittel er-
„fand, dieses Edict unkräftig zu machen, und
„daß man es bloß alsdenn erfüllte, wenn Rus-
„sische Officiers ihren Abschied verlangten, und
„man sogleich Deutsche bey der Hand hatte,
„denen man ihre Stellen geben konnte? Was
„sollte das Volk denken, da es sahe, daß sich
„sein Beherrscher öffentlich und in Gegenwart
„seiner ganzen Hofstatt rühmte, er habe die
„Nation betrogen, und die Entwürfe zum Feld-
„zuge und alle Absichten und Anschläge seiner
„Alliirten verrathen? Was sollte dasselbe den-
„ken, da es sahe, daß der Mann, der ihm al-
„les dieses hatte anspinnen helfen, sein vor-
„nehmster, und so zu sagen, sein einziger Mini-
„ster war. (Es wird vermuthlich hierunter
„der geheime Secretair Wolkow verstanden.)
„Was sollte dieses Volk denken, da es sahe,
„daß sein Beherrscher sich eine sehr große Eh-
„re daraus machte, den General-Lieutenants-
„Character in auswärtigen Diensten zu füh-
„ren, ein Regiment von fremden Trouppen zu

X   „comman-

„commandiren, und die Uniform sammt dem
„Cordon von demselben zu tragen, worein er
„auch die vornehmsten Herren vom Hofe klei-
„den ließ? Was sollte das Land denken, da es
„von dem Frieden hörte, worinnen man dem
„Könige von Preußen nicht alleine alle die Län-
„der wieder gab, die mit so vielem Blute und
„Millionen erobert worden waren, sondern ihm
„auch die besten Trouppen des Reichs anver-
„traute? Was sollte es denken, da es sahe, daß
„das Interesse seiner Handlung den Engellän-
„dern aufgeopfert wurde; und damit ich alles
„sage, daß einige auswärtige Minister unsern
„Regenten ohne Einschränkung beherrschten?
„Was sollte es denken, da es den Befehl las,
„worinnen allen Rußischen Officiers unter Ma-
„jorsrang der Hof verboten wurde, da hinge-
„gen der geringste Fähnbrich von den Holstei-
„nischen Trouppen zu allen Stunden des Ta-
„ges freyen Zutritt bey Hofe hatte, ja sogar
„öfters an die Tafel des Kaysers gezogen wur-
„de? Was sollte es denken, da es sahe, daß
„der Regente eine Kupfermünze schlagen ließ,
„der er eine vierfache Geltung gegen ihren wirk-
„lichen Werth beygelegt hatte, welches eine
                                    „Contre-

„Contrebande von Münzsorten nach sich zog, die
„das Commercium und das ganze Reich unfehl=
„bar zu Grunde gerichtet haben würde? Was
„sollte es denken, da es sahe, daß nicht nur
„die Clerisey verachtet und erniedriget, auch
„ihrer Güter und Fonds beraubt wurde, an
„deren statt man ihr einen Gehalt anwieß, der
„kaum an den zehnten Theil ihrer ehemaligen
„Einkünfte reichte, sondern auch sogar die Grie=
„chische Religion bey Hofe zur Verachtung und
„zum Gespötte machte, daß man verschiedene
„Capellen niederreißen ließ, und der Kayser
„auch nicht die geringste äußerliche Pflicht der
„Religion beobachtete; daß er die Hofleute
„zwang, dieselbe gleichfalls aus den Augen zu
„setzen; daß er öfterer in die Lutherische Kirche
„gieng, als in seine eigene, und sogar seine gan=
„ze Hofstatt hinein führte? Was sollte es den=
„ken, da es sahe, daß unser Kayser Tag und
„Nacht bey der Tafel zubrachte; daß er ge=
„meiniglich vor jedermanns Augen betrunken
„erschiene; daß er der Kayserin mit der äußer=
„sten Verachtung begegnete; daß er seine Mai=
„tresse durch gewisse Kennzeichen des Rangs
„und Vorzugs, welche bisher einzig und alleine

X 3   „Prinzes=

„Prinzeßinnen zugestanden worden, ihr gleich
„setzte; ja daß er es endlich gar so weit trieb,
„daß er sich die Kayserin durch den Tod oder
„die Ehescheidung vom Halse schaffen, und so-
„gleich bey dem Antritt seiner Regierung den
„Großfürsten von der Thronfolge ausschlies-
„sen wollte, indem er in seinem ersten Mani-
„feste in den Stellen, da es sich gehört hät-
„te, von der Thronfolge etwas zu geden-
„ken, diese Sache gänzlich mit Stillschweigen
„übergienge?

Weiter heißet es in diesem Schreiben also:
„Vor der Regierung Peter des Dritten hat sich
„die Nation gleich vom Anfange an gefürch-
„tet; und es waren schon bey Lebzeiten der
„Kayserin Elisabeth vielerley Anschläge ge-
„schmiedet worden, ihn um die Thronfolge zu
„bringen. Man will sogar wissen, daß die-
„ses eine von den Ursachen gewesen seyn soll,
„die den Fall des Großcanzlers von Bestu-
„chew veranlasset haben. Indessen bestieg er
„doch den Thron ungestört; und wenn man
„die ersten Tage über auf allen Gesichtern ei-
„nen gewissen Eindruck der Furcht und des
„Miß-

„Mißtrauens gewahr ward, so wurde derselbe
„doch durch sein anfängliches Betragen eine
„Zeitlang gehemmet. Weil aber Peter der
„Dritte gar bald müde wurde, sich zu zwin=
„gen, so nahmen auch gar bald Kummer, Groll
„und Verachtung in jedermanns Herzen ihre
„Stelle wieder ein. Anfänglich klagte man in
„Geheim; nach und nach ward man kühner,
„und endlich redete man öffentlich wider ihn.
„Mit einem Worte: der Kayser hatte noch
„nicht drey völlige Monathe regiert, so war
„fast nicht ein einziger Russe (etwan ein Du=
„zend Favoriten ausgenommen) der nicht einen
„andern Herrn auf dem Throne gewünscht
„hätte.„

Soll ich seinen Character etwas eigentli=
cher schildern, so war er ein Herr von ziem=
licher Länge, und dabey eines hagern Leibes.
Er trug sich etwas krumm, indem er das
Haupt immer vorwerts hängen ließ. Seine
Blicke waren nicht majestätisch. Er hatte ein
blondes Haar, welches gemeiniglich sehr spar=
sam gepudert war. Seine Stirne war groß
und hervorragend, und die Augen lagen sehr

X 3   heraus.

heraus. Die Nase war mit der Stirne und
den Augen nicht gleichförmig. Das Kinn lief
spitzig zu, und er hatte einen ziemlich großen
Mund. So weit der Hut die Stirne bedeckte,
war sie weiß, der übrige Theil des Gesichts
aber zeigte eine verbrannte Farbe, sammt einigen Pockennarben und vielen Sommerspros-
sen. Diese Bildung war an sich selbst seiner
Hoheit nicht unwürdig, wenn sie nur mit einer reifen Denkungsart und einem, der Majestät anständigen, Wesen verknüpft gewesen,
und nicht durch viele wunderliche Zückungen
und Grimassen verstellt worden wäre. Wenn
er redete, steckte er öfters die Zunge heraus,
und machte mit den Augen wunderliche Wen-
dungen. Sein ins Starke fallende Lachen, erweckte wenig Vergnügen. Seine Stimme blieb
stets in einem Tenortone. Wollte er ausspu-
cken, so erhub er dabey ein großes und unan-
genehmes Geräusche. Er ließ sich niemals
anders, als in der Uniform der Garde und in
dem Andreasorden öffentlich sehen, bis ihn der
König in Preußen seinen Adlerorden und die
Uniform des Syburgischen Regiments auf sein
Verlangen überschickte, welche neue Tracht er
seit

seit dieser Zeit zum Verdruß der Nation selten ablegte. Er rauchte stark Tobak, konnte aber keinen Schnupftobak leiden.. Er sprach gut Französisch, wie auch Deutsch; in der Rußischen Sprache aber war er nicht stark, und bediente sich derselben sehr selten. In seinen Reden fand man nicht viel Gründliches und Erbauendes, aber destomehr Gemeines, Mißfallendes und Gleichgültiges. Er brauchte auch öfters gegen Damen sehr ungeziemte Ausdrücke.

Mit Staatssachen hatte er nicht gerne viel zu thun. Seine Leidenschaften litten keinen Zügel. Sie waren auf Frauenzimmer, Essen und Trinken gerichtet. Das Soldatenwesen und die militarischen Uebungen, nebst der Violine waren seine angenehmsten Beschäfftigungen. Abends um sechs Uhr gieng er gemeiniglich zu Bette, und stund um sechs oder sieben Uhr wieder auf. Er hielte fleißig große Tafel, und trank dabey Burgunder Wein und Englisches Bier, wobey sein Mohr, der zugleich sein Hofnarre war, gegenwärtig seyn mußte. Wolkow und Gudowitsch waren

X 4　　　seine

seine Lieblinge. Der erſte war ſein geheimer
Secretair, und der andere ſein General=Adju=
tant, der einen großen Dienſteyfer für ihn
als ſeinen Herrn hatte. Wolkow war ein ge=
lehrter und geſchickter Mann, voll von Pro=
jecten. Wäre er eines andern Monarchens,
als Peters des Dritten, Miniſter geweſen,
würde er gute Dienſte geleiſtet haben, ſo aber
mußte er den gewaltigen Leidenſchaften ſeines
Herrn allezeit nachgeben. Dieſer liebte Pracht
und Verſchwendung, ob er gleich in ſeinen
Geldeinnahmen geizig war. Er ſuchte vieles
zu haben, um vieles zu zerſtreuen. Den Aeb=
ten und Geiſtlichen beſtimmte er ein mäſiges
Jahrgeld, und ſchlug ihre jährlichen Einkünf=
te zu ſeiner Rentkammer. Dieſes war der
Geiſtlichkeit faſt eben ſo empfindlich, als wenn
er ihnen, wie man ihm fälſchlich Schuld ge=
geben, die Bärte hätte abſchneiden laſſen. In
der Religion war er ſehr gleichgültig, und fand
an den Andachtsübungen wenig Geſchmack, be=
ſonders an denen, die in der Rußiſchen Kirche
gewöhnlich waren.

Die nunmehr regierende Kayſerin Catha=
rina II. iſt von einem ganz andern Character.
Sie

Sie hat eine ordentliche Größe, ist ziemlich stark, und stellt eine Brunette für. Um der Rußischen Nation destomehr gefällig zu seyn, kleidet sie sich nach Rußischer Art. Ihr Blick und Ansehen ist majestätisch, und ihre Mine voller aufgeheiterten Freundlichkeit. Wer die Gnade hat, sich ihr zu nähern, wird sogleich mit Ehrfurcht und Liebe erfüllt. Ihr Verstand ist durch das anhaltende Lesen der besten politischen, philosophischen und historischen Schriften ungemein aufgeklärt. Es kömmt in den Unterredungen mit ihr nicht leichtlich etwas vor, worinnen sie nicht ihre Gedanken mittheilen könnte. Sie hatte in ihrer Ehe mit Petern dem Dritten Zeit genung zum Lesen, da er sie niemals in ihrem Cabinete störte, und ihren unermüdeten Fleiß unterbrach. Ihr Herze ist edelmüthig und groß, und ihre Sitten sind, so viel sie die Welt kennet, ohne Tadel. Die Natur und Neigung der Rußischen Nation hat sie aus dem Grunde erforschet, und da sie Gebrauch davon macht, hat sie die Herzen aller Russen gewonnen.

Sie hält die Geistlichkeit in Ehren, und versäumt nicht leichtlich den öffentlichen Got-

X 5   tesdienst.

tesdienſt. Peter III. nennte ſie deßhalben gemeiniglich nur die Rußiſche Betſchweſter.
Sie weiß, wie groß der Einfluß der Geiſtlichen in die Seelen eines Staats ſey, und wie
der gemeine und größte Haufe des Volks gemeiniglich von den Regenten eine ſehr niedrige Meynung heget, die keine Religion haben,
oder dieſelbe verächtlich halten. Kein Rußi-
ſcher Prieſter begegnet ihr, dem ſie nicht nach
daſiger Gewohnheit die Hand küſſet, und ſich
von ihm ſegnen läſſet. Sie arbeitet fleißig
an der Vermehrung des Ruhms der Nation,
an der Ausbreitung der Wiſſenſchaften, an
der Vergrößerung des Reichs, an der Ver-
beſſerung der Juſtiz, an der Aufnahme der
Commercien, an der Erziehung der Jugend,
an der Bevölkerung des Landes und an der
Verſtärkung der Schiffart und des Kriegswe-
ſens. Sie läſſet ſich in Staats- und Regierungsſachen keine Mühe verdrüßen, und
nimmt ſelbſt in Perſon Sitz im höchſten Rathe. In Beweiſung vielfältiger Gnaden und
Wohlthaten ſtiftet ſie durch ihre Bereitwillig-
keit in jedermans Herzen ein unvergeßliches
Andenken, und läſſet an den Strafwürdigen gemeiniglich

meiniglich Gnade für Recht gehen, daher man
unter ihrer sanften Regierung wenig von blutigen Hinrichtungen höret.

Ihre ordentliche Tafel bestehet aus zwölf
Gerichten, und wird gut bedienet. Ehe sie zu
ihrer gewöhnlichen Zeit schlafen gehet, pflegt
sie gemeiniglich einige Parthien auf dem Bil-
lard zu spielen. Des Morgens begiebt sie sich
öfters auf die Reitbahn, und reitet einige
Pferde zu Stärkung und Ermunterung ihrer
Leibesglieder. Bisweilen gehet sie auf die
Jagd, ein andermal thut sie eine Spazier-
fahrt durch die Stadt. In allen Dingen
weiß sie ihr Kayserliches Ansehen sehr gut zu
behaupten. Sie liebt die Pracht, hält viel
auf Schildereyen und Juwelen, die sie mit
großen Kosten aus fremden Landen kommen
läßt, und findet ein großes Vergnügen an
den Schau- und Singespielen. Man muß ihr
überhaupt den Ruhm geben, daß sie in allen
Stücken dem Rußischen Kayserthrone Ehre
macht, und alle Eigenschaften einer großen
und sehr weisen Regentin zu erkennen giebt.
Sie wird daher von den Rußen aufs höchste
geliebt

geliebt und faſt angebetet; und da ſchon vor
ihr drey Kayſerinnen glücklich regiert haben,
ſo bilden ſie ſich ein, daß vor ihr Reich keine beſſere Regierung ſtatt finden könne, als
die unter dem Scepter einer weiſen Frau geführt wird. Sie hat ſich vornemlich die letzt-
verſtorbene Kayſerin Eliſabeth zum Muſter erwehlt, um ihr in allen löblichen Dingen nachzufolgen, weil dieſelbe bey den Ruſſen in dem
geſegneteſten Andenken ſtehet. Sonderlich ſucht
ſie alles, was der Ruſſiſchen Nation an der
Eliſabeth gefallen hat, durch eine gute Nach-
ahmung auszubrücken. Sie hat ſogar eine
kleine runde hölzerne Tafel wieder aufſtellen
laſſen, woran die vorige Kayſerin jederzeit ge-
ſpeiſet, und ſie iſt auch, wie jene, mit zwölf
Gerichten zufrieden.

Alle, die Peter III. aus ihrem Exilio zurücke berufen hatte, ſind bey ihr in Gnaden geblieben, worunter der Herzog Ernſt Johann
von Curland und der Feldmarſchall, Graf von
Münnich, die vornehmſten geweſen. Den erſten hat ſie würklich wieder in den Beſitz ſeines
Herzogthums eingeſetzt, und den andern, ob er
gleich

gleich bey der Thronsentsetzung ihres Gemahls demselben mit seinen Rathschlägen an die Hand gegangen, aller Gnade versichert und in seinen Bedienungen bestätiget. Sie erfuhr gar bald, was er Petern III. bey seinem Fall vor einen Rath gegeben. Als sie ihm solches vorhielte, sprach er: „Ew. Maj. wissen, daß Peter der „Dritte damals noch mein Herr gewesen, dem „ich mit meinem Leben und Rathe zu dienen da- „mals noch verpflichtet war, so lange er an- „noch die Kayserl. Regierung besaß; Nun aber, „da ich Ew. Majest. mit gleicher Unterthänig- „keit verpflichtet bin, werde ich mit eben dieser „Treue Deroselben zu dienen und zu rathen su- „chen, so weit ich immer zu Allerhöchst Dero „Erhaltung und Wohl etwas ersinnen und bey- „tragen kann." Die Kayserin nahm diese Ant- wort sehr gnädig auf, lobte des Grafens Dienst- eifer und ermunterte ihn zu Fortsetzung des- selben.

Sie berief auch den gewesenen Großkanzler, Grafen von Bestuchew, aus seinem Exilio zu- rücke; nur der Herzog Anton Ulrich von Braunschweig konnte dieser Gnade nicht theil- haftig werden.

Ihr

Ihr einziges Kind ist der Großfürst, Paul
Petrowitz, auf dem alle Hofnung der Thronfolge ruhet. So wenig ihn sein Vater, Peter III.
geachtet, so zärtlich liebt ihn dagegen seine Mutter, die ihn auch mit großer Sorgfalt hat er-
ziehen lassen. Diejenigen, welche ihn zu der
Zeit der Revolution gesehen haben, beschreiben
ihn als einen kleinen und schwächlichen Herrn
von sieben bis acht Jahren. Er sähe sehr blaß
aus und habe ungemein blonde Haare. Seine
Bildung sey gut und seine Augen könnten unter
die schönsten gezählt werden. Er gäbe große
Hofnung von sich und habe einen liebenswürdigen Character. Sein vortreflicher Lehrmeister, der
Etatsrath von Osterwald hat viel zur glücklichen
Bildung seiner Talente beygetragen. Der große
Staats- und Hofmann, Graf von Panin, ist
sein Oberhofmeister, welcher zugleich anjetzo
der Kayserin ihr vornehmster Staatsminister ist.
Dieser Herr hat nicht nur den Ruhm einer grossen Kenntniß von Staats- und Regierungssachen, sondern begegnet auch jedermann mit der
größten Leutseligkeit. Wenn er jemanden etwas
abschlagen muß, so weiß er die Sache auf so eine Art vorzubringen, daß darüber kein vernünf-
tiger

tiger Mensch mißvergnügt werden kann. Zu kühnen Unternehmungen scheint ihm der Muth zu mangeln, weil er voller tiefen Gedanken und kein Freund von Unruhen ist. Er hat zwar die Revolte wider den Kayser entwerfen helfen, aber doch, wie man sagt, an der Ausführung desselben keinen Theil genommen. Der General, Graf Panin, sein Bruder, hat mehrern Muth, ist aber nicht weniger ein großer Menschenfreund. Nebst dem Grafen Panin ist auch der Vicekanzler, Fürst Alexander Galliczin, ein vielgeltender Minister bey der Kayserin, der wegen seines uralten Geschlechts sowohl, als seiner herrlichen Qualitäten und ansehnlichen Bedienungen einen besondern Ruhm verdient.

Die Gebrüdere von Orlow waren sonst ganz unbekannte Personen, haben aber in Kriegsdiensten ihr Glücke gefunden. Sie sind gebohrne Russen und haben bey der letzten Revolution die wichtigste Rolle gespielt, und sich dadurch so erhoben, daß sie jetzt nicht nur den Gräflichen Titel führen und herrliche Güter besitzen, sondern auch zu den ansehnlichsten Bedienungen befördert worden. Der älteste Bruder, Gregorius, ist ein besonde–

besonderer Liebling der Kayserin. Seit seiner
Zurückkunft aus der Moldau, wo er dem zer=
schlagenen Friedenscongresse mit den Türken als
erster Rußischer Bevollmächtigter beygewohnt,
lebt er auf seinen Gütern und führt jetzt die
Fürstliche Würde, zu welcher er schon vor eini=
gen Jahren erhoben worden. Der andere
Bruder, Graf Alexius, der die Hauptperson
bey der Dethronisation des Kaysers abgegeben,
hat sich in dem bißherigen Türkenkriege als Ge=
neralissimus der Rußischen Land= und Seemacht
in dem Archipelago sehr berühmt gemacht. Er
ist ein ansehnlicher wohlgebildeter Herr, der ge=
gen jedermann freundlich ist, die große Welt
kennet und zu leben weiß.

Regi=

Register.

A.

29

Y   Anna,

Register.

Register.

D 2   gegen

Register.

Dasch-

Register.

E.

Register.

Register.

Peter

Portu=

Register.

Schwe-

Register.